JN196040

測りすぎの時代の
学習評価論

松下佳代

勁草書房

まえがき

　現代は、「測りすぎ」の時代といわれる。歴史学者ジェリー・ミュラー（Jerry Z. Muller）の著作『測りすぎ』は、大学、学校、医療、警察、軍、ビジネスと金融、慈善事業と対外援助などさまざまな領域での測りすぎ・測りまちがいを描き出して話題になった。ミュラーが大学を最初の検討対象として取り上げていることにも見てとれるように、教育の世界でも、とくに 2000 年代に入ってから、「エビデンスに基づく政策・実践」や「説明責任（アカウンタビリティ）」の名の下に、教育成果や学習成果の測定・評価が強く要請されるようになってきた。この時代において、評価を、教える側、学ぶ側の双方にとって意味あるものにすることは果たして可能なのだろうか。そのためには何が必要なのだろう。

　本書では、大学教育を主な舞台としながら、「パフォーマンス評価」を中軸にすえて、その具体的な方法を模索し提案する。

　第 1 章ではまず、学習評価とは何かを考える。評価はどのような構成要素によって成り立っているのか。日本語の「評価」にあたる英語の「アセスメント（assessment）」と「エバリュエーション（evaluation）」の違いは何なのか。評価は誰が行うのか。評価にはどんな原則や要件があるのか。こうした問いについて答えた上で、「学習としての評価」という考え方を、「学習の評価」「学習のための評価」と対比しながら提示する。「学習としての評価」はカナダの評価研究者ローナ・アール（Lorna M. Earl）の用語として日本では知られているが、本書ではその意味の拡張を図る。

　続く第 2 章では、「測りすぎ」にもつながりがちな「学習成果の可視化」というテーマを取り上げよう。そして測りすぎ・測りまちがいが生じないようにするために、多様な学習成果の評価を分類し、それぞれの特徴を明らかにする枠組みを示す。

　第3章では、「学習としての評価」を提案するための布石としてパフォーマンス評価とルーブリックについて論じる。こういうふうに書くと、意外に思われる方もいるかもしれない。パフォーマンス評価やルーブリックは、「測りすぎ」の象徴のようにみなされることもあるからだ。実際、ミュラーの『測りすぎ』の副題は「なぜパフォーマンス評価は失敗するのか？」となっている。ただ、これは邦訳のみの副題であり、ミュラーの本の中で、本書でいう意味での「パフォーマンス評価」に対する批判は行われていない。本書でいうパフォーマンス評価とは、各分野での能力を最も真正な形で発揮できるパフォーマンス（作品や実演など）を手がかりに、学習者の学びや能力を評価する方法のことである（たとえば、自動車を運転する能力なら、ペーパーテストではなく実際に運転させてその能力を見ることがパフォーマンス評価である）。ルーブリックはそのパフォーマンス評価を行う際の評価基準の一つの形態であり、ルーブリックだけに焦点を当てるべきではない（その意味で、日本の教育界に広まっている「ルーブリック評価」という言い回しは誤解を招くものだ）。

　「測りすぎ」の時代に多用されているのは、質問紙調査と標準テストである。結果を数値化・縮約化して、他の個人・組織・国との比較や説明責任の遂行などのために使いやすいからだ。パフォーマンス評価によって生徒・学生の学びや能力を把握しようとする試みは、主に標準テストに対抗する形で行われてきた。第4章では、私たちが大学で行ってきたパフォーマンス評価の事例を紹介し、それが確かに「学習としての評価」として機能していることを示したい。

　続く第5章では、第2章で示した枠組みを用いながら、測りすぎ・測りまちがいが実際にどんな形で起きているのかを、学生調査やジェネリックスキルの標準テストの例を挙げて検討していく。

　学生調査や標準テストは、学士課程全体の学びと成長を評価するために使われてきた。では、パフォーマンス評価でそれは可能なのだろうか。第6章では、4（ないし6）年間の学位プログラムの学習成果を評価する試みとして、「重要科目に埋め込まれたパフォーマンス評価（Pivotal Embedded Performance Assessment: PEPA）」の考え方を実践の具体例とともに提案する。

　評価を、外から批判するのではなく、内から問い直し再構成していくという

のはなかなかの難題である。もしかすると、ミイラ取りがミイラになる危険性もある。本書がミイラにならずにすんでいるか、学習評価を意味あるものにできているか、読者の判断を仰ぎたい。

測りすぎの時代の学習評価論
目　次

序　章

「測りすぎ」の時代

1.　メトリクスへの執着

(1)『メトリクスの暴政』

　「測りすぎ」という語は、ジェリー・ミュラー『測りすぎ─なぜパフォーマンス評価は失敗するのか？─』（みすず書房, 2019）から取ったものだ。この本の原題は、*The Tyranny of Metrics*、直訳すれば「メトリクスの暴政」である。メトリクス（metrics）とは、一定のルール・手続きに則って数値化するという行為、その際の測定法や測定基準、またはその結果としての数値や指標のことをいう。つまり、測定・測定法・測定基準・測定値といった意味をあわせもつ言葉である。「メトリクスの暴政」とは、このメトリクスが、大学・学校、医療、警察、軍、ビジネス・金融、慈善事業・対外援助といった社会のあらゆる領域に入りこんで、さまざまな悪影響をもたらしていることを指している。それらの領域で個別にメトリクスの問題を分析した研究はこれまでにもあった。だが、その問題の根底にある共通性を領域横断的に示したのは、ミュラーのこの本がおそらく最初である。著者のジェリー・ミュラー（Jerry Z. Muller）は歴史学者であり、測定や評価の専門家ではない。非専門家だったからこそ、細部にとらわれず、領域横断的に問題に切り込めたのかもしれない。

　『測りすぎ』という邦題は印象的だが、やや内容を矮小化したきらいがある。ミュラーはこう述べている。

本書は、測定の害悪について語るわけではない。経験に基づく個人的判断の代わりに標準化された測定を使おうとする際に起こる、意図せぬ好ましくない結果について語る本だ。問題は測定ではなく、過剰な測定や不適切な測定だ。測定基準ではなく、測定基準への執着なのだ。（ミュラー, 2019, p. 5）

著者が問題にしているのは、「過剰な測定」と「不適切な測定」、つまり「測りすぎ」だけではなく「測りまちがい」も含んでいる。また、「測定基準への執着（metric fixation）」とは、測定基準だけでなくメトリクス全体——つまり、数値化するという行為、その際の測定法や測定基準、またはその結果としての数値や指標といったもの——への執着を意味している。問題は、「メトリクスではなく、メトリクスへの執着なのだ」。数値を見て、それがどんな測定基準によって作られたものなのかを想像できるのであればまだよい。現状は、それがどんな方法・基準で出てきた数値なのかも顧みずに数値が一人歩きして暴政を敷いている状態なのである。

こういうわけで、本書では、"metric fixation" を「測定基準への執着」ではなく、「メトリクスへの執着」と表わす。その上で、文脈に応じて「メトリクス」に測定、測定法、測定基準、測定値などの訳語をあてていくことにする。

（2）メトリクスの欠陥

メトリクスの欠陥は、以下のようなやり方によってさまざまな領域で繰り返し現れてきた、とミュラーは指摘する（ミュラー, 2019, 第2章）。

①情報の歪曲

・最も測定しやすいものを測定する——求められる成果は複雑なのに単純なものを測定する。世の中には、測定できるもの、測定するに値するものがあるが、測定できるものが必ずしも測定に値するものとは限らない。
・成果（アウトカム）を測定すべきときに、成果ではなくインプットやプロセスを測定する——インプットやプロセスの方が測定しやすいからだ。

- 標準化によって情報の質を落とす――標準化し定量化することで、人や組織の比較が可能になる。比較によって、文脈、歴史、意味がはぎ取られるが、それによって曖昧さがなくなり、確実で権威あるように見えることになる。

②メトリクスの悪用

- 上澄みをすくう――たとえば、成績のよい生徒や、学校に対して好意的な生徒だけに評価や調査を受けさせるなど。
- 基準を下げることで数値を改善する――たとえば、高校や大学の卒業率を上げるために、単位を取りやすくするなど。
- データの除外や歪曲で数値を改善する――たとえば、学校や教師の評価に使われる学力調査で、出来の悪い答案を抜いたり、ふだん成績の悪い生徒を欠席させたりするなど。
- 不正行為をする――たとえば、生徒の誤答を正答に書き換えるなど。

　メトリクスの悪用は、アメリカのNCLB法（落ちこぼれ防止法）の下で、生徒の成績によって学校の存続が左右されるようになったときに、実際に起きたことだ（ラビッチ, 2013）。また、情報の歪曲については、大学における「学習成果の可視化」でも見られる現象である。

　こういう歪曲や悪用が行われるのは当事者本人の心がけが悪いからだ、と考える人もいるかもしれない。だが、アメリカの社会心理学者ドナルド・キャンベル（Donald T. Campbell）はつとに、「どんな定量的な社会指標も、社会的な意思決定に使われれば使われるほど、腐敗の圧力にさらされ、それがモニターすることを意図している社会プロセスを歪め、腐敗させる傾向が強くなる」（Campbell, 1979, p. 85）と喝破していた。これは後に「キャンベルの法則」と呼ばれるようになった。つまり、メトリクスにおける歪曲や悪用は、今日のように、その測定値が社会的な意思決定（たとえば、組織の存続の判断など）に使われるところでは、起きるべくして起きるということなのである。

2. 大学におけるメトリクスへの執着

なぜ、私たちはメトリクスに執着するのか。ミュラーはこう述べる。

　　私たちは測定された説明責任の時代、測定された業績に対する報酬の時代、「透明性」を通じてそれらのメトリクス（測定値）を公表するという美徳を信じる時代に生きている。（ミュラー, 2019, p. 4 一部改訳[1]）

　つまり、「説明責任」を「標準化された測定を通じて成功を見せつける（demonstrate）こと」だと捉え、その測定値を公表することが「透明性」の要件を満たすことになるという考え方が広まったこと、さらに、「測定された業績」が個人や組織の給与や予算の配分、存廃の判断に結び付けられたことが、メトリクスへの執着につながったということである。

　ミュラーはアメリカ・カトリック大学歴史学部の教授で、資本主義の歴史が専門である。だが、所属学部でアクレディテーション（適格認定）[2]を経験したことで、「メトリクスへの執着」という問題意識を抱くようになったという。前に述べたように、彼の本ではさまざまな領域が取り上げられているが、検討の最初に置かれているのは大学である。それだけ問題が典型的に表れている領域だということだろう。

　本書では、日本の大学の評価に関して、「経験に基づく個人的判断の代わりに標準化された測定を使おう」とすることによって、測りすぎや測りまちがいがどのように生じているか、それを克服するには何が必要かを具体的に考えてみたい。

---

1) performance の訳を「実績」から「業績」へ、metrics の訳を「測定基準」から「メトリクス（測定値）」に修正した。本書の他の箇所の引用でも同様の改訳を行っている。
2) アクレディテーション（accreditation）とは、「高等教育の質保証の文脈において、機関やプログラムの教育活動の状況が一定の水準や適切さを有していると判定すること」（大学改革支援・学位授与機構, 2021, p. 36）である。日本では、主に設置認可と認証評価によって行われている。

3.　パフォーマンス評価の危うさと可能性

　さて、ミュラーの *The Tyranny of Metrics* の邦訳『測りすぎ』には「なぜパフォーマンス評価は失敗するのか？」という邦訳だけの副題がついている。この副題は明らかにミスリーディングである。「performance assessment（パフォーマンス評価）」という言葉は、原著にはたった1箇所、それも引用文の中に出てくるだけである。もちろん、pay-for-performance（業績給）や performance-based funding（業績評価にもとづく予算配分）などへの批判はあちこちに出てくる。おそらく邦題では、こうしたフレーズの中で使われている「performance」と「評価」をくっつけて、業績評価くらいの意味で「パフォーマンス評価」という言葉を用いたのではないだろうか。だが、教育学における「パフォーマンス評価」には「業績評価」とは異なる独自の意味がある。それは、ペーパーテストだけに頼るのではなく、各分野での能力を最も真正な形で発揮できるパフォーマンス（作品や実演など）を手がかりに、学習者の学びや能力を評価する方法のことである。

　本書では、測りすぎの時代の学習評価のあり方を、むしろパフォーマンス評価を軸にして考えていく。そこでは、ミュラーと同様に、「経験に基づく個人的判断」を重視している。とはいえ、「パフォーマンス評価」にも測りすぎや測りまちがいの危険性がないわけではない。実際、パフォーマンス評価で評価基準としてよく使われる「ルーブリック」（観点とレベルを組み合わせた評価基準表）は、「メトリクスへの執着」のシンボルのように扱われることすらあるのだ。アメリカのリベラルアーツ・カレッジの教員であったゲイル・グリーン（Gayle Greene）はこう嘆く。「大学のすべてのメンバー、すべての教授と管理者、すべてのコースとプログラムが［アクレディテーション機関の］レビューに参加する必要がある。モデルや尺度、パフォーマンス・メトリクス、ルーブリック、評価基準、説明責任、アルゴリズム、ベンチマーク、ベストプラクティスといった言葉が飛び交っている」（Greene, 2023, p. 208）。

　現在の大学の学習評価における「メトリクスへの執着」へのオルターナティブとして、パフォーマンス評価を位置づけることは可能なのだろうか。パフォ

ーマンス評価によって、「測りすぎ」や「測りまちがい」を防ぎ、学習評価を意味あるものにすることはできるのだろうか。

第 1 章

学習評価とは何か

1. 評価— assessment と evaluation —

(1) 評価はどこにでもある

　「評価」と聞くとどんなことを思い浮かべるだろうか。学校のテスト、通知表、入試の合否判定……。教育場面での評価には、よい印象がないかもしれない。しかし、私たちは意識する、しないにかかわらず、日常生活の中であたり前のように評価を行っている。一つ例をあげよう。

　　19歳のA子さんは、4月の身体測定で身長160.5 cm、体重53.5 kgだった。母親は中肉中背でちょうどいいと言うけれど、自分ではぽっちゃり体型だと思う。そこで、「よし、夏休みまでにもっと細くなろう」と決心し、夕食は白ごはん抜きにして糖質制限ダイエットをやることにした。

　　ダイエットを始めて2週間後、体重をはかってみると52.3 kgになっていた。ネットでBMI値を調べたら20.3だった。あこがれのモデルYは18だとなにかで読んだことがある。「まだまだだなあ。朝ごはんもトーストなしにして、コーヒーとヨーグルトだけにしよう」。A子さんはそう決めた。

　「評価」というのは、文字通り、「評って価値を定めること」である。なかで

> 目標設定→活動→評価（評価データの収集・分析→価値判断）→活動・目標の調整

図 1-1　目標追求過程の中の評価

も、「なんらかの目標を追求する過程において、ある時点の対象の状態を調べ、目標との関係で価値判断すること」を意味する。そこには、対象についての評価データの収集・分析と価値判断が含まれる。評価の結果を受けて、必要な場合は活動や目標の調整が行われることもある（図 1-1）。

　A 子さんの例でいうとこんなふうになる。

　　まず「もっと細くなろう」という目標があって（目標設定）、そのために糖質制限ダイエットをやった（活動）。その後、体重をはかったら、52.3 kg だった（評価データの収集）。「2 週間で 1.2 kg も減ったのだから順調」と判断することもできただろうが、A 子さんは BMI 値を求め（分析）、あこがれのモデル Y と比べて「まだ不十分」と判断した（価値判断）。そして、ダイエットを夕食だけでなく朝食でも行うことにした（活動の調整）。

　評価データの中でも、とくになんらかの道具を使って量的データを得ることが「測定」である。体重測定では、体重計という道具を使って、体重（kg）という量的データを得ている。

　評価の中には、〈目標との関係で行う評価（目標準拠評価）〉のほかに、〈他者と比較して行う評価（相対評価）〉や、〈その個人の過去の状態と比較して行う評価（個人内評価）〉がある。A 子さんの場合は、「もっと細くなりたい」という目標が漠然としているので、〈目標との関係で行う評価〉は曖昧なものになっている。それで、モデルの Y と比べるという〈相対評価〉を行って「まだまだ」と判断しているわけだ。一方、「2 週間で 1.2 kg も減ったのだから順調」というのは、〈その個人の過去の状態と比較して行う評価〉である。

(2) assessment と evaluation

「評価」にあたる英語には、assessment と evaluation がある。この 2 つの言葉の使い分け方は、時代によっても使う人や分野によっても異なるので一概にはいえない。ただ、どちらかといえば、assessment は「評価データの収集・分析」に比重があり、evaluation は「価値判断」のほうに比重がある。確かに、evaluation という言葉には value という言葉が含まれている。

また、このような使い分けとも関連しているのだが、assessment は学習評価（learning assessment）、evaluation はカリキュラム評価や授業評価（curriculum evaluation や course evaluation）に使われることが多いという傾向がある。たとえば、Council of Europe（2018c）では次のように assessment と evaluation を定義している。「assessment とは、学習者の習熟度や達成度を体系的に記述・測定することを意味し、evaluation とは、教育システム、教育機関、プログラム（数年にわたる学習コース、数日にわたる一連の授業、あるいは単一の授業や学習活動からなる場合もある）の有効性を体系的に記述・測定することを意味している。assessment と evaluation は、assessment の結果を evaluation の一つの要素として使用することができるという形で関連している」(pp. 52f)。

両者の使われ方を、書籍での使用頻度で比べてみると、evaluation は 1920 年代以降に急速に使われるようになり、1950 〜 1990 年くらいの間は、以前から使われていた assessment を上回っているが、それ以降は再び assessment の方がよく使われるようになっていることがわかる（図 1-2）。

これは、「教授パラダイムから学習パラダイムへの転換」（溝上, 2014）や近年のエビデンス重視の傾向——評価データを収集・分析して、それをエビデンス（証拠）として示すことが要請されるようになったこと——とも無関係ではないだろう。たとえば、OECD（経済協力開発機構）の PISA 調査は、日本では「生徒の学習到達度調査」と紹介されているが、"Programme for International Student Assessment" の略で、国際的な生徒のアセスメントとして行われている。この PISA は、世界の国々の教育政策に影響を与え、日本でも「エビデンスに基づく改善サイクルの構築」に利用されてきた（松下, 2014a）。

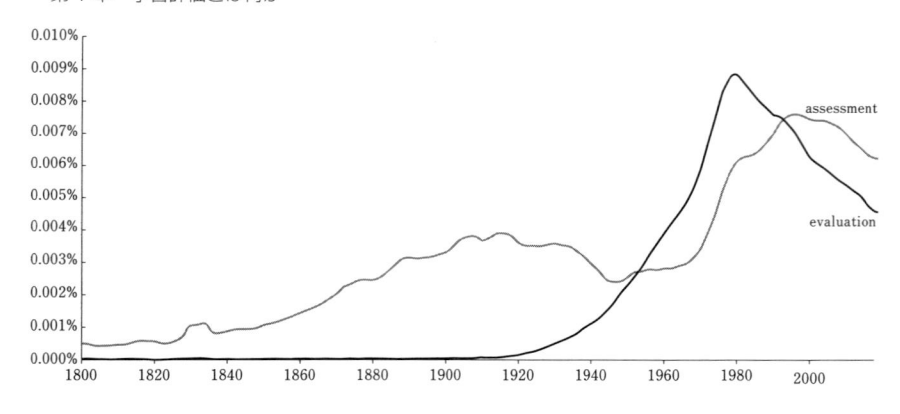

図 1-2　assessment と evaluation の使用頻度の推移
（注）Google Books Ngram Viewer による（2023 年 9 月 30 日閲覧）。

（3）PDCA サイクルとの違い―シングルループ学習とダブルループ学習―

ところで、〈目標設定→活動→評価（評価データの収集・分析→価値判断）→活動・目標の調整〉というプロセスから、PDCA サイクルを連想された方もおられるかもしれない。確かに、P（Plan）は「目標設定」、D（Do）は「活動」、C（Check）は「評価」、A（Act）は「活動の調整」と対応しているように見える。

しかし、両者は同じではない。とくに大きな違いは、P（Plan）と「目標設定」の区別である。P は「目標」ではなく「計画」であり、「目標」そのものは、PDCA サイクルの改善の範囲の外に置かれている。そのため「目標」は固定的となることが多い（古川, 2017）。

PDCA はよく「目標管理」のシステムといわれるが、もともとピーター・ドラッカー（Peter F. Drucker）が提唱した「目標管理」とは、「支配によるマネジメントを自己管理によるマネジメントに代えることを可能にする」ものであった。組織に属するすべての個人や部門が、それぞれ自律的に自己の目標を設定し、上位の部門の目標は、それらの総合として設定されるというボトムアップのシステムとして考えられていたのだという（重本, 2011）。

PDCA と目標追求過程（図 1-1）の違いは、クリス・アージリス（Chris

Argyris）らのいう「シングルループ学習」と「ダブルループ学習」の違いにあたる（Argyris & Schön, 1978）。「シングルループ学習」とは、〈目標→行動→結果〉の流れにおいて、目標は与えられた上で、目標を実現するために行動し、その結果から行動を調整する学習のことであり、一方、「ダブルループ学習」とは、行動の結果から行動を調整するだけでなく、必要なときには目標をも調整する学習のことである。結果から行動へのフィードバックと結果から目標へのフィードバックの2つのループができるので、ダブルループ学習という。温度調整を例にとると、シングルループ学習は設定温度（目標）を一定に保ったまま温度を調整するサーモスタットのようなものであるのに対し、ダブルループ学習ではそもそもの設定温度（目標）が適切かまで調整することになる。目標追求過程の最後のステップを「活動・目標の調整」としたのはそういうわけである。

　A子さんの例に戻って考えてみよう。

　　A子さんのダイエットはしだいに過度になり、ついには体重が40 kgをわりこんで、生理も止まってしまった。そこまで行ってようやく、「もっと細くなりたい」という目標の根底にあった「やせている＝きれい」という自分の考え方の誤りに、A子さんも気づくことになった。当初の目標自体を捉え直すことができたのだ。

　このように目標設定が目標追求過程の主体によって行われたのであれば、シングルループ学習にとどまらず、ダブルループ学習もまだやりやすい。だが、目標が上から（外から）与えられ、計画からしか始められないのであれば、せいぜいシングルループ学習にとどまってしまう。PDCAは往々にしてそのような限界をはらんでいるのである。

2. 教育場面での評価の特徴

　本書で扱うのは教育場面での評価、なかでも学習評価である。
　A子さんのダイエットの例のように、評価は日常生活のどこにでもあるあ

りふれた行為だ。だが、学校のテスト、通知表、入試の合否判定など、教育場面での評価にはとりわけ、何か息苦しさやイヤな感じがつきまとう。それはなぜなのだろうか。以下では、見えないものの評価、他者評価と自己評価（評価する側と評価される側への分離）、システムに組み込まれた評価、という点から見ていこう。

（1）見えないものの評価

　A 子さんの例では、評価データは体重だった。体重は体重計できっちりと測定できる。A 子さんは、その測定結果にもとづいて価値判断（評価）を行っていた。

　一方、教育場面での評価は、多くの場合、学力、能力、パーソナリティなど目に見えないものの評価である。この目に見えないものを「構成概念（construct）」という。つまり、「構成概念」というのは、観察可能な事象から理論的に構成される概念のことである。

　構成概念について評価を行おうとすれば、観察不可能なものを観察可能なものに置き換え、観察可能なものから観察不可能なものを推論・解釈するという手続きが必要になる（詳しくは、本章第 3・4 節を参照）。もちろん、観察不可能なものをすべて、観察可能なものに置き換えることはできないので、置き換えは部分にとどまるだろうし、また、推論・解釈するので、誤りもありうるだろう。一見、客観的で確かなものに見える「テストの点数」もそういう危うさを含んでいることを認識しておくことは、教育場面での評価においてとくに重要である。

　学習評価研究者のフルチャーら（Fulcher et al., 2014）は「学習改善のモデル」を「weigh pig, feed pig, weigh pig」と表した。つまり、〈豚の体重をはかる―豚に餌をやる―（再び）豚の体重をはかる〉という比喩を使って、〈アセスメント―教育的介入―再アセスメント〉のプロセスを表したわけである。このモデルは、単にアセスメントするだけでは学習改善につながらないということをユーモラスに表現している。だが、教育場面での評価の特徴である「目に見えないものの評価」を体重計測に置き換えたことはミスリーディングである。

　「見えないもの」はしばしば、他人に踏みこまれたくない、人間の「深く柔

らかな部分」でもある（たとえば、その人の価値観やパーソナリティなど）。その「深く柔らかな部分」までを含む全体的な能力を評価し、労働力として動員・活用しようとすることを、教育社会学者の本田由紀はかつて、「ハイパー・メリトクラシー」と批判した（本田, 2005）。教育場面での評価の息苦しさやイヤな感じは一つにはこんなところから生じている。

(2) 自己評価と他者評価—評価する側と評価される側への分離—

　教育場面での評価の特徴の2番目は、評価する側と評価される側への分離である。

　A子さんの例では、評価する側と評価される側は同一人物だった（つまり、そこではこの分離は生じていなかった）。これに対し、教育場面では、両者は分離しており、しかも役割が固定しているのがふつうだ。学校のテスト、通知表、入試の合否判定ではいずれも、教師・学校が評価する側、生徒が評価される側である[3]。

　もっとも、評価のプロセスにおいて、それに関わる人々が評価する側と評価される側に非対称的に分かれるというのは、何も教育場面に限ったことではない。職場の上司と部下、顧客とサービス提供者、観客とパフォーマー（演技者）、審査員と競技参加者などでも、評価する側と評価される側に分かれている。

　ただし、教師・学校と生徒の関係にはそれらとは異なる特殊性がある。それは、①評価する側と評価される側の非対称性が一定期間持続すること、その一方で、②いつまでも他者評価によらずに、生徒がいずれ自己評価者となることが期待されていること、③評価する側と評価される側が逆転することもあること、などの点である。

　①については説明するまでもないかもしれない。教師と生徒の間の評価・被評価関係は、ふつう教師と生徒という関係が続く間ずっと維持される。教育場面以外の例では、職場の上司と部下は別として、評価・被評価関係は一時的なものだ。

　②については説明を補足しよう。確かに、教育場面では、評価する側と評価

---

3)　本章では、学校、生徒という表現を使っているが、大学、学生にもあてはまる。

される側の役割が固定し、その非対称性が一定期間持続するのだが、しかし、同時に、将来的には生徒自身が、〈他者評価の客体〉ではなく、〈自己評価の主体〉となることがめざされてもいる。

　自己評価とは何だろうか。測定・評価研究者の橋本重治は、自己評価を「生徒が、自分で自分の学業、行動、性格、態度等を評価し、それによって得た情報（知見）によって自分を確認し、自分の今後の学習や行動を改善・調整するという［中略］一連の行動」（橋本, 1983, p. 38）と定義した。カリキュラム研究者の安彦忠彦は、この定義をふまえた上で、よりシンプルに、「自分の、自分による、自分に対する評価」（安彦, 2021, p. 53）と定義し、その上で「評価は原理的にはすべて自己評価である」（p. 90）と述べている。これは、1970 年代以来の安彦の一貫した主張である。生徒・学生をいかに〈自己評価の主体〉としていくかは、現在の評価研究の大きなテーマとなっている。

　③についてはどうだろうか。教育場面では、生徒が顧客、教師がサービス提供者になったり、生徒が観客、教師がパフォーマーになったりすることがある。たとえば、ほとんどの大学が取り入れている授業評価アンケートは、学生が顧客としてサービス提供者である教師の授業を評価するという体をとっている。「顧客満足度調査」として授業評価アンケートの分析を行っている研究も散見される。また、授業の中で、生徒が観客として、パフォーマーとしての教師を評価することもある。生徒は「あの先生は授業がうまい」とか「面白い」とかを口にする。こういうときには、生徒が評価する側、教師が評価される側になっているわけだ。このように複数の評価・被評価関係が折り重なっているのが、教育場面での評価の特徴なのである。

（3）システムに組み込まれた評価

　いま書いたように、教育場面には、複数の評価・被評価関係が重層的に存在しているのだが、基底をなしているのは、やはり生徒＝評価される側、教師＝評価する側という関係である。それは、この評価・被評価関係がシステムに組み込まれているからだ。とくに入試のようなテストは、その結果が受験者の人生に大きな影響を与えるテスト（＝「ハイステイクス・テスト」[4]）であり、下級学校（例：高校）と上級学校（例：大学）を接続するものとして、しっかり

システムに組み込まれている。通知表も、単に生徒の学習状況や学校での行動を保護者に伝えるだけならその評価の影響は大きくないが、それをもとにして作られる内申書（調査書）が入学者選抜で大きな重みづけを与えられるシステムの下では、たえず評価に縛られているような圧迫感を与えるものになる。

　このように、教育場面での評価が、他人には踏みこまれたくないような見えないものの評価を含み、評価する側と評価される側への分離の下で生徒を「評価される側」に位置づけ、その評価結果がシステムに組み込まれて人生にも影響するようなものであるとすれば、そこに息苦しさやイヤな感じがつきまとうのは、生徒からすれば至極当然である。それは、生徒に近い立場にいたい教師にとっても同じだろう。〈評価する側—評価される側〉という関係性が、教師と生徒の親密な関係づくりを妨げることになるからである。

3. 評価の三角形とエビデンス

　ここまで、教育場面での評価の特徴、そしてそれがなぜ息苦しさやイヤな感じをもたらすのかを3点にわたってみてきた。本書では、それを生徒・学生にとって（そして教師にとっても）意味があるものに転換することはできるのか、どうすればそれが可能になるのかを考えていこうとしている。そのために、このような教育場面での評価の構造をさらに深く探っていくことにしたい。この第3節では「評価の三角形」、次の第4節では「評価の二層モデル」について紹介する。

(1) 評価の三角形

　全米研究評議会（National Research Council, 2001）は、『生徒が何を知っているかを知る』（*Knowing What Students Know*）という本の中で、「評価（as-

---

4)　「ハイステイクス・テスト（high-stakes test）」とは、受験者にとって重大な結果をもたらすテスト、あるいは重大な決定の基礎となるテストのことである（stake は利害関係の意味）。学校でのテストに限らず、就職試験、資格試験、オーディションなども含まれる。また、全国学力・学習状況調査のテスト結果のように、受けた生徒にはハイステイクスではなくても、学校にとってはかなりハイステイクスになる場合もある。

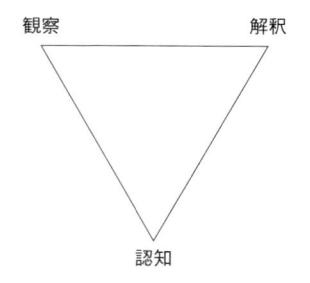

図 1-3　評価の三角形

（出典）NRC（2001, p. 44）より訳出。

sessment）とは、生徒の行動を観察し、生徒が何を知っているかについて理にかなった推論を導く際に使用できるデータを作成するために設計されたツールである」（p. 42）と定義している。この本の編者でもあったジェイムズ・ペレグリーノ（James W. Pellegrino）は、もっとシンプルにこうも述べている。「我々にとって、生徒が何を知っているかを本当に知ることは不可能である。評価とは、常にエビデンス（証拠）から推論するプロセスなのだ」（Pellegrino, 2020）と。

　このプロセスには、「認知」「観察」「解釈」という 3 つの要素が関わっており、「評価の三角形（Assessment Triangle）」というモデルで表される。

　「認知」というのは、いま学んでいる領域の中での生徒の知識や能力（コンピテンス）などのことである。「観察」というのは、その認知のエビデンスとなる生徒のパフォーマンス（何かをやってみせること）の観察や、それを可能にする課題や場面のことを指す。ここには、授業中の言動の観察のような実際に目で見ることだけでなく、テストの結果なども含まれる。そして「解釈」というのは、観察されたエビデンスの意味を理解するためのプロセスや方法を意味している。評価課題から得られた観察が、どのように、評価される知識や技能に関する証拠になっているのか（いないのか）を考えることである。

　　生徒が実際に知っていることがらと人が（生徒がやっている様子について）観察したことがらとは同じではない。この 2 つは、推論の連鎖を通してのみ結びつけることができる。［中略］評価を行う人は常に不確実性の

下で推論を行う。その結果、評価によってもたらされる情報はふつう、不完全で、結論が出しにくく、複数の説明ができてしまうようなものなのである。(NRC, 2001, p. 42)

　私たちは、知能指数やテストの点数、そこから算出した偏差値などを、その人の能力や学力を表わす確かな指標と見てしまうことがある。しかし、本当は、生徒が何を知っていて何ができるか（＝認知）を評価するには、生徒が言ったり行ったり作ったりしたこと（＝観察）から推論（＝解釈）するしかない。したがって、評価や測定の結果は多かれ少なかれ、不確実で不完全なものなのだ。

(2) エビデンスとデータ
①エビデンスとは

　先ほど「エビデンス」という言葉を使った。私は仕事柄、さまざまな分野の研究者と接する機会に恵まれてきた。自然科学系の研究者のほとんどはエビデンスのない議論などありえないと考えているのに対して、人文・社会科学系の研究者にはむしろ「エビデンス・ベース」の政策や実践は危ういと感じている人が少なくない。とくに教育学にはその傾向が強いようだ（たとえば、杉田・熊井編, 2019 など）[5]。

　そもそもエビデンスとは何だろうか。人は毎日、大小さまざまな判断を行う際に、エビデンスを使って推論している。たとえば、朝、家を出るとき、天気予報や空模様などを見て、傘をもっていくかどうかを決める。誰かになぜ傘をもってきたのかと尋ねられたら、天気予報で降水確率 70% と言っていたからとか、朝焼けだったからなどと答えるだろう。このような「判断や主張の拠り所」が本書でいうエビデンスである。

　もちろん、エビデンスは「科学的に厳密な根拠」の意味で使われることもある。たとえばエビデンスを信頼性の順に重ねた「エビデンス・ピラミッド」では、一番上に「メタ分析」や「系統的レビュー」、次に「ランダム化比較試験」といった具合にエビデンスが並べられている[6]。

---

5)　教育行政学の村上祐介らも、教育学者にはエビデンスに基づく教育に対して批判的な傾向があることを指摘している（村上・橋野, 2020）。

　たとえば、ニュージーランドの教育研究者ジョン・ハッティ（John Hattie）の著書 *Visible Learning*（邦題『教育の効果—メタ分析による学力に影響を与える要因の効果の可視化—』）（Hattie, 2009）は，「教授活動の聖杯を探り当てた」と評されるほどの国際的センセーションを巻き起こした（原田・マイヤー, 2015）[7]。ハッティは，5万をこえる個別研究に対する800あまりの「メタ分析」の研究結果を統合して、生徒の学力（achievement）に関わる要因を138にまとめ（①学習者、②家庭、③学校、④教師、⑤カリキュラム、⑥授業の6つに分類されている）、それぞれの効果を検討した。効果の高さは効果量 d で表され[8]、全要因について、その効果の程度が、−0.2 から 1.2 までの目盛りをもつバロメーターで視覚的に示された（$d = 0.40$ が中位の効果とされている）。そうして、全要因を効果の高い順に並べたランキングを提示したのである。たとえば評価に関わるところでいえば、「評価リテラシーのある生徒」は $d = 1.44$、「形成的評価を与える」は $d = 0.90$、「フィードバック」は $d = 0.75$ とされ、それが自己評価・形成的評価やフィードバックの研究・実践にブームをもたらす一因となった。

　しかし、このような狭い意味でのエビデンスは、教育場面ではほとんど手に入らないし、その限定性を考えるとあまり有用でもない。たとえばメタ分析は、教育を行う上で必要となる個別具体的な教材、集団、時間、プロセスといった情報を与えてくれない。A という方法が効果量 x だから効果が高いといわれても、それだけでは「自分の教室で目の前の生徒たちにどう A を行えば効果的なのか」はわからない。ランダム化比較実験にしても、通常の教室で、生徒集団をランダムにグループ化し、実験群と対照群（統制群）に分けて実験を行うのは研究倫理上も問題がある。

　さらに、「科学的根拠」の場合、エビデンスは数値で要求されることがほと

6）　メタ分析とは、統計的分析のなされた複数の研究を収集し、いろいろな角度からそれらを統合したり比較したりする分析研究法、「ランダム化比較試験（RCT）」とは、「研究の対象者を2つ以上のグループに無作為（ランダム）に分け、治療法などの効果を検証する方法のことである。

7）　ハッティの研究については、その後、数多くの批判がなされている。たとえば、石田・森本（2021）を参照。

8）　効果量 d とは「メタ分析において、異なる研究（通常異なる測定単位が利用される）の効果を共通のものさしにのせるための、共通の指標」（山田・井上, 2012, p. 281）のことで、効果量1は，標準偏差1だけの違いを表す。

んどである（上のハッティの例でいえば、効果量が算出できるには、そもそもメタ分析の対象になる元の研究の結果が数値で示されていなければならない）。数値化されたデータしか扱えないというのは、学習評価が量的評価に限定されることになり、学習評価の範囲を大幅に狭めることになる（「量的評価」「質的評価」については、第2章参照）。

　というわけで、本書では、「判断や主張の拠り所」という緩やかな意味でエビデンスという言葉を用いることにする。

　亘理（2020）は、エビデンスの意味として、（a）因果関係を示唆する根拠、（b）主張の拠り所、（c）意思決定に利用されるデータそのもの、（d）個人の体験の反省に基づく確実性・不可疑性（ある個人にとって確実で疑いようのない体験）、の4つを挙げている。本書で挙げているエビデンスは、（a）のような科学的に厳密な因果関係のみを求める立場や、（d）のような量的指標への還元を嫌って個人の体験における明証性をことさら重視する立場ではなく、（b）（c）に近い。

②エビデンスとデータの違い

　では、エビデンスとデータはどう異なるのだろうか。データはそれ自身でエビデンスになるわけではなく、何らかの解釈の枠組みの中ではじめてエビデンスとしての意味をもつ（NRC, 2001, p.43）。たとえば、教育場面での評価では、テストの解答、作文・レポート、プロジェクトのプレゼンテーションなどの形で、データが提供されるが、これらのデータは、先ほどの「評価の三角形」の中で、「観察」（生徒が書いたり話したり行ったりしたこと）の項に位置づけられ、「解釈」されて、「認知」（生徒の知識や能力など）に結びつけられたときにはじめて、生徒が何を知っていて何ができるかを評価者が判断するためのエビデンスになる。

(3) 三角ロジックとの関係

　こうしてみてくると、「評価の三角形」とは、「三角ロジック」のバリエーションであるということができる。三角ロジックというのは、「主張」と「事実・データ」と「論拠」の3つを区別し、結びつけて考える方法である（松下，

2021a, pp. 15-17)。科学哲学者スティーヴン・トゥールミン（Stephen E. Toulmin）の提案した論証モデルに由来する。

　生徒の授業場面の言動やテスト、レポート、プレゼンテーションなどの「観察」を通じて〈事実・データ〉を収集する。この事実・データは明示的な評価基準や暗黙的な教師の鑑識眼（評価知）などの〈論拠〉によって「解釈」され、そこから、生徒の「認知」、つまり生徒が何を知っていて、何ができるかを〈主張〉あるいは判断するのである[9]。

　第 1 節で述べたように、評価のプロセスは大きく、「評価データの収集・分析」と「価値判断」に分かれ、assessment は前者に、evaluation は後者に比重が置かれていた。「評価の三角形」はこのうちとくに「評価データの収集・分析」がどんな要素で成り立っているのかを示している。

4.　評価の二層モデル―パフォーマンスとコンピテンス―

（1）二層モデル

　ここまでみてきた「評価の三角形」は、学習科学の学習評価論の中で提唱されてきたものである。私自身は、これとは別に、図 1-4 のような「評価の二層モデル」で学習評価の枠組みを考えてきた。

　どんな「コンピテンス」も、それ自体は観察不可能である。そこで、コンピテンスを、何らかの「評価課題」を通じて可視化させ、観察可能な「パフォーマンス」にする。そして、そのパフォーマンスを、「評価基準」を使って解釈することで、パフォーマンスの背後にあるコンピテンスを推論するのである。

　この説明の中でわかりにくい言葉は、「パフォーマンス」と「コンピテンス」だろうか。ここではまず「パフォーマンス」について取り上げよう（「コンピテンス」については次の第 5 節で説明する）。

　「パフォーマンス」にはいろいろな意味がある。もともとの語義は「何かの達成、完成」で、心理学用語としては、諸能力が現実の場面で発揮され、行為が「遂行」されるという意味で使われる。ただ、他にも、「上演、演奏、演技」

---

9)　OECD（2023）では、序章で「評価の三角形」、第 6 章で「トゥールミンのスキーマによる評価論証モデル」が扱われており、両者の類似性が窺い知れる。

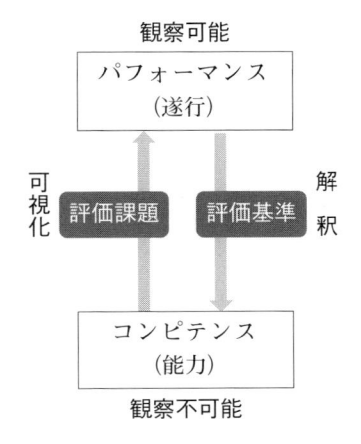

図1-4 評価の二層モデル

などの意味で使われたり（「羽生選手のすばらしいパフォーマンス！」）、そこから転じて「受けねらいの行為」（「あの政治家の発言はパフォーマンスにすぎない」）という意味にも使われたりする。さらに、「パフォーマンス・アート」のように既成芸術の枠からはずれた身体的動作や音響などによって行う芸術表現の意味や、「コスト・パフォーマンス」や「ハイ・パフォーマンス」のように効果や性能などの意味で使われることもある。

　二層モデルでの「パフォーマンス」は心理学用語としての「遂行」に近いが、具体的にいえば、客観テストのできぐあい（成績）のような場合もあれば、第3章以降で詳しく論じていく「パフォーマンス評価」のように、遂行のプロセスである「実演」（プレゼンテーション、実技、演奏、演技など）や遂行の成果物である「作品」（レポート、論文、（ポスター発表の）ポスター、映像作品、制作物など）のような場合もある。

（2）日常生活での例

　この二層モデルは、日常生活の中での評価にもよくあてはまる。2つ例をあげよう。

10）「点在する 14 個の力石？　力持ちにあこがれた江戸庶民」（https://www.lib.city.minato.tokyo.jp/yukari/j/trivia-list.cgi）（現在アクセス不可）

　日本の各地には、神社の境内などに、力石と呼ばれる石が残っている。力石とは、力自慢の男たちが力試しをする際に使われた大きな石のことだ。江戸時代から明治時代まで、力石を用いた力試しが盛んに行われていた。ほとんどの力石は 60 kg 以上の重さがある。中には 50 貫（187.5 kg）もの力石もあるが、それを持ち上げた「金杉の藤吉」は、体は小さいのに、力石も片手で持ち上げたという[10]。本当に力持ちかどうか（＝コンピテンス）は体つきを見ただけではわからない。力石を肩の上に担ぎ上げる「石担ぎ」（＝評価課題）をやらせて、無事担ぎ上げることができたら（＝パフォーマンス）、力持ちと認められた。担ぎ上げたけれどよろよろしているのと、軽々と担ぎ上げたとのでは（＝評価基準）、力持ちとしての称賛のされ方も違っていたことだろう。

　もう一つの例は、スーパーボランティアとして話題になった尾畠春夫さんの話である。中学校を卒業してしばらく魚を扱う修業をした後、身一つで神戸にやって来たときのエピソードだ。

　　神戸に出ると、ある魚屋で「店員募集　保証人 2 人　履歴書」という貼り紙を見つけました。保証人はいないし、雇ってもらえないと思いましたが「修業させてもらえませんか」とお願いしました。ハモやタチウオをさばいてみろと言われ披露すると、「今から働け」と[11]。

　ここでは、ハモやタチウオをさばくというのが評価課題である。ハモは京料理の素材として欠かすことのできない高級魚だが、独特のヌメリがあってさばくのが難しく、しかも骨切りという独特な技が必要だ。タチウオも見かけはハモと似ているが、ハモよりはずっと扱いが簡単である。難易度の異なる 2 つの課題を与えられたわけだ。きっと仕上がりやさばき方などが見事だったのだろう。保証人もいないのに「今から働け」といわれたのは、親方がそのパフォーマンスから能力（コンピテンス）を見抜いたからにちがいない。評価基準に関することは語られていないが、親方の鑑識眼の中にはきっと、仕上がりやさばき方のほか、道具の扱い方、言葉遣い、仕事に向かう姿勢など暗黙の評価基準

---

11)　「魚屋で受けた恩、尾畠さんの原動力「奉仕の種をまく」」『朝日新聞』2018 年 10 月 11 日付。

が含まれていたはずだ。

　このように、パフォーマンスとコンピテンスの二層モデルを使うと、日常生活の中での評価の構造がくっきりと浮かび上がってくる。

(3) 教育場面では

　では、教育場面ではどうだろうか。それについて考える前に、「二層モデル」と第3節で述べた「評価の三角形」「三角ロジック」との関係を整理しておこう。両者の間には下のような対応関係がある（表1-1）。

　評価の三角形は、論証でよく使われる三角ロジックのバリエーションなので、その意味で一般性があるが、この先、本書では二層モデルを使っていくことにする。評価課題とパフォーマンスは区別して捉えたい、そして、コンピテンスに認知以外の内容も包摂できるようにしたい、というのが主な理由である。

　本章の第2節では、教育場面での評価の特徴として、見えないものの評価、他者評価と自己評価（評価する側と評価される側への分離）、システムに組み込まれた評価の3つをあげた。この3つの特徴について二層モデルではどう扱われるだろうか。1番目の「見えないもの」は「コンピテンス」で代表されている。その中身については、このあと詳しく見ていく。

　2番目の特徴に関わる「誰が評価するのか」は、この二層モデルの中には示されていない。評価課題はほとんどの場合、教師から課されるだろう。ただし、答えが一つに決まるような収束的課題ではなく、答えやアプローチが多様であるような発散的課題（石田, 2022b）であれば、教師から課された評価課題であっても、生徒・学生の自由度は高くなる。また、評価基準は事前には示されていないこともあるが、逆に生徒・学生が自分（たち）で評価基準を作るよう

表1-1　「二層モデル」と「評価の三角形」「三角ロジック」との対応関係

二層モデル	評価の三角形	三角ロジック
パフォーマンス 可視化（評価課題）	観察	事実・データ
解釈（評価基準）	解釈	論拠
コンピテンス	認知	主張

な実践も行われている（石田, 2021a; スティーブンス・レビ, 2014 など）。評価課題・評価基準は教師から与えられていたとしても、評価そのものは生徒・学生たちが行うような評価（ピア評価、自己評価）もある（岩田, 2020 など）。生徒・学生による自己評価の問題については、今後、本書の中で折にふれ、扱うことにする。

　3 番目の特徴である「システムに組み込まれた評価」は、教育場面での評価の中でも一番やっかいな問題だ。制度・政策からの要請やその推進に向けて与えられる補助金の獲得、学校評価・大学評価などのために、「経験に基づく個人的判断の代わりに標準化された測定」という評価課題・評価基準を使って評価の客観性・厳格性・透明性を担保しようとするときに、「測りすぎ」「測りまちがい」が生じやすい。本書では、第 5 章で、「測りすぎ」「測りまちがい」の現状を探り、第 6 章で、それを乗りこえるための具体的提案を行う。

5.　コンピテンスとは

（1）コンピテンス（コンピテンシー）の本質的特徴

　先ほど、コンピテンスには認知以外の内容も包摂されると書いた。コンピテンスとはどんな概念なのだろうか。

　「能力」を表わす英語には ability、capability、capacity などいろいろあるが、本書で「コンピテンス（competence）」を用いるのには理由がある。一つは、「パフォーマンス」と対になっていることがわかりやすいということである。実際、言語学では、「言語運用（linguistic performance）」と「言語能力（linguistic competence）」が対で使われる。もう一つのより大きな理由は、コンピテンスやそれとほぼ同義のコンピテンシーが、21 世紀前半の世界的な教育改革を牽引する概念として扱われてきており、それだけに論争や批判の的にもなってきたということである[12]。第 4 節であげたような「二層モデル」で学

---

[12]　本書では、「コンピテンス」と「コンピテンシー」は互換的なものと見なしている。主に「コンピテンス」を使っているのは、「パフォーマンス」と対であることがわかりやすいからである。教育におけるコンピテンシー（コンピテンス）概念への批判とそれへの私の応答については、松下（2021c）を参照していただきたい。

習評価を論じる上ではこの概念を整理しておくことが不可欠だろう。

competence や（現在ではそれとほぼ互換的に使われる）competency には compete（競争する）という語が含まれているので、新自由主義の下で個人同士が競い合う力だと思い込んでいる人も少なくない。しかし、語源をたどると、これらの語はともにラテン語の competentia（集まり、合意、対称性）から派生したものであり、「資格の十分さ」が原義となっている[13]。

私は、このような原義や、OECD の DeSeCo や Education 2030、欧州評議会の「民主主義文化のためのコンピテンス」（Council of Europe, 2018a）、医学教育における使用法などを参照しながら、コンピテンス（コンピテンシー）の本質的特徴を次の4点にまとめた（松下, 2021c）。

①行為志向であること

コンピテンスは、ある状況や文脈の中で有能な行為として発揮されるとともに、行為を通じて形成される。この行為は、評価場面ではコンピテンスを示すパフォーマンスとして捉えられ、観察可能なパフォーマンスから、それ自身は観察不可能なコンピテンスが解釈・推論されることになる。

②ホリスティックで統合的であること

コンピテンスは、知識、スキル、態度・価値観などの内的リソースを構成要素として内包しており、必要な際にそれらを結集する働きをもつ。知識、スキル、態度・価値観を個々ばらばらに身につけるだけではなく、それらをまとめ上げて行為に結びつける力がコンピテンスである。

③要求に応えるものであること

コンピテンスは、特定の状況から生まれた（あるいは他者や自分自身の課した）要求や課題に応えられる能力である。したがって、誰の、どのような要求なのかがコンピテンスの中身を左右する。「要求に応える」というこの特徴は、原義の「資格の十分さ」に由来する。したがって、コンピテンスは狭義では、

---

13) Online Etymology Dictionaryより（https://www.etymonline.com/jp/word/competency#etymonline_v_28464）（2024 年 1 月 31 日閲覧）。

あることを行うのを認められる程度の有能さを身につけたということを意味することもある。たとえば、ドレイファスらの熟達化モデルでは、人の能力の向上を、Novice → Advanced Beginner → Competence → Proficiency → Expertise という5段階で描きだしている（Dreyfus & Dreyfus, 1986）。この中では、competence は熟達化の半ばに位置づけられている。医者であれば、一人で業務にあたることを認められた段階が competence である。

④生涯を通じて発達・変容するものであること

コンピテンスは、学力とは異なり、学校・大学という時空間に限定されず、生涯を通じて発達・変容する。とくに医療・工学・教育などの専門職では、CPD（Continuing Professional Development：継続的専門能力開発）の必要性がいわれるが、それはこのようなコンピテンスの特徴による。

(2) コンピテンス（コンピテンシー）の三重モデル

コンピテンス（コンピテンシー）は、日本の教育政策においては「資質・能力」と表記されてきた。初等・中等教育においては、2017・2018年の学習指導要領改訂で、「資質・能力の3つの柱」（知識・技能、思考力・判断力・表現力等、学びに向かう力・人間性等）という用語が登場し、小学校から高校までのあらゆる教科・科目、「総合的な学習（探究）の時間」の目標がこの3つの柱によって記述された。大学教育では、どの大学・学部のディプロマ・ポリシー（卒業認定・学位授与の方針：DP）にも数個程度の資質・能力が掲げられている。さらに専門職教育では、医学・歯学・薬学教育のモデル・コア・カリキュラムの2022年度改訂において、資質・能力をベースとする考え方が本格的に導入された。

だが、教育政策における「資質・能力」の捉え方には問題がある。たとえば、「資質・能力の3つの柱」。本来、思考や判断や表現のためには、知識もスキルも態度・価値観も必要であり、それらを結集して行われるはずである。ところが、「資質・能力の3つの柱」では「思考力・判断力・表現力」が「知識・技能」と同一の層に並置されている。また、もともと2つの異なるカテゴリーであるはずの知識とスキルが「知識・技能」として1つの柱にまとめられたこと

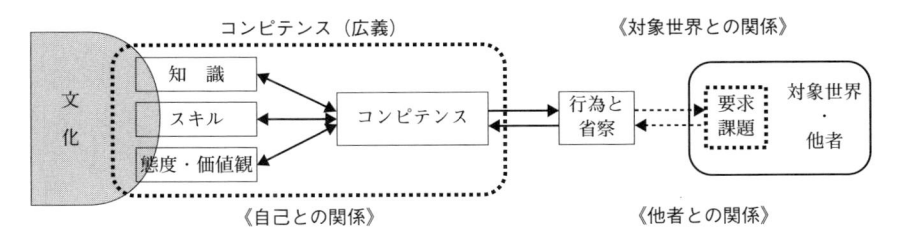

図1-5　コンピテンス（コンピテンシー）の三重モデル

(出典) 松下（2021, p. 94）より抜粋の上、一部改変。

で、それぞれの固有性が見えにくくなっている。

　そこで私は、コンピテンス（コンピテンシー）を図1-5のような「三重モデル」で表わすことにした[14]。

　子ども・若者は文化の中から知識、スキル、態度・価値観を学び、自分に課された（あるいは自分自身の課した）要求・課題に直面したときに、それらを結集・統合することで行為する。そしてその行為に対する対象世界・他者からのフィードバックをもとに省察し、自己との関係を編み直していく。このモデルにおいて、コンピテンス（コンピテンシー）は「ある要求・課題に対して、内的リソース（知識、スキル、態度・価値観など）を結集させつつ、対象世界や他者と関わりながら、行為し省察する能力」と捉えられる。思考力・判断力・表現力は、そのようなコンピテンスの代表例である。広義のコンピテンスにはそのリソースである知識、スキル、態度・価値観も含まれる。

　「三重モデル」という名前は、①3つの要素（知識、スキル、態度・価値観）、②3つの関係性（対象世界との関係、他者との関係、自己との関係）、③3つの層（知識・スキルなどの層、コンピテンス（狭義）の層、行為と省察の層）という3種類の三つ組（triad）を包含していることにちなんでいる。

　もっとも、コンピテンスの本質的な特徴でありながら、この三重モデルでは表せていないものがある。それは、コンピテンスが「生涯を通じて発達・変容するものである」という点である。この特徴は、学力概念との対比によって浮き彫りになる。学力は、学校という特定の時空間において文化を習得すること

---

14)　松下（2021c）では、「コンピテンシーの三重モデル」としている。なお、本書の図では、知識、スキル、態度・価値観が文化を通じて学ばれることを明示した。

を通して——とりわけ文化の特定のまとまりを組織化してつくられた教科の学習を通して——形成される。一方、コンピテンスの形成は、教科の学習に限定されず、それどころか学校という時空間にさえ限定されず、生涯を通じて、多様な場で発達・変容していく。そこが学力とコンピテンスの大きな違いである。

(3) 態度・価値観について

　ここで、態度・価値観をコンピテンスのリソースとして含めることについて補足しておきたい。態度・価値観は、他人に踏みこまれたくない、人間の「深く柔らかな部分」だからである。それを、学習評価の対象となる「コンピテンス」の中に含めてよいのだろうか。

　日本の教育学では、戦前の軍国主義教育、戦後の「態度主義」、2006 年の教育基本法改正における国家主義的「態度」の強化などへの批判から、態度・価値観を目標に含めることに対する否定的見解が根強い（田中, 2008; 本田, 2020）。たとえば、本田（2020）は、態度を教えることは、「水平的画一化」（＝特定のふるまい方を全体に要請する圧力）につながるおそれがあるとして、警鐘を鳴らしている。

　これまで述べてきたように、評価は、コンピテンスをパフォーマンスに可視化させ、それを解釈することによって行われる。だが、態度は知識やスキル以上に推論が困難である。生徒が何らかの行為をしたときに、それをただちに態度（あることをよいと思い、いつでも「〜しようとする」傾向ができている）の表れと見ることはできない。強制や自発的服従やフリ（演技）かもしれない。逆にやるべき行為をしないときも、態度ができていないからなのか、あるいは他の身体的・心理的要因なのかはわからない。したがって、態度の評価には格別の慎重さが要求される。

　コンピテンスの三重モデルが示すように、態度・価値観は、ある要求・課題に対して、知識、スキルとともに結集されて、対象世界や他者と関わりながら行為し省察する上で不可欠である。したがって、単独で評価するのではなく、その行為（パフォーマンス）の中で評価するのが望ましい。また、その評価は誤りの可能性や学習者の尊重の原則（本章第 7 節参照）をふまえれば、総括的評価（評定）ではなく、あくまでも形成的評価にとどめるべきである。

6. 学習としての評価

(1) 学習の評価、学習のための評価、学習としての評価

　測りすぎの時代の学習評価論の中核的概念の一つは、「学習としての評価（assessment as learning）」である。

　この概念は、日本では、カナダの評価研究者ローナ・アール（Lorna M. Earl）の著作 *Assessment as Learning: Using Classroom Assessment to Maximize Student Learning*（『学習としての評価—教室での評価を用いて生徒の学習を最大化する—』）（初版 2003 年、第 2 版 2013 年）を通して知られるようになった。

　「学習」と「評価」はどう関係するのか。アールは、2 つの語をつなぐ of, for, as という 3 つの前置詞によって、3 つの関係がありうることを示してみせた（表 1-2）。

　「学習の評価（assessment of learning）」は、私たちがこれまで一般的に学習評価と見なしてきたものである。テストや試験をやって、クラス分け、進級・進学、単位認定や卒業資格の証明などに使う。このときの参照点は、他の生徒（相対評価の場合）や外部のスタンダード（目標準拠評価の場合）などにある。ここでの主たる評価者は教師であり、評価は主に総括的評価の機能をもつ。

　「学習のための評価（assessment for learning）」は、授業の中の発問や課題

表 1-2　学習の評価、学習のための評価、学習としての評価の特徴

アプローチ	目的	参照点	主たる評価者	主な機能
学習の評価	クラス分け、進級・進学、資格認定などに関する判断	他の生徒、スタンダードや期待	教師	総括的評価
学習のための評価	教師の指導上の決定のための情報	外部のスタンダードや期待	教師	形成的評価
学習としての評価	自己モニタリングと自己修正・調整	個人的な目標と外部のスタンダード	生徒	形成的評価

（出典）Earl（2013, p. 31）を訳出し、「主な機能」の列を加筆。

などで評価を行い、その評価結果を指導の改善や補習・発展指導などのために用いる。ここでも主たる評価者は教師だが、評価は形成的評価の機能をもつことになる。

　これに対し、「学習としての評価（assessment as learning）」は、同じく形成的評価の機能をもつが、主たる評価者が教師から生徒に変わる。評価結果は、生徒自身が、自分の個人的な目標や外部のスタンダードと照らし合わせながら、自分の学習の進捗状況を知り（＝自己モニタリング）、その結果に応じて自己修正や調整を行うために使うことになる。いいかえれば、学習としての評価とは、「学習者が自分の学習に責任を持ち、どのように前進するかを決定するメタ認知のプロセス」（p. 52）にあたる。

　このように、「学習としての評価」は、1990 年代以降の学習研究の進展、とりわけ「自己調整学習（self-regulated learning）」の理論に依拠するものであった。自己調整学習のプロセスは、〈予見－遂行－自己省察〉の 3 つの段階のサイクルとして描かれる（Zimmerman, 1989; 岡田, 2022）。アールは、自己調整学習のような形で学習プロセスの中に自己評価を組み込むことで、学習と評価をつなごうとしたのである。

　もっとも、3 つのアプローチは単純な並列関係にあるのではない。「学習としての評価」は、広義の「学習のための評価」に含まれ、両者はともに、「学習の評価」への対抗概念として位置づけられている。「学習の評価」には、学校内部で行われるだけでなく、アメリカの大学入試で使われる SAT や、NCLB 法（落ちこぼれ防止法）の下で拡大した各種の標準テストのように、選抜や説明責任のための大規模評価としても実施され、生徒や学校・教師にとってハイステイクスな評価として機能してきたものもある。アールの意図は、そうした選抜や説明責任のための「大規模評価」から、学習と教育のための「教室での評価」へと焦点を移すことにあった。

（2）フィードバックと評価熟達知の獲得

①サドラーの理論

　アールの提案の理論的基盤には、先ほど述べた学習研究に加えて、1990 年代後半からのイギリスのポール・ブラック（Paul Black）とディラン・ウィリ

アム（Dylan Wiliam）らによる「形成的評価」論や「学習のための評価」論の進展があった[15]。

　さらにたどれば、こうしたイギリスの形成的評価（学習のための評価）研究に概念的基盤を提供したのが、オーストラリアの評価研究者ロイス・サドラー（D. Royce Sadler）の理論である。

　「形成的評価」の考え方は、すでに1970年代初めにベンジャミン・ブルームら（Bloom et al., 1971）によって提唱されていたが、そこでの形成的評価はformative evaluation であり、「カリキュラム作成、教授、学習の3つの過程の、あらゆる改善のために用いられる組織的な評価」（p. 117）を意味していた。それに対して、形成的評価を formative assessment とし、学習評価の概念として再定義したのがサドラーである。

　サドラー（Sadler, 1989）によれば、形成的評価は、学生のパフォーマンスの質に関する判断が、学生のコンピテンスを形成・向上させるためにどのように利用できるかに関係している。なかでもフィードバックに、この形成的評価の重要な要素である。サドラーは、行動科学者アーカルグッド・ランプラサード（Arkalgud Ramaprasad）の定義を引用して、「フィードバックとは、あるシステムパラメーターの実際のレベルと参照レベルとの間のギャップに関する情報であり、そのギャップを何らかの方法で変化させるために用いられる」（p. 120）と捉える。

　サドラーにとっての問いは、教師が学生の学習の質について妥当で信頼できる判断をフィードバックしても、必ずしも学習の改善につながらないのはなぜか、いいかえれば、教師のフィードバックが学生の自己モニタリングにつながらないのはなぜか、にあった。上の定義に従えば、参照レベル（目標）の設定、実際のレベル（現状）の把握、両者のギャップを埋める方法の実行のどこかがうまくいっていないことになる。

---

15) 「形成的評価（formative assessment）」と「学習のための評価（assessment for learning）」は、互換的に用いられることが多いが、北米では「形成的評価」よりも「学習のための評価」が好まれる傾向にある。それは、「形成的評価」がブルームの形成的評価論やその方法としての形成的テスト（指導上の頻繁なテスト）を想起させるためだという。また、「学習のための評価」が目的に重きを置いているのに対し、「形成的評価」は機能に重きを置いているという区別もある（石田, 2021b）。

　この問題を乗りこえるには、たとえばライティングであれば、学生自身が、質の高い作品とはどのようなものかを理解すること、より高い水準の作品と自分の作品の質を比較できること、さらに、自分の作品を修正するための方略や手段を身につけることが必要となる。この一連のプロセスを行う能力を、サドラーは「評価熟達知（evaluative expertise）」と呼ぶ。そして評価熟達知は、学生に「直接的な本物の評価経験（direct authentic evaluative experience）」を提供することによって開発することができる、と主張する。

　サドラーが実践のフィールドとしていたのは、大学のライティング教育である。ライティング教育では、学生のパフォーマンスを評価する際に、単純な正誤ではなく、「質的判断」を必要とする。質的判断では、複数のファジーな規準が用いられ、しかも潜在的にはそれが膨大にあって、一度に使用されるのはその一部だけである（音楽コンクールの審査などを考えてみればわかりやすいだろう）。そこで教育場面では評価基準を示すために、「言語記述」と「作品事例」が使われる（言語記述の代表的な形式がルーブリックである。ルーブリックについては第 3 章で詳しく扱う）。しかしながら、評価熟達知の多くはマイケル・ポランニー（Michael Polanyi）のいう「暗黙知」（ポランニー, 2003）であり、すでに鑑識眼をもつ人の指導の下で、その人とともに評価活動に長く携わることによる帰納的なプロセスを通じてのみ培われる。それがサドラーのいう「直接的な本物の評価経験」である。具体的には、ライティング作品について、教師と学生がともに批評しあいながら作品を改善していく活動が挙げられている。

　このようにサドラーの理論は、教師−学生間のいわば徒弟制的な評価経験を通してしか、評価熟達知は身につけられないとするものである。この考え方は、ライティング教育のように成果物の提出と評価が繰り返される領域では有効かもしれない。だが、評価熟達知の形成にそれだけの時間と労力をかけられる領域はそれほど多くないだろう。また、芸術家と批評家の違いに見られるように、制作知と評価知はイコールではない（すぐれた芸術家がすぐれた批評家とは限らないし、逆もまたしかりである）。ライティングについての鑑識眼ができたからといって、よいライティング作品が作り出せるとは限らない。このような理由から、サドラーの主張に全面的に賛同することはできない。

とはいえ、サドラーの理論は、アールにまで続く「学習としての評価」の構造と課題を、教師と学生という関係性において明確に示した点で大きな意義がある。サドラーに基づけば、「学習としての評価」とは、目標の設定、現状の把握、両者のギャップの橋渡しを、教師に支援されながらも学習者自身が行っていくことだということができる。

②教育場面での「学習としての評価」の困難さ

本章の冒頭で、A子さんのダイエットの例を挙げて、評価とは、「なんらかの目標を追求する過程において、ある時点の対象の状態を調べ、目標との関係で価値判断すること」だと述べた。

A子さんのダイエットの場合は、A子さん自身が目標を設定し、ダイエットという活動をやり、自分で体重をはかって現状を把握し、目標への接近の度合いを自分で価値判断し、次にどうするかという活動・目標の調整を行っていた。しかし、教育場面での評価には、それとは異なる特徴があった。「見えないものの評価」「他者評価と自己評価（評価する側と評価される側への分離）」「システムに組み込まれた評価」である。これらの特徴は、学校（大学を含む）という制度における〈教師と生徒・学生の関係〉の中で生じている。

アールのいう「学習としての評価」は、生徒自身が教師に代わって主たる評価者となり、評価結果を、目標と照らし合わせながら、自分の学習の進捗状況を知り（自己モニタリング）、その結果に応じて自己修正や調整を行うことを意味していた。

サドラーの場合は、教師－学生の関係の中で、教師がもっている評価熟達知をいかに学生が自分のものにしていくのか、に目が向けられていた。アールの議論では、外部のスタンダードを目標化したり、ルーブリックを使って教師がフィードバックを与えたりすれば、生徒がそれをもとに自己モニタリングができるかのような記述がみられる。一方、サドラーは、それが言うほど簡単ではないことを指摘している。まず、教師が目標を提示するだけで、学習者の目標になることはない。目標には、外的なもの（教師が与えるもの）もあれば学習者自身が設定するものもあるが、いずれにせよ、それは「望まれ、めざされ、熱望されたときに初めて目標になる」のである（Sadler, 1989, p. 129）。

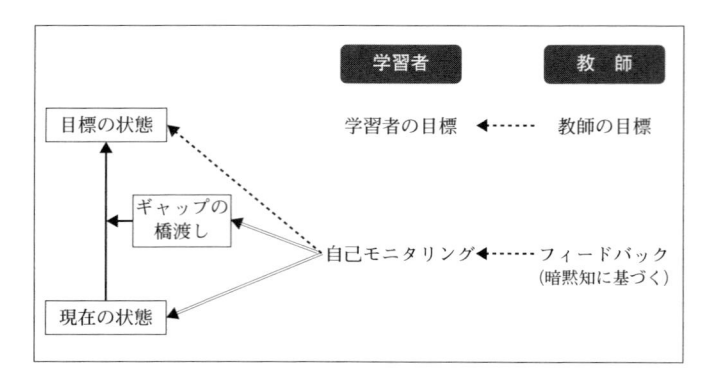

図 1-6　「学習としての評価」の構図

　また、評価知は暗黙知であって、言語記述（ルーブリックなど）や作品事例
はその一部を伝えるに過ぎない。教師のフィードバックは、学習者の評価知を
介して解釈され、自分の現在の状態を評価し、目標の状態とのギャップを埋め
る方略として活用されて初めて「自己モニタリング」として機能する（図 1-6）。
　このように、日常生活ではありふれた活動である行為者自身による評価が、
「見えないものの評価」「他者評価と自己評価（評価する側と評価される側への
分離）」「システムに組み込まれた評価」といった特徴をもつ教育場面では、困
難な課題となる。だからこそ、「学習としての評価」という概念を提起する必
要があったのである。

(3) もう一つの「学習としての評価」論
①アルバーノ・カレッジについて

　日本で知られている「学習としての評価」論は、上にみてきたサドラーから、
ブラックとウィリアム、アールへとつながる系譜である。だが、「学習として
の評価」論にはこれとは別の系譜もある。アメリカのアルバーノ・カレッジの
教員たちは、1994 年に、*Student Assessment-as-Learning at Alverno College*
（『アルバーノ・カレッジにおける学習としての学生評価』）という小冊子を刊
行している（Alverno College Faculty, 1994）。アールの *Assessment as Learning* の初版が刊行される 10 年近く前のことだ。アールが初等・中等教育を念

頭に置いているのに対し、アルバーノは大学教育を対象にしていることもあり、両者はほぼ独立して構想されたと考えられる。少なくとも後に公刊されたアールの本（Earl, 2003, 2013）にアルバーノへの言及はない。しかし、アルバーノの「学習としての評価」論は自前の実践に根ざし、最初の系譜に勝るとも劣らない豊かな内実をもっている。

　アルバーノ・カレッジは、ウィスコンシン州ミルウォーキーにあるカトリック系のリベラルアーツ・カレッジである（1887 年創立）。学士課程は女子のみだが、共学の修士課程（経営学、看護学、教育学）も設置されている。学生数は大学院まで含めて 1,822 人（2021 年現在）[16]という小規模大学である。「能力をベースにしたカリキュラム（Ability-Based Curriculum）」や学習評価（パフォーマンス評価、ポートフォリオ評価、卒業生評価など）の取組で知られ（安藤, 2006；川嶋, 2008；松下, 2012）、ウィギンズとマクタイの逆向き設計論（Wiggins & McTighe, 2005）やハートの真正の評価論（Hart, 1994）でも、その取組が紹介されている。

②学習としての学生評価

　アールは「学習としての評価」を、学習と教育のための教室での評価として論じていた。教室での評価と対比されるのは、標準テストなどによる大規模評価であった。それに対して、アルバーノの「学習としての学生評価」論が意図していたのは、評価を機関評価（institutional assessment）やプログラム評価（program assessment）だけに占有させないことであった（ここで、機関評価というのは大学という教育機関の評価、プログラム評価というのは学士や修士などの学位を授与するプログラムの評価のことである）。というのも、アメリカの大学において、評価（アセスメント）は従来、機関評価やプログラム評価の同義語として使われていたからである。たとえば、評価研究者のリンダ・サスキー（Linda Suskie）は、評価（アセスメント）のガイドブックの中で、成績評価（grading）とアセスメントを比較して「両者の大きな違いは、成績評価が各学生に焦点を合わせているのに対し、アセスメントは学生全体に焦点を

---

16) DATA USA のアルバーノ・カレッジの情報より（https://datausa.io/profile/university/alverno-college）（2024 年 5 月 4 日閲覧）。

当てるとともに、個々の教員ではなく教員全体が学生の学びを効果的に支えているかどうかに着目している、という部分にある」（Suskie, 2009, 邦訳 p. 25）と述べている。ここは、評価（アセスメント）が個々の生徒の評価として受け入れられてきた初等・中等教育とは事情が異なるところである。このように、アルバーノの用語が、「学習としての評価」ではなく「学習としての学生評価」となっているのは、assess の語源（assidere ＝「傍らに座る」）に立ち返って、評価（アセスメント）を学生評価の側に取り戻すためであった[17]。

　アルバーノでは、「学習としての学生評価」をこう定義する。

　　　明示的な規準に基づいた個々の学生のパフォーマンスの観察と判断、および、その結果の学生へのフィードバックを含む、学習に不可欠なプロセス（Alverno College Faculty, 1994, p. 3）

　この定義の中には、「パフォーマンス」「明示的な規準」「観察」「判断」「フィードバック」といったキーワードが埋め込まれている。本章の第 3・4 節でもみてきたように、能力そのものは観察できないので、能力を評価しようとすれば、課題や状況の中で発揮されているパフォーマンス（作品・実演）を観察し、規準にもとづいて、現在の状態を把握し、目標とする状態とのギャップを判断する必要がある。そして、その判断の結果が学生にフィードバックされる。この一連のプロセスが学習にとって不可欠なのである。

　この定義では評価主体が誰かは書かれていないが、最初の系譜と同様に、アルバーノでも教員だけでなく学生自身が評価主体になることが想定されている。

③学習の原則を基盤とした評価の原則

　評価が学習に不可欠のプロセスであるならば、まず学習とはどのような特徴をもつべきものなのかを考える必要がある。アルバーノでは学習がもつべき特徴（学習の原則）を以下のように捉える（pp. 15-17 より要約）。

---

17)　なお、assess の語源である assidere（傍らに座る）は、「裁判官の助手として隣に座る」「評議会やオフィスで一緒に座る」といった意味で、学生に寄り添うというような意味ではない（https://www.etymonline.com/search?q=assess）（2024 年 1 月 31 日閲覧）。

・統合的・経験的であること——学生は個別の知識やスキルも学ぶが、ある状況で必要とされるときにはそれらを統合できなければならない。
・自己認識によって特徴づけられること——学生は自分の能力を発達させることに責任をもつ。そのために、自分が何をどのように達成したか、なぜそれを行ったか、改善のために何ができるかを知る必要がある。
・アクティブでありインタラクティブであること——たとえば問題解決を学ぶには、そのプロセスに関与（engagement）する必要がある（＝アクティブであること）。また、人は他者のものの見方に相対したときにのみ、批判的に思考することができるようになる（＝インタラクティブであること）。
・発達的であること——学生は、自分がすでに知っていること・できることを土台に、新しい学習によって自分の知識と能力を再構成し、現在のレベルから別のレベルに進む。その進み方には共通部分もあるが、同時に、自分自身の学習のパターンを見つけ作り出すような柔軟性も必要である。
・転移可能であること——学生が自分の学びをさまざまな状況で使える自分のレパートリーにできるよう、多様な場面で学習を展開する機会を与える。

そしてこのような学習の原則を基盤として、評価の原則が導かれている（表1-3）。

表1-3 アルバーノ・カレッジにおける学習の原則と評価の原則

学習の原則	評価の原則
統合的・経験的であること	評価は、パフォーマンスを判断するものでなければならない
自己認識によって特徴づけられること	評価は、期待される学習成果や公開された規準だけでなく、自己評価も含まなければならない
アクティブでありインタラクティブであること	評価は、パフォーマンスだけでなく、フィードバックや外部性の要素も含まなければならない
発達的であること	評価は、累積的で拡張的でなければならない
転移可能であること	評価は、複数の様式と場面で行わなければならない

（出典）Alverno College Faculty（1994, pp. 15-24）より筆者作成。

　すでに説明してきたことでだいたいの内容はおわかりいただけると思うが、評価の原則の中の「外部性」と「累積的」「拡張的」については説明を補足しておこう。

　「外部性（externality）」とは、評価課題や評価者が教室の中に閉じずに外部とのつながりをもつことであり、たとえば教室の外で実施するプロジェクトや、大学外の専門家・市民などの評価者としての参加を指している。つまり、自分の共同体の内部だけでなく、学部との接触によって評価が行われることが「外部性」である。

　「累積的（cumulative）」は一見したところでは、積み上げ式や総和と勘違いされやすいかもしれない。だが、実はその逆で、「各学生がどのように前進、後退、飛躍、循環しているか、どのように改善し続けることができるか」を把握することを意味している。つまり、〈総和〉のように時間軸を捨象するのではなく、時間軸にそって学生の発達・変容の〈軌跡〉を把握することが「累積的」の意味である（本書第6章参照）。

　「拡張的（expansive）」とは、学生が自分の能力を発揮する度合いに上限を設けないということである。目標とするレベルを設定しても、そこからはみ出ることをむしろ奨励するのである。

　このような「学習としての学生評価」は、アルバーノ・カレッジが1970年代初めから構築してきたリベラルエデュケーションの中で生み出されてきたものであり、確かな実践の事実に支えられている。具体的には、学士課程4年間で、8つの能力（コミュニケーション、分析、問題解決、意思決定における価値判断、社会的インタラクション、グローバルな視野の発達、効果的な市民参加、美的な関わり）を一定レベルまで身につけさせようとする実践に根ざしたものである。しかし、「学習としての学生評価」の考え方は一大学の特定のカリキュラムに縛られない一般的な価値をもっている。本書では、そのことを次章以下の複数の事例で確かめていきたい。

(4)「学習としての評価」論の2つの系譜

　ここまで見てきたように、「学習としての評価」には少なくとも2つの系譜がある。日本では、「学習としての評価」といえばもっぱらアールの論が引用

されるが、それとは独立して、またそれに先立って、アルバーノ・カレッジでも理論と実践が築き上げられてきた。

　両者を2つの観点で比較してみよう。第一に、学習をどう捉え、評価とどう関連づけるかという点である。アールの場合は、学習を主に「自己調整学習」として捉え、自己モニタリングやメタ認知の働きとして評価を位置づけていた。さらにサドラーは、評価熟達知のもつ暗黙知としての性質に注目し、教師のフィードバックが学習者の自己モニタリングに使われることの困難さを指摘していた。一方、アルバーノの方は、自己調整学習論が確立される前につくられた理論であることもあって、自己評価やフィードバックといった共通の概念を用いながらも、自己調整学習に偏ることなくより包括的に捉えている。

　第二に、学習としての評価の範囲とスパンである。アールの論は「教室での評価」、つまり個々の教師と生徒の間で、授業において行われる評価に限定されており、サドラーの場合も、一つの授業科目内部での評価が想定されていた。これに対し、アルバーノの場合は、学生評価に焦点を合わせながらも、1コマの授業や一つの授業科目をこえて4年間の学士課程プログラムにまで射程が広げられている。学習としての評価という行為を通じて、大学の初年次から卒業時までの4年間で学生がどう変化していくのかが描き出されるのである。

　本節の冒頭で述べたとおり、「学習としての評価」は測りすぎの時代の学習評価論の中核的概念の一つであるが、それは、アールやサドラーなどの系譜とアルバーノの系譜の両方を包括したものである。

7. 学習評価の要件

本章の最後に、学習評価が満たすべき要件を確認しておこう。

(1) 妥当性

「妥当性（validity）」は、評価（測定）しようと意図したものを実際に正しく評価できているか、ということである。前に見たように、人間の能力や特性などは、直接観察できず、観察できるものからつくられた構成概念である。したがって、必ずしも正しく評価できているとは限らない。だからこそ、妥当性

が求められる。

　妥当性は非常に幅広い概念であり、「構成概念妥当性」のほか、「内容妥当性」（評価しようとしている内容をカバーしているか）、「基準関連妥当性」（一つの評価結果が他の評価結果と照らし合わせたときに適切だとされるか）、「表面的妥当性」（外観から非専門家にも適切な評価だと感じられるか）なども含む。ただし、現在では、ほぼ構成概念妥当性に集約されている（Messick, 1989）。

　サミュエル・メシック（Samuel J. Messick）は、妥当性にとって問題になるのは「構成概念の表現不足」と「構成概念に無関係な分散」だとし、それらを最小化することが必要だと指摘した（Messick, 1994）。本書の「評価の二層モデル」（図 1-4）でいえば、構成概念であるコンピテンスを観察可能なパフォーマンスへと可視化し、またパフォーマンスから解釈するときに、その可視化と解釈が適切に過不足なくなされているか、ということである。

　「妥当性」や次で扱う「信頼性」は、もともと心理測定学（psychometrics）や教育測定論（educational measurement）の重要概念である。それらの行ってきた統計的な分析よりも評価の目的や質の概念に重きをおいた「教育評価論」を構築しようとする研究者の中には、妥当性や信頼性に代わる概念を提案している研究者もいる。たとえば、イギリスの教育評価研究者キャロライン・ギップス（Caroline V. Gipps）は、妥当性に対して「カリキュラム適合性（curriculum fidelity）」という概念を提案している。これは、「構成概念、領域、またはカリキュラムが明確に規定され、評価がカリキュラム全体（各領域でなくても）をカバーしていること」を意味する（ギップス, 2001, p. 241）。カリキュラム適合性は、学校教育のカリキュラム内容に関する学習評価を行う際には、うまくあてはまるだろう。しかし、たとえばOECD の PISA 調査のように、特定のカリキュラムに即して作られた評価問題でない場合には有効ではない。したがって、妥当性をカリキュラム適合性で置き換えるのではなく、妥当性の中にカリキュラム適合性を包含するのが望ましい。

(2) 信頼性

「信頼性（reliability）」とは、評価（測定）結果に一貫性・安定性があるか、

ということである。信頼性には評価者に関わるものと、評価ツール（テストなど）に関わるものがある。前者については、複数の評価者の間で同じような評価結果が得られる場合（＝評価者間信頼性）や、一人の評価者の中で時間をあけても同じ評価結果が得られる場合（＝評価者内信頼性）に、信頼性があるという。一方、評価ツールについては、同じ構成概念で括られている評価項目の間に整合性がある場合や、同じテストを繰り返して実施したときに一貫した結果が得られる場合に、信頼性があることになる。

　ギップスは、信頼性に代えて、「比較可能性（comparability）」という概念を提案している。これは、評価結果が異なる個人・集団や条件間で比較できるかを意味する。そのためには、評価基準が共有され、同じ採点規則に従っている必要がある。たとえば、入学者選抜で用いられる調査書の評定値は、比較可能性を満たしていないにもかかわらず、実際には比較に使われているという問題がある。この場合、特定の集団内の評価において信頼性を満たしていても、集団をこえた比較可能性は確保できない、ということは十分考えられる。

　このように信頼性と比較可能性は重なりはあるが別の概念であり、信頼性を比較可能性によって代替することはできないだろう。

(3) 公正性

「公正性（equity）」とは、評価される個人や集団にとって経済的・社会的・文化的・地理的要因や人種・民族、ジェンダー、障害などの面で有利・不利がないか、ということである。

　たとえば、大学入学共通テストに導入が予定されていた英語4技能入試では、この公平性の欠如が問題となった。入学者選抜の資料とされるのは、7種類の民間試験のうち高3で受けた2回までの試験の成績とされたが、練習のために何度受けてもよく、受験料の高さや会場の地域的限定などの面で、経済格差や地域格差が影響することが問題視された。一方、アメリカでは、公正性や多様性を推進するためにマイノリティの志願者を優先的に入学させるシステム、「アファーマティブ・アクション（積極的格差是正処置）」が、2023年6月に連邦最高裁判所において憲法違反と判断された。何が公正か、それをどう実現するかは、論争的なテーマとなっている。

　このように、公正性はとくに入学者選抜において顕在化する要件だが、日常的な評価でも守るべき要件である。

（4）実行可能性

　「実行可能性（feasibility）」とは、評価負担、たとえば時間・労力・費用などが大きくないか、ということである。実際に生徒・学生に実演させたり作品を作らせたりするパフォーマンス評価では、採点に時間や労力がかかるので、とくに実行可能性が問題になる。また、教員側だけでなく、生徒・学生にとっても、負担の大きすぎる評価課題は実行可能性に欠けるということになる。

（5）尊重

　これまでの 4 つの要件は、評価関係の本にたいてい書かれている。本書ではこれに第 5 の要件として「尊重（respectfulness）」を加えたい[18]。これは、評価が学習者の尊厳と権利を尊重しているか、ということである。学習者の尊厳を尊重するために、評価は以下のようなルールを守るべきである。

・学習者は、常に評価されることで継続的なストレスを受けるような状況に置かれてはならない。
・学習者は、とくに自分の価値観や態度に関連して、プライバシーや守秘義務の権利をもっている。
・学習者に評価結果を明らかにする際には、繊細に接する必要がある。
・問題やトピックが学習者にとってデリケートすぎるため評価を実施すべきではない、というケースや問題がありうる。
・学習者が次のレベルの教育に進むことができるかを決定するために評価結果を使用する場合は、特別な注意を払う必要がある。

　この尊重の要件は従来も考慮すべき内容であったが、近年の教育データの利活用の中でいっそう重要性を増している。
　教育 DX の推進の中で急速に進展した教育データの利活用においては、「教

---

18)　尊重の要件については、「民主主義文化のためのコンピテンスの参照枠組み」（Council of Europe, 2018c）の「評価の原則」（pp. 54-58）を参考にした。

育の質の向上」や「個々の学習者が最大限に能力を発揮できる環境の整備」という目的を掲げて、教育に関するさまざまなデータが収集されている。たとえば、文部科学省「教育データ標準」では、教育データが、①主体情報（学校コードや教育委員会コードなど）、②内容情報（学習指導要領コードなど）、③活動情報（学習者の学習履歴や教師の指導履歴など）の3つに区分されている。

このうち尊重の要件の遵守がとりわけ求められるのは、③の活動情報である。これには、学習過程に関するデータ（学習用端末やデジタルドリルの学習ログなど）や学習成果に関するデータ（テスト得点、制作した作品のデータ、成績評定など）が含まれる[19]。教育データの利活用においてしばしば参照されるEU の「一般データ保護規則（General Data Protection Regulation: GDPR）」では、データ主体の権利として、情報権、アクセス権、訂正権、処理制限権、削除権（忘れられる権利）、データポータビリティの権利、異議権、自動化された個人の判断に関する権利を挙げている。

一定の環境さえ設定すればあとは自動的にデータが収集されるような場合、こうしたデータ主体の権利は忘れられがちである。教育・学習改善という目的にとっての有効性、収集するデータとデータによって見ようとするものの関連性（＝妥当性）、生徒や教員にとっての負担（＝実行可能性）という観点もさることながら、こうしたデータ主体の権利が侵犯されていないか（＝尊重）、注意が必要である。

以上の5つの要件は、学習評価において常に配慮すべき原則だが、すべてを同時に満たすことが困難な場合もある。たとえば、ライティングの力をみるのには、客観テストよりパフォーマンス評価の方が妥当性が高いが、信頼性を保つのは簡単ではない。また、妥当性を高めるには複数の評価方法を用いたり、学習の成果物だけでなく学習プロセスも評価したりすることが有効だが、それ

---

19) 文部科学省（n.d.）「文部科学省 教育データ標準」（https://www.mext.go.jp/a_menu/other/data_00001.htm）、デジタル庁・総務省・文部科学省・経済産業省（2022）「教育データ利活用ロードマップ」2022 年 1 月 7 日（https://www.meti.go.jp/shingikai/sankoshin/shomu_ryutsu/kyoiku_innovation/manabi_jidoka_wg/pdf/004_03_01.pdf）、日本学術会議 教育データ利活用分科会（2020）「提言 教育のデジタル化を踏まえた学習データの利活用に関する提言—エビデンスに基づく教育に向けて—」2020 年 9 月 30 日（http://www.scj.go.jp/ja/info/kohyo/kohyo-24-t299-1-abstract.html）などを参照。

は実行可能性を低めることになりかねない。相対立する要件をどう調停して実施するか、評価する側に専門家としての判断（expert judgement）が求められるのである。

　ここまでで舞台装置は整った。次章からは学習評価の個々のテーマをより具体的にみていくことにしよう。

第2章

学習成果とその評価の多様性

1. 学習成果への注目

「学習成果（学修成果）」(learning outcomes)[20] は疑いもなく、現在の大学教育改革のキーワードの一つである。

学習成果の重視は日本だけの現象ではなく世界的な潮流である。その背景としては、①知識基盤社会が到来し、大学卒業者に対するニーズが高度化したこと、②大学進学人口が拡大し、多様な学生が入学するようになったことにより、経済・雇用へのレリバンスの要求が高まったこと（つまり、大学教育が仕事にどう関連しているかが問われるようになったこと）、③経済不況による国・州政府の緊縮財政や学生・保護者の消費者意識の上昇により、高等教育の質に対する説明責任の要請が強まったこと、④高等教育のグローバル化により、国境を越えた大学間の競争が始まるとともに、学位の国際通用性が求められるようになったこと、⑤ MOOC (Massive Open Online Course：大規模公開オンライン講座）やオンデマンド型授業などの普及により、従来の単位制度のように「時間」によって学修を測る（たとえば、1単位 = 45時間の学修のように）だ

---

20) 2012年の質的転換答申（中央教育審議会, 2012）以来、政策文書では、正課の学修を通して獲得する成果を「学修成果」と表記するようになっている。だが、learning outcomes には、単位制度の下での学修成果より広い意味が含まれており、本書でも、正課だけでなく準正課活動や課外活動での学びの成果にも言及することがある。そのため、以下、引用以外はすべて「学習成果」と表記することにする。

けではなく「成果」によって測るという考え方が広まってきたこと、などを挙げることができよう（深堀, 2015; 福留, 2009; 森, 2015a）。

　なかでも、「学習成果の可視化」は重要な政策課題として扱われてきた。そのことは、2014 年度に始まった文科省の「大学教育再生加速プログラム（AP）」において、「学修成果の可視化」が、「アクティブ・ラーニング」「入試改革・高大接続」と並んで初年度のテーマに選ばれたことにも表れている。

　学習成果の可視化の射程は、評価だけでなく、目標、カリキュラム、授業にも及び、また、正課教育だけでなく準正課活動[21]、さらには課外活動にまで広がっている。つまり、大学で何を身につけるのか、何が身についたのかを明らかにするというのが、学習成果の可視化である。

　本章では、とくに学習成果の評価に目を向け、その多様性と課題を浮き彫りにしたい。まず、学習成果とは何かを論じ、能力（コンピテンス）との関係を明確化する。次に、その評価の多様性を把握する枠組みを提示し、そうした学習成果の可視化の上にさらなる可視化（いわば「第二次の可視化」）がなされていることを示す。最後に、学習成果の可視化の孕む問題について整理する。

2. 学習成果とは何か

(1)「学習成果」の意味

　ここまで「学習成果」という語を、とくに説明を加えずに用いてきたが、専門用語としての「学習成果」は、単なる学習の結果ではない。

①目標としての学習成果、評価対象としての学習成果

　まず、今日の学習成果には、学習の結果（評価対象）だけでなく、目標としての意味が含まれている。たとえば、ヨーロッパの Tuning-AHELO プロジェクト[22]では、学習成果を「学習者が、学習プロセスの終了後に、何を知り、

---

21)　準正課活動（co-curricular activities）とは、単位授与は行わないが大学・学部等が教育的意図をもって提供する教育・学習活動のことである。代表的な例に、地域での社会奉仕活動を通して学ぶサービス・ラーニングがある。他に、大学が機会を提供する海外研修、インターンシップ、ボランティア活動なども準正課活動として行われることが多い。ただし、大学によっては、これらの活動を、単位化し正課カリキュラムに組み込んでいる場合もある。

理解していて、また何をやってみせる（demonstrate）ことができると期待されているかについての記述」（OECD, 2009）と定義している。学士課程答申（中央教育審議会, 2008）でもほぼこれと同じ定義——「プログラムやコースなど、一定の学習期間終了時に、学習者が知り、理解し、行い、実演できることを期待される内容を言明したもの」——が採用されている。「期待される」という部分に注目していただきたい。これは、「学習成果」が評価対象であるだけでなく目標としての意味をもつことを表している。この意味での学習成果には、intended、expected、desired などの修飾語がつく場合もある。なかでも、イギリスの高等教育研究者ジョン・ビッグズ（John Biggs）らは「意図された学習成果（intended learning outcomes: ILOs）」を中心概念として学習パラダイムに立った大学教育論を展開し、大きな影響を与えてきた（Biggs & Tang, 2011）。

　一方、これと区別して評価対象としての学習成果を指す場合には、「達成された学習成果（achieved learning outcomes）」と表現されることもある。

②機関レベルの学習成果、プログラムレベルの学習成果、科目レベルの学習成果

　ビッグズらは、学習成果には機関、プログラム、科目という3つの異なるレベルが存在するとしている。この3つのレベルの区別は世界的にも広く行われている。

　「機関」というのは教育機関である大学のことを指し、「機関レベル」は「大学全体レベル」と表現されることもある（中央教育審議会大学分科会「教学マネジメント指針」2020年1月）。また、「プログラム」はいろいろな意味で使われるが、ここでは「学位プログラム」、つまり、学位（学士・修士・博士・専門職学位など）を授与するためのプログラムのことである。日本では、2016年3月の学校教育法施行規則の改正によって、ディプロマ・ポリシー（卒業認定・学位授与の方針）、カリキュラム・ポリシー（教育課程編成・実施の方針）、

22）　OECD-AHELO（Assessment of Higher Education Learning Outcomes）の試行調査のうち、工学と経済学分野の調査は Tuning プロジェクトとの協働で行われ、Tuning-AHELO と呼ばれている。

アドミッション・ポリシー（入学者受入れの方針）の策定と公表が義務づけられたが、ディプロマ・ポリシーは、プログラムレベルの学習成果に関する方針である。

（2）学習成果とコンピテンス（能力）

　では、第1章で見てきたコンピテンス（能力）と学習成果の間の関係はどう捉えられるのだろうか。コンピテンスは、生涯を通じて発達・変容するものであることをその本質的特徴としていた。しかし、それだけにその形成の場は時間的にも空間的にも広がり、捉えどころがない。だからこそ、正課教育で育成するコンピテンスについては、4年間のプログラム、学期単位で実施される科目（course）など、一定の学習期間で区切って、その期間で修得が期待されるコンピテンスを「学習成果」として示すのである。

　第1章でコンピテンスを、「ある要求・課題に対して、内的リソース（知識、スキル、態度・価値観など）を結集させつつ、対象世界や他者と関わりながら、行為し省察する能力」と定義した。学習成果とは、一定の学習期間で期待されるコンピテンスを示したものだとすれば、学習成果にもこうした内容が含まれることになる。

　たとえば、アメリカでリベラルエデュケーションを推進してきた AAC&U（American Association of Colleges & Universities: 全米大学・カレッジ協会）[23] は、2007 年に大学教育において本質的で不可欠の学習成果（Essential Learning Outcomes）を提案した（AAC&U, 2007）。日本でも、2008 年 12 月の中教審答申「学士課程教育の構築に向けて」（いわゆる「学士課程答申」）で、「分野横断的に、我が国の学士課程教育が共通して目指す学習成果」として「学士力」が掲げられた（中央教育審議会, 2008）。「学士力」は、「本質的学習成果」から影響を受けて作られたものである。両者とも、基本的に、能力の古典的モデルである KSA（knowledge, skills, attitudes）——知識、スキル、態度・価値

---

23) 　1915 年に Association of American Colleges として設立され、米国内外の公私立カレッジ、コミュニティ・カレッジ、研究大学、総合大学など約 1,400 の加盟校で構成されている。1995 年に Association of American Colleges & Universities と改称し、さらに 2022 年に現在の名称となった。

表 2-1　本質的学習成果と学士力

本質的学習成果	学士力
人類の文化や自然界についての知識	知識・理解
知的・実践的スキル	汎用的技能
個人的・社会的責任	態度・志向性
統合的学習	統合的な学習経験と創造的思考力

（出典）本質的学習成果は AAC&U（2007, p. 12）より訳出、学士力は中央教育審議会（2008, pp. 12f）より抜粋。

観──の3カテゴリーを立て、さらに、第4のカテゴリーとして、それらを統合することによってより高度な課題を達成する能力を据えている。いずれの場合も、各専門分野の知識に加えて、汎用的あるいは分野横断的なスキルや態度に重きが置かれていることが見てとれよう（両者の中身については第6章で詳しく論じる）。

　もっとも、学士力については、文部科学省からの依頼を受けて、日本学術会議が「大学教育の分野別質保証のための教育課程編成上の参照基準」の枠組み（日本学術会議, 2010）をまとめ、その後、各学問分野で分野別参照基準が公表されている。つまり、「学士力」そのものは汎用的あるいは分野横断的な学習成果のリストであるが、各学問分野に固有の知識・理解や能力は、分野別参照基準を通じて明確化するという構造になっている[24]。

3.　学習成果の評価の枠組み

(1)　学習成果の評価の類型化の必要性

　日本の教育政策において、〈目標としての学習成果〉を初めて明確に打ち出したのが 2008 年の学士課程答申だったとすれば、〈評価対象としての学習成果〉を初めて明確に打ち出したのは 2012 年の質的転換答申（中央教育審議会, 2012）であった。質的転換答申では、従来の3ポリシーに加えて、各大学でのアセスメント・ポリシーの作成の必要性が唱えられ、学習成果の具体的な測定

---

24)　とはいえ、文部科学省の調査（文科省, 2023）によれば、カリキュラム編成において参照基準を活用している大学は、2021 年度で全大学の 19.9% にとどまっている。

手法として、「学修行動調査」「アセスメント・テスト（学修到達度調査）」「ルーブリック」「学修ポートフォリオ」が例示された。2016 年の 3 ポリシーの策定・公表の義務化では、アセスメント・ポリシーは策定・公表の義務化の対象外となったが、カリキュラム・ポリシーの中でアセスメントの方針も定めることとなっており、その後の「教学マネジメント指針」でも、「アセスメント・プラン」へと名称を変えて引き継がれている。

このような教育政策にも後押しされて、近年、学習成果の評価について多様な実践が進められている。だが、測りすぎ・測りまちがいを防ぐには、学習成果の評価方法のそれぞれの特徴を把握し、重複や混同がないようにする必要がある。

学習成果の評価はまず、〈直接評価－間接評価〉、〈量的評価－質的評価〉という 2 軸によって、4 つのタイプに整理することができる。

(2) 直接評価と間接評価

直接評価（direct assessment）と間接評価（indirect assessment）の違いは、その評価方法が、学習成果の直接的なエビデンスに基づくか、間接的なエビデンスに基づくかに拠っている（したがって、直接評価－間接評価という対は、直接指標（direct measures）－間接指標（indirect measures）、直接的エビデンス（direct evidence）－間接的エビデンス（indirect evidence）といった対とも対応している）。たとえば、学習者の知識や能力の表出[25]を通じて――「何を知り何ができるか」を学習者自身がやってみせることで――行われる評価は直接評価であり、一方、学習成果についての学習者の自己報告を通じて――「何を知り何ができると思っているか」を学習者自身が回答することによって――行われる評価は間接評価である（Palomba & Banta, 1999; 山田, 2012; 松下, 2012）。

間接評価だけでは、「学習者が、学習プロセスの終了後に、何を知り、理解していて、また何をやってみせることができるか」を把握することはできない。加えて、能力の低い人は自身の能力を過大に評価する傾向があり、逆に能力が

---

[25]　「コンピテンスの三重モデル」（図 1-5）に即して厳密にいえば、「知識や能力」とは「知識、スキル、態度・価値観やその結集としてのコンピテンス」をさす。

高い人は自身の能力を控え目に評価する傾向がある、ということも考慮に入れる必要がある（これは「ダニング＝クルーガー効果」（Kruger & Dunning, 1999）としてよく知られている）。こういった理由から、自己報告による間接評価で直接評価を代替することは困難である（間接評価による直接評価の代替可能性やダニング＝クルーガー効果については、第5章で詳しく論じる）。

　一方、逆に直接評価だけでは、何を学んだか（学ばなかったのか）のエビデンスは得られても、なぜ・どのように学んだのか（学ばなかったのか）を把握することは難しい。価値観、興味・関心などの学生自身の認知（perception）や学習成果に至る学習行動などは、学生の自己報告に依拠するほかはない。したがって、学習成果の評価においては、直接評価を基本としつつ、間接評価も組み合わせて用いることが必要になるのである。

（3）量的評価と質的評価
①「オルターナティブ」を使わない理由

　もう一つの軸は、量的評価（quantitative assessment）と質的評価（qualitative assessment）である。両者の間には、評価データが量的か質的かだけでなく、それに関連して、他にもいくつかの対比がみられる（表2-2）。

表2-2　量的評価と質的評価

	量的評価	質的評価
評価データ	量的データ	質的データ
評価結果	数値	主に文章
学問的基盤	心理測定学	構成主義、状況論、解釈学など
評価目的	選抜、組織的な教育改善、質保証、説明責任など	学習や指導の改善など
評価対象	集団または個人	主に個人
評価機能	主に総括的評価	主に形成的評価
評価課題	細かく分割された問題 脱文脈的（統制された条件）	複合的な課題 文脈的（シミュレーション、真正の文脈）
評価基準	客観性を重視	間主観性を重視
評価方法	客観テスト・標準テスト、質問紙調査など	パフォーマンス評価・ポートフォリオ評価・真正の評価、ミニッツペーパーなど

（出典）松下（2017, p. 101）を一部改変。

　私は以前、この2つの対比を説明するのに、〈心理測定学的パラダイム－オルターナティブ・アセスメントのパラダイム〉という表現を使っていた（松下, 2010, 2012）。「オルターナティブ・アセスメント（代替的評価）」は、「標準テスト（standardized test）を代替したり、補完したりするようにデザインされたさまざまな評価方法」の総称である（Hart, 1994, 邦訳 p. 145）。

　アメリカにおいて初等・中等教育でオルターナティブ・アセスメントが主張されるようになった背景には、1980年代半ば以降、説明責任の重視により標準テストが多用されるようになったのに対して、それでは評価できない高次の（あるいは統合的な）能力を評価しようとする理論的・実践的動向があった。

　大学教育についても、アメリカでは、標準テストの開発・実施の1世紀以上にわたる長い歴史がある。その中で、ETS（Educational Testing Service、1947年設立）のMAPP（Measure of Academic Proficiency and Progress）やACT（American College Testing、1959年設立）のCAAP（Collegiate Assessment of Academic Proficiency）、CAE（Council for Aid to Education、1952年設立）のCLA（Collegiate Learning Assessment）などが開発されてきた（Shavelson, 2010; 山田, 2012）。一方、標準テスト以外の評価方法も大学教育では多く使われてきたが、その評価はほとんどが教員個々人の主観にゆだねられていた。しかし、質保証や説明責任の要請のもとで、より妥当性や信頼性の高い評価方法へと鍛え直していく必要性が生まれてきた。とりわけ、2006年に出された高等教育将来構想委員会（Commission on the Future of Higher Education）の答申（いわゆる「スペリングス・レポート」）において、連邦政府が高等教育機関に対し、学生が応分の学習成果を獲得していることを、より客観的かつ統一的な形で示すよう求める勧告が行われたことは、大きなインパクトを与えることになった（吉田, 2009; 森, 2015b）。

　〈心理測定学的パラダイム－オルターナティブ・アセスメントのパラダイム〉という対比は、教育評価・学習評価の歴史をストーリーとして描くのに一定の有効性をもつ。ただし、それはあくまでも「オルターナティブ」を提出する側の視点からのストーリーである。そこで、それぞれのパラダイムの特徴を最もよく表わす指標である「量的データ－質的データ」に着目して、〈量的評価－質的評価〉という表現を使うことにした。これはビッグズら（Biggs & Tang,

2011）が用いている対比でもある。

②量的評価と質的評価の対比

あらためて表2-2をご覧いただきたい。量的評価と質的評価の間には、パラダイムの違いともいえるほどの学問的基盤の違いが横たわっている。前者の基盤になっているのは心理測定学（psychometrics）であり、それは基本的には心理現象を数値化することによって成り立っている。一方、後者の学問的基盤はそれほど安定しているわけではないが、構成主義、状況論、解釈学などによって提供されているといえる（Gipps, 1994）。

次に評価目的・評価対象・評価機能についてみてみよう。「改善」と「説明責任」は、評価全体を貫く2つの異質な理念である（Vroeijenstijn, 1995; 松下, 2005）。たとえば、改善のための評価では、改善へのステップとして現状の問題点を見出すことが望まれるが、説明責任のための評価では、できるだけ問題点は目立たぬようにして評価結果をよく見せようとする力が働きやすい。また、改善のためには個々の対象についての具体的な評価が有用だが、説明責任においては、他と比較可能な集約・縮減された総括的評価が求められることが少なくない。

評価課題における対比については、認知心理学者のローレン・レズニック（Lauren B. Resnick）の指摘が想起される。レズニックは、心理測定学のテストには、知識は要素に分割できるという「分割可能性」と知の「脱文脈性」という2つの誤った仮定があると指摘し（Resnick, 1989）、それとは異なる評価方法としてパフォーマンス評価の開発に取り組んだ（Resnick & Resnick, 1996）。パフォーマンス評価で用いられるパフォーマンス課題では、対照的に「複合性」や「文脈性」が重視されている（第3章参照）。

評価基準についていえば、量的評価では、評価者の主観的判断が含まれない客観性が重視されるのに対し、質的評価では評価者の主観も排除されない。ただし、評価が恣意的になるのを防ぐために、主観のつき合わせや重ね合わせによって間主観性を担保することが求められる。

量的評価の代表的な方法は、多肢選択法や正誤法などを用いた客観テストタイプの「標準テスト」や、質問紙調査の形式で行われる「学生調査」である。

一方、質的評価では、「パフォーマンス評価」の他に、「ポートフォリオ評価（portfolio assessment）」や「真正の評価（authentic assessment）」が用いられる。また、ミニッツペーパーやリフレクションシートなど、学習者自身の書いた文章なども含まれる。

③質的評価の3つの方法

ここで、質的評価の3つの方法について整理しておこう。パフォーマンス評価が〈ある特定の文脈のもとで、さまざまな知識やスキルなどを用いながら生み出される学習者のパフォーマンス（作品や実演）をもとに学習者の学びや能力を直接に評価する方法〉であるのに対し、ポートフォリオ評価は、〈ポートフォリオに収められたさまざまな学びの証拠資料にもとづいて、学習者の成長のプロセスを評価する方法〉、真正の評価は、〈現実世界の生活や仕事などで遭遇するような本物らしさ（真正性）をもった課題を通じて評価する方法〉のことである。もっともこの3つの評価方法の区別は、概念的区別であって、主にはどこに評価の焦点があるかの違いである。評価の焦点は、ポートフォリオ評価では、「ポートフォリオ」に収められた一定期間の成長のプロセスを示す学びの証拠資料に、真正の評価では、評価文脈や評価課題の「真正性」に、パフォーマンス評価では、ある文脈での「遂行」やその結果に置かれている。実際の評価場面では、この三者——とりわけ真正の評価とパフォーマンス評価——は重なり合うことも少なくない。たとえば、パフォーマンス評価が真正の評価課題や評価場面で行われるときは真正の評価になるし、一方、真正の評価はたいていの場合、作品や実演といったパフォーマンスの形をとる。また、ポートフォリオの中には、客観テストの答案や成績評価が含まれることもあるが、何らかの作品や実演の資料が含まれないポートフォリオでは、学びの深さを示すものにはならないだろう。

（4）学習成果の評価の4つのタイプ

以上の2軸からなる二次元図式によって、学習成果の評価は、図2-1のような4つのタイプに整理できる。

タイプⅠは質的な間接評価であり、授業時間の最後にその日の授業の疑問点

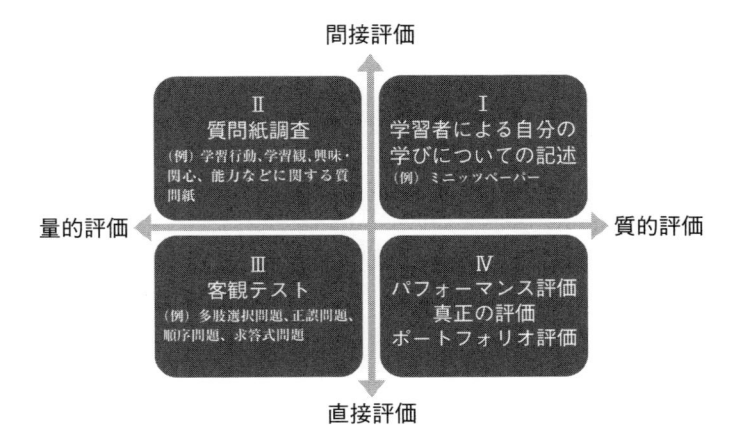

図2-1　学習成果の評価の4つのタイプ

（出典）松下（2016, p. 18, 図 1-3）を一部改変。

や理解度、興味・関心をもったことなどを数分で記入してもらう「ミニッツペーパー」などが、これにあたる。タイプⅡは量的な間接評価であり、リッカート尺度を使った4〜7段階程度の質問紙調査が典型的である（質問紙調査でも記述式のものはタイプⅠに含まれる）。タイプⅢは量的な直接評価であり、知識やスキルについて評価するのに最もよく使われる客観テストがこれにあたる。大学入学共通テストのようなマークシート試験が代表例である。タイプⅣは質的な直接評価であり、筆記試験に限らず、さまざまな作品（レポート、制作物など）や実演（発表、演奏など）が含まれる。授業中の行動なども評価の対象になりうる。

　質的転換答申で例示された評価手法でいえば、「学修行動調査」はタイプⅡ、「アセスメント・テスト」はタイプⅢ、「ルーブリック」「学修ポートフォリオ」はタイプⅣに位置づけられる。たとえば、AAC&U では、表 2-1 に示した本質的学習成果が実際にどの程度、学生に獲得されたかを評価するために、標準テストに対抗して、VALUE（Valid Assessment of Learning in Undergraduate Education：学士課程教育における妥当な学習評価）というプロジェクトが進められてきた（Rhodes, 2010; Rhodes & Finley, 2013）。このプロジェクトでは、e ポートフォリオに収められた「学生の本物の活動・作品（authentic student work)」を評価対象とし、それに対する評価基準として、ルーブリックが開発された。この VALUE ルーブリックは、学士課程 4 年間をカバーする長期的ルーブリックであり、これまでに、問題解決、批判的思考、倫理的推論、チームワークなど、16 のルーブリックが公開されている（AAC&U, n.d.）（詳しくは第 6 章参照）。

　近年では、タイプⅢとタイプⅣの中間型や混合型のようなタイプの評価も実施されている。たとえば、大学版 PISA といわれた AHELO の試行調査においてジェネリックスキルの評価に採用された CLA（Collegiate Learning Assessment）は、パフォーマンス評価型の標準テストである（第 5 章参照）。パフォーマンス評価の評価基準として使われるルーブリックには質を量に変換する機能があるためである。

(5) 機関・プログラム・科目レベルの学習成果の評価

　図 2-1 には表現できていないが、学習成果には〈機関レベルの学習成果、プログラムレベルの学習成果、科目レベルの学習成果〉という違いがあることを本章の冒頭に述べた。大学教員はこれまで、曲がりなりにも科目レベルの学習成果の評価は行ってきた。だが、現在の質保証や説明責任、組織的な教育改善で求められているのは、機関レベル・プログラムレベルの学習成果の評価である。また、学生の学びと成長を長期的に把握する上でも、この観点は欠かせない。そして、測りまちがいや測りすぎが生じやすいのも、科目レベルの評価より、むしろ機関レベル・プログラムレベルの評価なのである。

　アメリカの地域アクレディテーション機関の一つである米国中部高等教育委員会（Middle States Commission on Higher Education: MSCHE）は、直接指標・間接指標と科目レベル・プログラムレベル・機関レベルを掛け合わせて、それぞれにどんな評価方法があるかをリスト化している（表 2-3）。

　日本では、科目レベルでは科目ごとの客観テスト・論述試験や、パフォーマンス（レポート・制作物などの作品やプレゼンテーション・実技などの実演）による評価が使われているが、機関・プログラムレベルの評価では学生調査や業者による標準テストなどが多用されている。両者の間には大きなギャップがあるのである[26]。また、ポートフォリオを学生に作成させている大学は比較

表 2-3　各レベルにおける学習成果の直接指標と間接指標の例

	直接指標	間接指標
科目レベル	・課題（アサインメント） ・試験・小テスト ・標準テスト ・レポート ・フィールドワーク、インターンシップ、サービスラーニング、臨床実習などの観察 ・研究プロジェクト ・授業中のディスカッションへの参加 ・ケーススタディ分析 ・ライティング・プレゼンテーションなどのルーブリック得点 ・芸術的な演技・演奏や作品	・学生による授業評価 ・試験の概要 ・アクティブラーニングに使った授業時間の比率 ・サービスラーニングに使った時間 ・宿題に使った時間 ・科目と関連した知的・文化的活動に使った時間
プログラムレベル	・キャップストーン・プロジェクト、卒業論文・卒業制作 ・資格試験の合格率・得点 ・学生の刊行論文や学会発表 ・雇用主やインターンシップ監督者による評価	・フォーカスグループインタビュー（学生、教員、雇用主） ・科目登録情報 ・学科・プログラム評価のデータ ・就職状況 ・雇用主・卒業生調査 ・学生意識調査 ・大学院入学率
機関レベル	・ライティング・批判的思考・一般的知識のテスト成績 ・一般教育・学際的コア科目などの全学生必修科目での課題のルーブリック得点 ・学力テストの成績 ・サービスラーニングなどの機関プログラムでの学びについての回答	・学生の意識・活動調査（機関独自調査、業者調査、全国調査（例：NSSE）） ・科目選択と成績のパターンの分析 ・機関ベンチマークを含む年次報告（卒業率・リテンション率、卒業生のGPAなど）

（出典）Middle States Commission on Higher Education（2007, p. 29）より訳出。

的多いが、長期的ルーブリックなどの評価基準と組み合わせて、学生の学びや成長の評価を行い、機関・プログラムレベルの評価にあてている大学はまだ限られている。

　ちなみに、アメリカの状況をみると、機関レベルの学習評価として最もよく

---

26)　大学教育学会では、2013 〜 2015 年度の 3 年間にわたって「学士課程教育における共通教育の質保証」という課題研究が行われたが、そこで再認識されたのが、機関・プログラムレベルの学習成果の評価と科目レベルの学習成果の評価との方法の違いであった（松下他, 2014; 山田, 2016）。

用いられているのは、「全米規模の学生調査」「ルーブリック」「クラス単位の
パフォーマンス評価」であり、「最も価値がある（もしくは重要である）」とみ
なされているのもこの3つである（Jankowski et al., 2018）。日本の状況との
違いが見てとれよう（詳しくは第6章参照）。

4.　学習成果の可視化の上になされる可視化─第二次の可視化─

　さて、ここまで論じてきた学習成果の可視化を「第一次の可視化」と呼ぶと
すれば、そうした学習成果の可視化の上になされる可視化は「第二次の可視
化」と呼ぶことができる。第二次の可視化の例として、本節では、「大学の教
育力」の可視化と「効果的な教育方法」の可視化を取り上げよう。

（1）「大学の教育力」の可視化
　「大学の教育力」の可視化のために使われる方法に、付加価値分析（value-
added analysis）がある（Bennett, 2001; Kim & Lalancette, 2013）。これは文
字通り、企業の付加価値分析を援用した方法である。教育の文脈における「付
加価値」とは、教育目標に対する生徒・学生の伸び（progress）に対して教育
機関がなした貢献の度合いを意味する（OECD, 2008）。付加価値分析では、た
とえば入学時と卒業時の達成の比較を通じて、大学が在学中に学生をどれだけ
成長させたか（望ましい学習成果をどれだけ伸ばしたか）を分析する。こうし
た付加価値分析において学習成果の可視化が前提となることは、指摘するまで
もないだろう。ただし、一機関内の付加価値分析だけでは教育力が捉えにくい
ため、さらに機関間で付加価値を比較することによって、「大学の教育力」の
より明確な可視化が図られている。
　大規模な学生調査（評価タイプⅡ）やアセスメント・テスト（評価タイプ
Ⅲ）では、付加価値分析が可能なように、入学時と卒業時でアセスメントを実
施するのが一般的である。また、多くの学生調査やアセスメント・テストはも
ともと機関間比較が可能なように質問項目や調査問題が設計されている。とは
いえ、入学時と卒業時の達成のスナップショット的な比較によって大学の教育
力の正確な可視化が行えるかについては疑問が残る。たとえば、学生の伸びは、

大学のプログラムの外で得られたものかもしれないからである（たとえば、大学外での語学学習や資格学習など）。

　一方、ルーブリックを用いた評価（評価タイプⅣ）でも、近年の説明責任の要請に対して、付加価値分析と機関間比較が可能になる仕組みが整えられつつある。たとえば、前述のVALUEプロジェクトは、eポートフォリオに学生の学習成果を継続的に蓄積させることで、スナップショット的な比較という限界を乗りこえようという試みであり、学士課程4年間をカバーする長期的ルーブリックを用いることで付加価値分析ができるようデザインされている（Rhodes & McConnell, 2017）。

　「大学の教育力」の可視化といえば、一般によく知られているのは大学ランキングである。しかしながら、大学ランキングは、関係者の評判や容易に収集可能なデータに基づいており、しかも各指標に恣意的な重みづけがなされているという点で、「高等教育の質に対して極めて有害性を持っている」（舘, 2016, p. 20）。大学ランキングは疑似的な可視化でしかないのである。

(2) 「効果的な教育方法」の可視化

　第二次の可視化のもう一つの例は、「効果的な教育方法」の可視化である。なかでも、ハッティの *Visible Learning*（Hattie, 2009）は、大きな国際的反響を呼び起こした。彼の研究は、学力に影響する要因の800あまりのメタ分析をさらに統合し、その効果を順位付けしたものであった（本書第1章参照）。ただし、ハッティの研究については、そのメタ分析の方法にかなりの杜撰さが見られ、信頼性に欠けるという指摘もある（石田・森本, 2021）

　ハッティが研究対象としているのは初等・中等教育であるが、高等教育でも、たとえば、アクティブラーニングの効果についてのメタ分析が行われ（Freeman et al., 2014）、アクティブラーニングを普及させる推進力となった。

　メタ分析や系統的レビューについては方法論的批判もなされてはいるが（山田・井上, 2012）、エビデンス・ピラミッドの最上位に位置づけられるこうした研究手法は、エビデンスを重視する文化の中で、引き続き強い影響力をもつことになるだろう。

5. 学習成果の可視化の孕む問題

　以上では、学習成果の意味やその可視化の方法を整理するとともに、可視化がさらなる可視化を呼び込むことをみてきた。冒頭に述べたように、学習成果の可視化は世界的な潮流となっている。その背景は複合的であり、可視化を推し進める力が衰えることはしばらくはありそうにない。

　だが、学習成果の可視化には、無視できないいくつかの問題がある。そうした問題にどう対処するかが今後の課題となる。

（1）数値化可能な学習成果への切り詰め

　まず挙げるべきは、数値化可能な学習成果への切り詰めという問題である。既に論じてきたように学習成果の評価には量的評価と質的評価があり、それぞれに異なる特徴をもつ。しかしながら、説明責任の要請が高まるなかで、次第に量的評価にウェイトが置かれるようになってきている。たとえば、AP 事業（大学教育再生加速プログラム）の採択校の多くが、業者の開発した標準テスト（アセスメント・テスト）と学生調査によって「学修成果の可視化」を図っている。

　これらは統計的分析にかけやすく、組織間比較が容易であり、また、付加価値分析が比較的行いやすいという強みをもっている。しかし、こうした方法がその大学で学生が得た学習成果をどれだけ可視化しえているかを私たちはあらためて問う必要がある。

　AAC&U の VALUE ルーブリックは、「スペリングス・レポート」（2006 年）以降、標準テストが影響力を増す状況において、より妥当な学習評価として構想されたものであった（Rhodes, 2010）。批判点として挙げられたのは、標準テストが、サンプルになった学生のみを対象としたスナップショット的な学習成果の把握の仕方であり、大学での日常的な学習内容とかけ離れていて教授・学習の質の改善に役立たないといった点であった。

　もっとも、ルーブリックを用いた評価も、数値化可能な学習成果への切り詰めという問題を免れているわけではない。ルーブリックが質的評価のツールと

いうより、単に質を数値化するためのツールとして使われるようになったとき
には、同様の問題が生じる。

　評価において私たちは柔軟であることを求められる。評価基準から逸脱して
いても、そこに事前に想定していなかった新しい発想が埋もれている場合もあ
る。評価はあくまでも学生の学習成果の質に基づいて行われるべきであり、基
準はたえず修正可能性にさらされている。

(2) 評価から目標への浸食

　「数値化可能な学習成果への切り詰め」がとくに問題となるのは、それがさ
らに目標を規定するようになった場合である。すなわち、目標が設定されてそ
れを学習した結果が評価されるのではなく、数値化可能な学習成果にあわせて
目標が設定され学習活動が行われるという「目標と結果の転倒」がみられる場
合である。

　たとえば、一部の標準テストでは、個人ごとの結果を各学生にフィードバッ
クし、そこから自分の強み・弱みを把握させ、学習目標を設定させるというこ
とが行われている。だが、標準テストの規準と当該大学の教育目標との調整は
十分行われておらず、また、テスト項目の妥当性についても（ごく一部しか公
開されていないため）学問的な吟味にかけにくい。

　標準テストに限らず、「学習成果の可視化」を追求する教育の下では、評価
から目標への浸食が生じやすい。目標を、達成可能性、評価可能性をもつ「意
図された学習成果」として規定するというそもそものアイデアが、その危険性
を孕んでいることに、私たちは自覚的であるべきである。

(3) 多様性の喪失

　もともと学習成果の設定において意図されていたのは、プログラム設計にお
ける柔軟性や自律性・多様性を担保することであった。たとえば、欧州高等教
育圏の建設に対して行われた Tuning プロジェクトでは次のように述べられて
いる。

　　学習成果を用いることで、伝統的な方法で学習プログラムを設計する場合

よりも、より高い柔軟性が可能になる。同等の学習成果を達成するのに、さまざまな経路がありうるということが明らかになるからである。

［中略］学習成果を用いても、他の教育機関、他の教育文化の自律性は十分に尊重される。それゆえ、学習成果を用いることで、国際的、欧州的、国内的、学内的な多様性が許容されるばかりでなく、ある学習プログラム内においても多様性が可能になるのである。(González & Wagenaar, 2008, 邦訳 p. 31)

しかしながら、学習成果が同一の基準や方法で測定されるようになると、そこですぐれた成績をあげているところ（国、自治体、教育機関など）から学ぼうとする動きが、自発的あるいは政策誘導的に生まれる。この動きは、初等・中等教育においては、2000年代に入ってから、PISA調査、全国学力・学習状況調査などを通じて強まったが（松下, 2014a）、近年では、大学教育でも見られ始めている。それを促しているのが、大学ランキングであり、専門分野や大学のミッションの違いをこえて利用される標準テストである。

多様性と共通性の調停は、学習成果の可視化における大きな課題である。VALUEルーブリックは、機関横断的に共有されるが、それを各大学が自大学の文脈に合わせてローカライズするというやり方を採ることで、大学をこえた共通性と大学間の多様性の両立が図られている（Rhodes & Finley, 2013）。また、学生調査の代表例である北米のNSSE（National Survey of Student Engagement）では、機関間比較をミッションやタイプが似ている大学間で行うことにより、共通性が多様性を損なわないよう運用されている[27]。

多様性と共通性の調停という課題に対して単一の正解はない。私たちは対立する二項の間で納得解、最適解を探る努力を続けていくしかないのである。

（4）評価負担の大きさ

最後にやはり評価負担の大きさという問題を挙げておきたい。図2-1に示したように、学習成果の評価は直接－間接、量的－質的という軸によって4つの

---

27) NSSEのウェブサイト参照（https://nsse.indiana.edu/nsse）（2024年9月29日閲覧）。

タイプに分けられ、さらに、それぞれについて機関・プログラム・科目の各レベルでの評価が存在する。既に述べたとおり、どの評価方法も固有の特色と限界をもち、組み合わせて用いることが必要になる。だが、そのような評価の多重使用は、複雑性を高め、コストを大きくする。

　近年、わが国でも IR（Institutional Research）が急速に普及してきたが、とりわけ機関レベル・プログラムレベルの評価には、専門知をもつスタッフの存在が不可欠である。大学教育の最前線にいる教員の当事者意識や専門家としての判断を失わせることなく、そうしたスペシャリストと教員の間の連携をどう構築していくかということも、重要な課題である。

第3章

パフォーマンス評価の理論
―ルーブリックを再考する―

1. パフォーマンス評価とは何か

(1) パフォーマンスとパフォーマンス評価

　前章では、学習成果の可視化の枠組みを示すことで、学習成果の評価のさまざまなタイプを見渡せる俯瞰図を描きだした。本章からは、測りすぎの時代に求められる学習評価のかたちとして、学習評価のタイプの一つであるパフォーマンス評価について論じていく。

　ミュラーの *The Tyranny of Metrics* の邦訳の副題にある「なぜパフォーマンス評価は失敗するのか？」がミスリーディングであることはすでに述べた。教育学におけるパフォーマンス評価は、紙とエンピツによる客観テストや標準テストへのオルターナティブ（批判・代替・補完）として出てきた考え方であり、心理測定学（psychometrics）とはむしろ対比的なパラダイムに立つものである（第2章参照）。

　パフォーマンス評価とは何かを理解する上でまず必要なのは、パフォーマンスとは何かを理解することである。第1章でも述べたように、英語の "performance" には、「遂行」「成就」／「業績」「成果」／「演技」「演奏」／「できばえ」「性能」といった多様な意味がある。performance indicator（業績指標）や performance-based pay system（成果主義）の中の "performance" は、「業績」や「成果」と訳され、また、日常的には、「政治的パフォーマンス」のように、

受けをねらった空虚な見せかけという意味あいで使われることもある。

　これに対し、実際に課題や活動を遂行させて、その遂行ぶり（実演）や遂行の成果物（作品）のできばえを評価するというのが、パフォーマンス評価の基本的な意味である。実際、測定・評価研究者のメシック（Messick, 1994）によれば、"performance assessment" という用語は、"performance and product assessment" の便利な略語として使われてきたという。演技や演奏では遂行ぶり（実演）、つまり狭い意味での performance が対象になる。演劇・舞踊など、肉体の行為によって表現する「パフォーミングアーツ」はその典型例だ。一方、同じ芸術分野でも、美術作品は、遂行の成果物（作品）が評価の対象である。いずれにせよ、現在の "performance assessment" には実演と作品という両方の意味が含まれている。

　これまでの章でも述べてきたが、あらためてパフォーマンス評価の意味を確認しておくと、パフォーマンス評価（performance assessment）とは、〈ある特定の文脈の中で、さまざまな知識やスキルなどを用いながら生み出される学習者のパフォーマンス（作品や実演）をもとに学習者の学びや能力を評価する方法〉のことである。「生徒のパフォーマンスやパフォーマンスの事例を、設定されたパフォーマンスの基準に基づいて、直接かつ体系的に観察し評価すること」（Hart, 1994, 邦訳 p. 148）とも定義されている。つまり、目標として掲げたコンピテンスが生徒・学生に形成されているかを、実際にパフォーマンス（作品や実演）を提示してもらうことで、基準となるパフォーマンスと照らし合わせながら直接、評価しようというのが、パフォーマンス評価である。

　「パフォーマンス評価」という用語が普及する以前から、大学教育の中には、パフォーマンス評価に類するものが数多く存在していた。たとえば、医療者教育や教員養成などの分野での実技、芸術教育分野での演奏・演技や作品、諸々のプロジェクトでの製作物、さらにいえば、レポート・論文や口頭発表などを通じて行われる評価は、どれもパフォーマンス評価になりうる。だが、従来こうした評価は、多くの場合、個々の教員の主観にゆだねられていた。教員の中には、すぐれた鑑識眼（評価熟達知）をもって評価を行う人もいるが、独断的、恣意的に評価を行う人もいる。パフォーマンス評価の観点から検討することで、大学教育におけるこうした評価に評価論の光をあてることが可能になる。

　日本では、パフォーマンス評価の研究は初等・中等教育の方が先行してきた（西岡・田中, 2009；田中, 2011；松下, 2007）。とりわけ、いわゆる「思考力・判断力・表現力」の評価や探究の評価の方法としてパフォーマンス評価が注目されるようになったことにより[28]、近年、学校現場にも大きな広がりを見せている（西岡・大貫, 2023；石井, 2023）。

　一方、大学教育では、本来はパフォーマンス評価やポートフォリオ評価などにおける評価基準の一形式にすぎない「ルーブリック」のみが一人歩きしている観が否めない。「ルーブリック評価」という言葉の流布はその表れである。

（2）パフォーマンス評価の特徴

　だが、パフォーマンス評価＝ルーブリック評価ではない。パフォーマンス評価には、①評価の直接性（パフォーマンスを実際に行わせて、それを直接、評価する）、②パフォーマンスの文脈性（パフォーマンスは具体的な状況の中で可視化され、解釈される）、③パフォーマンスの複合性（それ以上分割すると本来の質を失うという、一まとまりのパフォーマンスを行わせる）、④評価の分析性と間主観性（そうした質の評価のために評価基準と複数の専門家の鑑識眼を必要とする）という特徴がある（松下, 2010）。

①評価の直接性

　パフォーマンス（performance）の対概念はコンピテンス（competence）である。言語学者ノーム・チョムスキー（Noam Chomsky）は、適切な言語形式を産出する能力（linguistic competence: 言語能力）と、実際に産出された言語形式（linguistic performance: 言語運用）を区別し、前者に焦点をあわせることで、生成文法理論を構築した。本書でも〈パフォーマンス－コンピテンス〉の対を用いているが、コンピテンスの中身は言語学とは大きく異なる。チ

---

28)　中央教育審議会初等中等教育分科会教育課程部会「児童生徒の学習評価の在り方について（報告）」（2010 年 3 月 24 日）には、「思考力・判断力・表現力等を評価するに当たって、「パフォーマンス評価」に取り組んでいる例も見られる。パフォーマンス評価とは、様々な学習活動の部分的な評価や実技の評価をするという単純なものから、レポートの作成や口頭発表等による評価するという複雑なものまでを意味している。または、それら筆記と実演を組み合わせたプロジェクトを通じて評価を行うことを指す場合もある」という言及がある。

ョムスキーにおけるコンピテンスが、理想化された言語使用者のもつ脱文脈的な能力であったのに対し、パフォーマンス評価におけるコンピテンスは、具体的な個人における文脈的な能力である。

　このコンピテンスの概念は、分析哲学者ギルバート・ライル（Gilbert Ryle）のいう性向（disposition）の概念に近い。認知科学者の佐伯胖は、性向を「行為の現れ自体ではなく、むしろ、行為の可能性である」とし、「さまざまな状況の下で適切な行為が現れやすい態勢にあること」（佐伯, 1982, p. 27）と説明した。そしてその上で、混沌とした学力概念をこの性向概念によって明析化しようとしたのであった。

　佐伯のいう「行為の現れ」がパフォーマンスであり、「行為の可能性」がコンピテンスにあたる。これは、第1章でコンピテンスの4つの本質的特徴の一つとして挙げた「行為志向であること」に対応する。パフォーマンスは観察可能だが、コンピテンスは観察不可能であり、パフォーマンスの観察から得られる証拠資料（エビデンス）にもとづいて推論されるのみである。もっとも、パフォーマンス評価では、パフォーマンスからコンピテンスを推論することだけでなく、コンピテンスをパフォーマンスとして表出させ、そのパフォーマンスを直接的に評価することに重きがおかれている。さらに、本書の「学習としての評価」では、評価課題に取り組むこと、評価行為に参加することを通じて、単にすでに身につけているコンピテンスを発揮するだけでなくコンピテンスを育成する機会にもなることがめざされるのである。

②パフォーマンスの文脈性

　パフォーマンス評価では、パフォーマンスとコンピテンスを上のように捉えているので、文脈性は不可欠の特徴である。

　コンピテンスはある文脈の中でパフォーマンスとして現出する。いいかえれば、文脈は、コンピテンスをパフォーマンスへと「可視化」させる働きをする。

　一方、パフォーマンスは文脈の中で初めてコンピテンスの現れとして「解釈」される。フィールドワーク研究では、行動を文脈を含めて説明すること、すなわち「厚い記述（thick description）」を行うことが必要とされる。この用語は文化人類学者クリフォード・ギアツ（Clifford Geertz）の著書を通して知

られるようになったが、もとはライルの講演の中で使われたものである（Geertz, 1973）。人がまぶたをすばやく閉じて開く動作をしたとき、それが何かの企みをこめたウィンクなのか、単に眼が乾いてまばたきしただけなのか、それともまた別の行為なのかは文脈の中でしか解釈できない。厳密にいえば、「ウィンク」、「まばたき」といった言葉自体がすでに文脈の中での解釈を含んでいる。同様に、パフォーマンスの意味も文脈の中でしか解釈できない。

　このように、文脈は、コンピテンスをパフォーマンスへと可視化させるとともに、パフォーマンスからコンピテンスを解釈することを可能にする。

③パフォーマンスの複合性

　パフォーマンス評価では、フィギュアスケートなら数分間の演技、ピアノなら1曲の演奏、美術なら1枚の作品といったように、それ以上分割すると本来の質を失う一まとまりのパフォーマンスを実際に行わせて、それを評価する。あるコンピテンスをもっているということは、単にコンピテンスを構成する諸属性（知識、スキル、態度・価値観）をもっているということではなく、そうした諸属性を、複雑な状況のもとでそれにふさわしいときに、適切に結集することができるということを意味する（第1章参照）。したがって、そうしたコンピテンスの具現化であるパフォーマンスにも、そのような一まとまりを保つことが求められるのである。

　第2章でふれたように、認知心理学者のレズニックは、心理測定学のテストには、知識は要素に分割できるという「分割可能性」と知の「脱文脈性」という2つの誤った仮定があると指摘した（Resnick, 1989）。パフォーマンス評価は、分割可能性に対しては複合性を、脱文脈性に対しては文脈性を打ち出すことで、オルターナティブを示している。

④評価の分析性と間主観性

　パフォーマンス評価では、パフォーマンスが複合性という特徴をもつ代わりに、評価は分析的に行われる。

　たとえば、フィギュアスケートには、技術審判（最大3名）と演技審判（最大9名）がおり、技術点と構成点（演技点）に分けて評価が行われる。技術点

のほうは、技術審判が選手の実行した要素（ジャンプ、スピンなど）の種類やレベルなどを判定し、演技審判がそのできばえを＋5から−5までの11段階で評価する。一方、構成点のほうは、振付け、曲の解釈など5項目を、演技審判がそれぞれ10点満点、0.25点刻みで評価する。

　このように、現在のフィギュアスケートの評価方法はきわめて精緻に組み立てられている。興味深いのは、これだけ精緻であるにもかかわらず、主観的要素も残っていることである。技術審判による要素の判定、演技審判によるできばえ点と構成点の評価、このいずれにおいても、時間の流れのなかで行われる一まとまりのパフォーマンスを分節化し、要素を同定し、その質を価値判断する専門家の眼、すなわち「鑑識眼（connoisseurship）」が必要になる。技術審判も演技審判も複数いるということ自体、ここでの評価が主観的要素を含むものであることを物語っている。

　一定の分析性をそなえた評価基準、評価における主観的要素と鑑識眼の必要性、その領域の複数の専門家によるキャリブレーション（評価基準合わせ）とモデレーション（評価結果の調整）。これらはすべてパフォーマンス評価の特徴である。

（3）パフォーマンス評価の2つのタイプ—課題主導型と構成概念主導型—

　以上の特徴は、パフォーマンス評価に共通する特徴であるが、メシック（Messick, 1994）は、パフォーマンス評価を「課題主導型パフォーマンス評価（task-driven performance assessment）」と「構成概念主導型パフォーマンス評価（construct-driven performance assessment）」の2つのタイプに分けている。前者は、パフォーマンスそれ自体の評価に重きをおくもの、後者は、パフォーマンスの背後にあるコンピテンス（構成概念）の評価に重きをおくものである。第1章で挙げた二層モデルを用いると、両者の違いがよくわかる（図3-1）。

　競技やコンテストなどでの実演や作品のパフォーマンス評価は、課題主導型である。再びフィギュアスケートのパフォーマンス評価を例にとろう。競技の場面で評価の対象になるのは、パフォーマンスそれ自体であり、そのパフォーマンスを行っている人にどんなコンピテンスがあるかには目が向けられない。

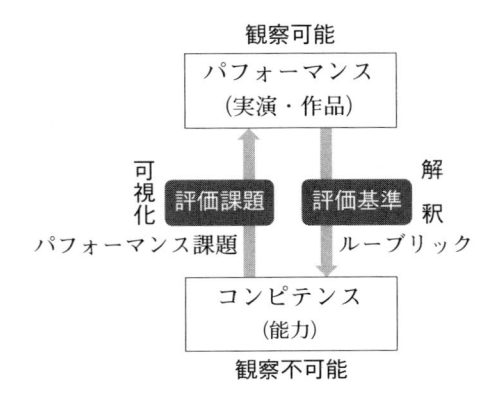

図 3-1　評価の二層モデル—パフォーマンス評価の場合—

そのため、ソチオリンピックのショートプログラムでの浅田真央選手のように、実力があったとしても、その日の演技で失敗すれば低い得点になる。

　一方、教育におけるパフォーマンス評価は、パフォーマンスを通じてコンピテンスを把握し育成しようとするものであるから、完全に課題主導型ということはない。ただし、課題中心のアプローチをとるか、構成概念中心のアプローチをとるかには違いがみられる。たとえば、逆向き設計論で知られ、パフォーマンス評価論を牽引してきたグラント・ウィギンズ（Grant Wiggins）は、「真正のテスト（authentic test）を設計したいのであれば、まず、生徒に得意になってもらいたい実際のパフォーマンスとは何かを決めなければならない。私たちはまずそのパフォーマンスを設計し、公正で徹底した採点方法については、その後で考えなければならない」（Wiggins, 1989, p. 705）という。これはウィギンズが課題中心のアプローチをとっていることを示している。とはいえ、ウィギンズはこうも述べる。「パフォーマンスに基づく領域では、1回のパフォーマンスでコンピテンスを評価することはない。［中略］時間をかけて、さまざまなパフォーマンスの中で、成功と失敗のパターンとその背後にある理由を観察するのである」（p. 705）。つまり、課題中心のアプローチをとるにしても、教育におけるパフォーマンス評価では、競技やコンテストとは異なり、パフォーマンスの背後にあるコンピテンス（構成概念）を評価し、育成することに関心が向けられる、ということである。

2. パフォーマンス課題

（1）パフォーマンス課題の構成要素

　パフォーマンス評価のデザインは、評価課題である「パフォーマンス課題（performance task）」と評価基準である「ルーブリック」のデザインからなる。

　パフォーマンス課題とは、〈リアルな状況で、さまざまな知識やスキルなどを統合して使いこなすことを求めるような課題〉のことである。「評価の二層モデル」（図1-4）でいえば、コンピテンスをパフォーマンスへと可視化する働きをする課題、コンピテンスが発揮されるとともにコンピテンスを育成する働きもする課題が、パフォーマンス課題である。つまり、パフォーマンス課題は、評価課題と学習課題の両方の性格を併せもつ。

　したがって、「学習としての評価」にとって、パフォーマンス課題は中核的な役割を果たすことになる。そのような課題は、「文脈の真正性」、「プロセスの真正性」という2つの意味で「真正性（authenticity）」をもった課題であることが求められる[29]。

　パフォーマンス課題は日常生活の中にあふれている。多くの人になじみがあるのは自動車運転の実技試験だろう。教習所内のコースや一般の路上を一定時間、運転してみせる。この人に公道を走らせてよいかを、実演させてみて判断する。あれがパフォーマンス課題である。仮免試験の技能検定では教習所内のコースを走るが、卒業検定では公道を走る。卒業検定の方が、文脈においてもプロセスにおいても、より真正性が高いということになる。

　学校で用いられるパフォーマンス課題について、ウィギンズらは「効果的に行動するために知識を活用する課題、あるいは、ある人の知識と熟達化を明らかにするような複雑な完成作品を実現する課題」（Wiggins & McTighe, 2005, 邦訳 p. 405）、ハート（Hart, D.）は「期待されている成果に達成する能力を評価するために、生徒に与えられる課題」（Hart, 1994, 邦訳 p. 148）と定義して

---

[29]　石井（2022）は、教科のパフォーマンス課題において必要な真正性には、「文脈の真正性」「思考プロセスの真正性」の2つの意味があるとしている。ただし、パフォーマンス課題全体を考えたときには、「思考」プロセスには限定されないので、ここでは「プロセスの真正性」とした。

いる。この２つは狭義と広義の両端といえよう。最も意味を広くとるハートの場合は、「短いテストのようなものから、かなり長い時間をかけて展開される複雑なプロジェクトまで」のすべてをパフォーマンス課題と呼んでいるが、最も意味を狭く厳密にとるウィギンズらは、短いテストはいうまでもなく、「批判的に考え、特定のアカデミックな応答、完成作品や実演を用意することを生徒に要求するような、オープンエンドの問いや問題」であっても、試験という条件下におかれて内容が事前には公開されないような課題は、「アカデミック・プロンプト」と名づけて、「パフォーマンス課題」とは区別している。

　いずれにせよ、パフォーマンス課題には、具体的な状況の中で可視化され、解釈されるという「文脈性」や、それ以上分割すると本来の質を失うという一まとまりの「複合性」が求められるということは共通している。前述の真正性と関連づければ、前者は「文脈の真正性」、後者は「プロセスの真正性」に対応する。

　「文脈性」においてどの程度の真正性（本物であること）を求めるか、「複合性」においてどんな要素を含めるかについては多様性がある。ウィギンズらは、パフォーマンス課題をデザインする際に考慮すべき要素として、「ゴール」「役割」「相手（audience）」「状況」「完成作品・実演・意図」「成功を評価するスタンダードと規準」という６つの要素をあげている（Wiggins & McTighe, 2005, 邦訳 pp. 190f）。現実場面において人が何かを行うときには、何らかの問題や課題に対し、自分自身の意図をもち、何らかの役割を担いながら、誰か特定の相手に向けて、行為を行う。ウィギンズらのあげる要素はそのような場面を構成する要素を模したものといえるだろう。

（2）真正性を意図したテストの問題点

　ただし、こうした真正性をテストで具体化しようとすると特有の問題が生じる。大学入学共通テストから例をとろう。2022 年度の「物理基礎」の問題である[30]。

> 　次の文章は、演劇部の公演の一場面を記述したものである。王女の発言は科学的に正しいが、細工師の発言は正しいとは限らないとして、後の問い（問1〜3）に答えよ。
> 　王女役と細工師役が、図1のスプーンAとスプーンBについての言い争いを演じている。
>
> 王女：ここに純金製のスプーン（スプーンA）と、あなたが作ったスプーン（スプーンB）があります。どちらも質量は100.0gですが、色が少し異なっているように見え、スプーンBは純金に銀が混ぜられているという噂があります。
>
> 細工師：いいえ、スプーンBは純金製です。純金製ではないという証拠を見せてください。
>
> 　王女は、スプーンBが純金製か、銀が混ぜられたものかを判別するために、スプーンAとBの物理的な性質を実験で調べることにした。［以下、略］

　学校の演劇部の公演で、王女役と細工師役が、2つのスプーンについての言い争いを演じているという場面設定がなされた上で、問1から問3にかけて、王女がさまざまな実験を行うことで細工師の主張がウソであること（スプーンBが純金製ではないこと）を暴いていくという構成になっている。

　問1では、スプーンAとBの比熱を比較するために、60.0℃にしたスプーンA・Bを同条件の水（20.0℃、200.0g）に入れて水温を比較する実験を行う。また、問2では、スプーンを滑車にかけた状態で水につけて、浮力と密度の違いを示す実験を行う。さらに、問3では、スプーンAから作製された針金AとスプーンBから作製された針金Bについて、それぞれの電気抵抗Rと抵抗率ρを求め、その値が金の抵抗率と一致するのかを確認する。そして最後には、なす術がなくなった細工師があわてて逃げ出したところで、舞台の幕が下りる。

　さて、この問題は真正性のある課題といえるだろうか。3つの実験自体は、スプーンBが純金製かどうかを判断するための方法として真正性を備えていると考えられる。しかし、学校の演劇部の公演での王女役と細工師役という文脈の設定は真正性があるとはいえない。学校の活動という生徒にとってなじみ

のある場面で真正性をもたらそうとする意図がうかがえるが、王女－細工師の会話と物理実験という2つの文脈が不自然さを感じさせ、真正性のある文脈にはなっていない。そもそも、入試というメタ状況において「文脈の真正性」は不要なのではないか。また、「プロセスの真正性」という面から見ても、物理実験について理解・判断する能力のほかに、物理の学力とは無関係なストーリーを読み解く能力が求められていて、妥当性という点で問題がある[31]。

カミングとマクスウェル（Cumming & Maxwell, 1999）は、真正の評価を実施する際に生じる教育上の問題点の一つとして、「カモフラージュ」を挙げている。カモフラージュとは、従来の評価形式を「ドレスアップ」して真正なものに見せることであり、多くの場合、現実世界の要素や形だけを導入することで行われるという。この物理の問題は、残念ながらカモフラージュの一例になっている。

このように、真正性を求めようとすることが逆に真正性を損ねることになるというパラドックスは、大学入学共通テストのような試験問題だけでなく、学校でのパフォーマンス課題でもしばしば見られるのである。

3. ルーブリック再考

(1) ルーブリックのタイプ

ルーブリックとは、パフォーマンス（作品や実演）の質を評価するために用いられる評価基準表のことである。一つ以上の「観点」とそれについての数段階の「レベル」、および、それぞれの観点とレベルに対応する行動や認識の特徴を説明する「記述語（descriptor）」からなる[32]（具体的な事例については、第5章・第6章参照）。

客観テストでは問題自体が細かく分割されているために、評価基準は「正誤」のような一次元的で二値的なものですむ。これとは対照的に、パフォーマンス評価で求められるパフォーマンスはある文脈の中でコンピテンスが発揮さ

---

31) 第1章第7節の「妥当性」の項でふれた「構成概念に無関係な分散」にあたる。
32) 「観点」は「規準（criterion）」「次元（dimension）」、「レベル」は「スタンダード（standard）」と呼ばれることもある。

れて表出される複合的なものであるので、評価基準の側に「分析性」が必要になる。そのような評価基準は、まず、パフォーマンスやその背後のコンピテンスの質の違いを示すためにグラデーションを区切る「多段階的」なものであることが求められる。また、パフォーマンスやコンピテンスには多様な側面が含まれるので、評価基準も多くの場合、複数の観点を含む「多次元的」なものになる（ただし、後で述べる「全体的ルーブリック」のように観点を分けないものもある）。

　客観テストは、その名の通り、誰が採点しても同一の結果が得られるという意味で客観的である（ただし、問題の作成まで含めると出題者の主観は入る）。一方、パフォーマンス評価では、評価課題の構成だけでなく評価基準の設定や評価手続きの実施にも評価者の主観が入るので、評価者はパフォーマンスの質を適切に把握し価値判断するための「鑑識眼」を求められる。また、評価結果を一致させる必要があるときには、複数の評価者間でキャリブレーション（評価基準合わせ）やモデレーション（評価結果の調整）を行うことによって「間主観性」を担保することが必要になる。ルーブリックはそのようなキャリブレーションやモデレーションのためのツールにもなる。

　もっとも、パフォーマンス評価にルーブリックが不可欠というわけではない。「分析性と間主観性」をみたす評価基準であれば、他の形式の評価基準でも、パフォーマンス評価は可能である。実際、自動車運転の路上試験や医療系分野でのパフォーマンス評価などでは、チェックリスト型の評価基準も使われている（第4章第3節参照）。とくに実演型で、時間軸にそってスキルや態度を見るような課題では、ルーブリックよりチェックリストの方が採点しやすい。また、トレーニングや経験を積んだ評価者であれば一人でも信頼性の高い評価を行うことができる。

　ルーブリックはいくつかのタイプに分けられる。

- （a）構造：観点を複数設定して分析的に評価する「分析的ルーブリック（analytic rubric）」か、観点を分けずに全体的に評価する「全体的ルーブリック（holistic rubric）」か。
- （b）スコープ：ある領域で一般的に適用できる「一般的ルーブリック（generic rubric）」か、当該課題だけに適用される「課題別ルーブリ

ック（task-specific rubric）」か。

(c) スパン：複数年にまたがって使われる「長期的ルーブリック（longitu-dinal rubric）」か、ある課題の採点のために使われる「採点用ルーブリック（scoring rubric）」か。

どのようなタイプのルーブリックを使うかは、パフォーマンス評価の性格を大きく左右する。以下では、ルーブリックの構成要素であるレベル、観点、記述語についてより詳しくみていこう。

(2) レベル（尺度）

ここでいう「尺度」とは、パフォーマンスのレベルの違いを見分ける物差しのことである[33]。この尺度は「スタンダード」といわれることもある（Sadler, 1987, 石田, 2021）。評価基準に注目して分類すると、評価には「集団基準準拠評価あるいは集団準拠評価（norm-referenced assessment）」と「目標規準準拠評価あるいは目標準拠評価（criterion-referenced assessment）」がある。前者は集団の中での位置に基づいて行う評価であり、一方、後者は目標とする能力や行動などがどの程度身についたかに基づいて行う評価である。よく使われる言葉でいうと、「相対評価」と「絶対評価（到達度評価）」に対応する。

目標準拠評価の中には、さらに、「〇か×か」「1か0か」のように出来ぐあいが明確に二値的に定まるものと、「優れている―劣っている」「深い―浅い」のように出来ぐあいが連続的なものとがある。後者の場合には評価者がそこに何らかの質的差異を認めて区切りを入れていく必要がある。そこで使われるのが「スタンダード」である。「スタンダード準拠評価」の創始者とされるサドラーによれば、規準（criterion）は、「何かの質を判断するときの特性（property）や特徴」をさすのに対し、スタンダードは、「到達される達成の特定のレベル」をさす（Sadler, 1996）。

ところで、スタンダードは「目標」に近い意味で使われる場合もある。たとえば、教員養成系の大学で作られている「教員養成スタンダード」は、大学卒

---

33) 「心理尺度」は、心理的な構成概念（人の心理や意識、行動傾向など）を定量化するために用いられる物差しのことで、一般には質問紙調査の質問項目を指すことが多いが、ここでの尺度はそれとは異なる。

業までに各自が身につけておくべき「教員として最小限必要な資質能力」を示したものである。また、連邦制をとるアメリカで、州の枠をこえて策定されたコモンコア・ステートスタンダード（Common Core State Standards: CCSS）の場合、大学進学・キャリア準備スタンダード（college and career readiness standards）は、「高校卒業までに生徒が何を知り、何を理解することが期待されているか」を提示している。

　このような目標としての「スタンダード」とスタンダード準拠評価における「スタンダード」は、水準・基準という意味は共有しているが、前者は目標という規範的意味あいをもつのに対し、後者はレベルを区切る物差しという分析的意味合いが主であることに注意する必要がある。いま問題にしているのは後者の意味のスタンダードである。

①数値的な尺度

　ルーブリックの尺度として最もよく使われるのは数値的な尺度である。一般に、尺度には、名義尺度（データを分類するための尺度）、順序尺度（順序を示す尺度）、間隔尺度（数字の間に等しい距離がある尺度）、比例尺度（ゼロが意味をもち比率も計算できる尺度）の4種類がある。ルーブリックに含まれる尺度は、厳密には順序尺度だが、あたかも間隔尺度であるかのように、たし算したり平均をとったりという扱いをされることも少なくない。

　レベルが数値ではなく評語（A, B, C など）で表わされることもあるが、その場合でも順序尺度の性質は備えているので、数値的な尺度とみることができる[34]。だいたい3〜6段階程度でパフォーマンスやその背後にあるコンピテンスの質が区切られていることが多い。また、長期的なルーブリックになると、〈limited evidence（エビデンス不足）― emerging（発現）― developing（発展）― accelerating（加速）― proficient（習熟）〉といった表現が使われることもある（フラン他, 2020）

---

[34]　サドラー（Sadler, 1989）は、質的判断は数値で表現されることもあるが、それは質的判断がなされた後であり、その意味で「測定」とは異なる、と述べている。

② ICE ルーブリック

カナダの評価研究者スー・ヤング（Sue F. Young）らによって考案され、日本でもよく使われているのが ICE ルーブリックである。ICE ルーブリックでは、レベルを〈I（Ideas）：考え—C（Connections）：つながり—E（Extensions）：応用〉の 3 段階に分ける。I（考え）、C（つながり）、E（応用）はそれぞれ次のような場面で観察される。

- ・I（考え）：生徒が重要基本事項、基礎的な事実関係、語彙と定義、詳細、基本的な概念を伝達できる
- ・C（つながり）：生徒が基本概念と概念の間にある関係やつながりについて説明できる、あるいは生徒が学んだこととすでに知っていることの間にある関係やつながりについて説明できる。
- ・E（応用）：生徒が新たに学んだことを本来の学習の場からは離れたところで新しい形で使える、あるいは生徒が「それにはどんな意味があるか？」「自分が世界を見る見方にどう影響するか？」というような仮定の質問に答えられる。（ヤング・ウィルソン, 2013, p. 9 一部改訳）

このようにして、ICE ルーブリックは、浅い知識から深い知識へと学びが深まっていく過程を表しているとされる。まず新しい概念を知り、他の概念との関係やつながりを理解し、そしてその概念を学習したのとは別の文脈に応用できる、というステップは、概念学習において汎用的に使える基本的なプロセスだといえよう。

ICE ルーブリックは、①であげた数値的尺度を用いるルーブリックに対する批判から生まれたものである。ICE ルーブリックの特徴は、そこで使われている表現が量的ではなく質的である点だ。「表現されている学びを正確に表す質的な表現がないと、生徒たちが学習のどこでつまずいているのかを見定めるのにはほとんど役に立たない」（p. 50）とヤングらはいう。数値的尺度でのレベルの判断に迷った経験のある評価者にとって、この質的差異の明確な尺度は魅力的だろう。また、I-C-E という 3 段階がほとんどの概念学習に使えるというシンプルさや汎用性の高さも魅力となっている。

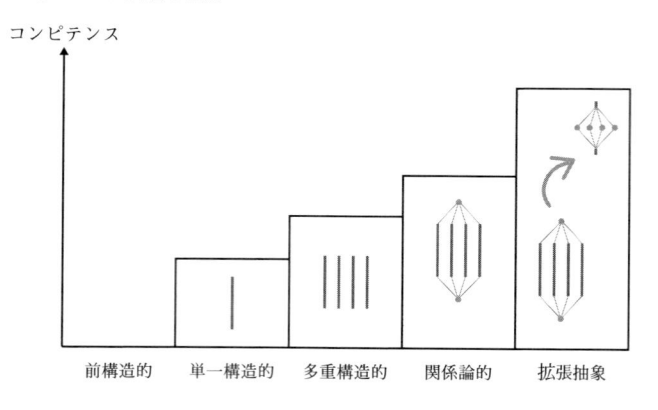

図 3-2　SOLO タキソノミー

（出典）Biggs & Collis（1982, p. 18）より訳出。

③ SOLO タキソノミー

ICE ルーブリックが理論的な裏づけとして用いているのが、ジョン・ビッグズらによる SOLO タキソノミーだ。SOLO は Structure of the Observed Learning Outcome（観察された学習成果の構造）の略語である（Biggs & Collis, 1982）。SOLO タキソノミーは、イギリスや英連邦圏で幅広く使われている。

ビッグズらは「構造」に着目して、6 つのレベルを設定している（【 】内は各段階に該当する動詞表現）。

・前構造的（Prestructural）段階：課題に適切に取り組んでいない。学生はポイントを本当のところは理解しておらず、単純すぎる方法を用いている。理解の前構造的な段階にある学生は、質問に対して関連のないコメントで応答することが多い。【失敗する、能力に欠ける、ポイントを外す】

・単一構造的（Unistructural）段階：学生の応答は、関連する一つの側面にのみ焦点を当てている。単一構造的段階にある学生は、通常、少し関連はあるものの曖昧で深さを欠いた応答をする。【同定する、名づける、シンプルな手続きに従う】

・多重構造的（Multistructural）段階：学生の応答は、いくつかの関連する側面に焦点を当てているが、それらは別個にたし算的に扱われている。多重構造的段階にある学生は、概念を断片的には知っているかもしれないが、それ

を提示したり説明したりする方法を知らない。【結びつける、記述する、列挙する、一続きのスキルを実行する、リスト化する】

・関係論的（Relational）段階：さまざまな側面が統合され、首尾一貫した全体像になっている。このレベルは、通常、あるトピックを十分に理解していることを意味する。関係論的段階にある学生は、さまざまなパターンを識別し、異なる視点からトピックを見ることができる。【分析する、適用する、議論する、比較・対照する、批判する、原因を説明する、関係づける、正当化する】

・拡張抽象（Extended abstract）段階：これまでの統合された全体像をより高い抽象度で概念化し、新しいトピックや領域に一般化することができる。拡張抽象段階にある学生は、教室での概念を実生活に応用することができる。【創造する、定式化する、生成する、仮説を立てる、熟考する、理論化する】

「拡張抽象」という言葉は少しわかりづらいが、図 3-2 にあるように、概念構造（統合された全体像）を抽象し、教室をこえた場面に応用して概念の適用範囲を拡張していくことを意味する。こうしてみると、ICE ルーブリックの I は単一構造的段階と多重構造的段階、C は関係論的段階、E は拡張抽象段階と対応していることがわかるだろう。ICE ルーブリックは SOLO タキソノミーをシンプルにしたものとして特徴づけることができる。

④知識の深さ（Depth of Knowledge）

ノーマン・ウェッブ（Norman Webb）の「知識の深さ（Depth of Knowledge：DoK）」は日本ではあまり紹介されていないが、近年、アメリカではよく使われている考え方である（Webb, 2002）。

DoK のねらいは学習の深さと範囲を表現する文脈（シナリオ、場面、状況など）を確立することにある。各レベルは、次のように設定されている。

・レベル 1（知識獲得）：事実を記憶・再生したり、手順を定義したりする。
・レベル 2（知識適用）：スキルや概念の基本的な適用によって、問いに答える。

　　・レベル 3（知識分析）：戦略的思考を用いる。思考の複雑さが増し、計画、
　　　正当化、複雑な推論を伴う。概念や手順をどのように使えば結果を出せ
　　　るかを説明する。
　　・レベル 4（知識拡大）：拡張された思考を用いる。標準的な学習をこえて、
　　　その学習が現実世界の文脈で他にどのように使えるかを考える。

　これも、基本的な知識の獲得に始まり、拡張（学校外の新しい文脈への応
用）を最上位に置いている点では、ICE ルーブリックや SOLO タキソノミー
と類似している。

⑤改訂版ブルーム・タキソノミー（Revised Bloom's Taxonomy）

　最後に真打ちともいえるブルーム・タキソノミーをやはり挙げておく必要が
あろう。

　ブルーム・タキソノミーとは、ベンジャミン・ブルーム（Benjamin S. Bloom）
らによって開発された「教育目標の分類学（taxonomy）」のことである。ブル
ーム・タキソノミーはもともと、大学教育においてテスト項目等を作成する際
の理論枠組みとして開発されたものであり、認知領域（1956 年公表）、情意領
域（1964 年公表）、精神運動領域（未完）の 3 領域からなる。このうち、最も
影響力があり長く使われてきたのは認知領域のタキソノミーである。ブルー
ム・タキソノミー（認知領域）はその後、認知心理学などの成果を取り入れな
がら手が加えられ、2001 年にはロリン・アンダーソン（Lorin W. Anderson）
らによって「改訂版ブルーム・タキソノミー（Revised Bloom's Taxonomy）」
が作られた（Anderson & Krathwohl, 2001）。改訂版の変更点は、オリジナル
版では低次の認知におかれていた「知識」を、認知過程とは独立した次元とし
て位置づけ直したこと、知識を事実的知識・概念的知識・手続的知識・メタ認
知的知識に分類し認知過程と二次元的に把握できるようにしたこと、認知過程
の表現を名詞から動詞へと動的なものに変え、順番を入れ替えて、Evaluate
の上に Create を置いたことにある（石井, 2011）。ただし、「複雑性」の原理に
そって認知過程をより単純なものからより複雑なものへと並べるという基本的
な考え方は変わっていない。

・記憶する（Remember）：思い出す、定義する、ラベル付けする
・理解する（Understand）：要約する、分類する
・適用する（Apply）[35]：（手続きを）実行する、手順に従う
・分析する（Analyze）：より深い分析のために概念の一部を分解する
・評価する（Evaluate）：調査に基づいて批評したり判断したりする
・創造する（Create）：すべての学習に基づいて新しいものを開発する

　こうして5つの尺度を並べてみると、①の「数値的な尺度」は、レベルの識別が他のレベルとの比較で相対的に行われるという順序尺度的な性格をもつが、②〜⑤の尺度は基本的にどんな属性を備えているかでレベルが識別される名義尺度的な性格をもちつつ、なおかつ順序づけられるという性格も兼ね備えているということができる。

　また、その順序づけには、「深さの原理」と「複雑性の原理」が関わっている。深さの原理は、より浅いものからより深いものへと並べられ、概念を事項として知ることから、概念間の関係づけを通して理解し、さらに新しい文脈へ一般化（あるいは転移）できるようになるという考え方である。一方、複雑性の原理は、認知過程をより単純なものからより複雑なものへと並べ、上位には応用より、評価や創造などが置かれている。このようにこの2つの原理は相対的に独立しており、2つの原理を組み合わせた尺度も作られている（「認知的厳格さのマトリックス（Cognitive Rigor Matrix）」など）。

（3）観点（規準）

　前に、パフォーマンスやその背後にあるコンピテンスはグラデーションのように多段階的で、また多様な側面を含む多次元的なものであるから、そのようなパフォーマンスやコンピテンスを把握するための評価基準も、多段階的で多次元的であることが求められるのだ、と述べた。これまで述べてきた「レベル

35）　これまで、ブルーム・タキソノミーの訳では Apply は「応用する」と訳されてきたが、ICE ルーブリックなどの「応用する」のように新しい文脈で用いるという意味合いは含まれていないことから、むしろ「適用する」の方が適していると考えた。

（尺度）」が多段階的な性格を捉えようとするものだったのに対し、多次元的な性格を捉えようとするのが「観点（規準）」である。

　ただし、「レベル（尺度）」がかなりの一般性をもって記述されているのに対し、「観点（規準）」は、それぞれのパフォーマンスやコンピテンスによって多様である。

　リベラルエデュケーションを推進している AAC&U（全米大学・カレッジ協会）は、学士課程教育において本質的で不可欠として選び出した 16 個の学習成果（批判的思考、文章コミュニケーション、問題解決、情報リテラシー、チームワーク、倫理的推論など）について、「VALUE ルーブリック」と呼ばれるルーブリックを提案している（詳しくは第 6 章参照）。VALUE ルーブリックは、それぞれの学習成果についての専門家チームが協働で開発したものであり、その学習成果の定義、枠組み、用語集を備えている[36]。観点の多様性を知るには格好の素材である。

　たとえば「問題解決」は最終結果の質よりもむしろプロセスの質を測定するようデザインされており、以下の 6 つの観点（規準）で構成されている。

　　問題の定義、方略の同定、解決策 / 仮説の提案、とりうる解決策の評価、解決策の実行、結果の評価

　一方、「文章コミュニケーション」では、文章作成プロセスよりも、文章作成の目的やジャンルなど「作品に対する読み手のニーズにどれだけうまく応えているか」に重きが置かれている。観点（規準）は以下の 6 つである。

　　文章作成の文脈と目的、内容の展開、ジャンルと学問分野の約束事、資料と根拠、構文と技法の駆使

　このように、それぞれのルーブリックの観点（規準）は、レベル（尺度）以上に、それを作成した者の見識と価値観が表現される。したがって、個人の判断によるのではなく、複数の専門家の協議と合意にもとづくものであることが望ましい。

---

[36]　すべて AAC&U のサイトからダウンロードできる（https://www.aacu.org/initiatives/value-initiative/value-rubrics）（2024 年 8 月 10 日閲覧）。

（4）記述語

①ルーブリックの中の記述語

記述語（descriptor）とは、ある観点について特定のレベルにあると判断される行動や認識の特徴を言葉で記述したものである。分析的ルーブリックの場合は、観点とレベルからなるマトリックスの各セルに書かれている。たとえば、レベル間の違いは、記述語の中の動詞や形容詞・副詞・数詞などを使って表現される。

②ルーブリックの形式をとらない記述語

だが、記述語には別の形式のものもある。その例として、欧州評議会の「民主主義文化のためのコンピテンス（Competences for Democratic Culture: CDC）」を取り上げよう。

欧州評議会は 2018 年に、*Reference Framework of Competences for Democratic Culture*（『民主主義文化のためのコンピテンスの参照枠組み』、以下 CDC）という 3 巻からなる報告書を刊行した（Council of Europe, 2018a, 2018b, 2018c; 松下, 2021）。その背景には、2015 年 11 月のパリ同時多発テロ以降、欧州各地でテロが頻発するなかで、若者が多様性に富んだ民主主義的な社会で責任ある市民となるための教育を行うことが欧州共通の課題として認識されるようになったということがある。

この報告書では、コンピテンスを「自分の置かれた文脈の中で、要求・課題・機会に適切かつ効果的に対応するために、関連する価値観、態度、スキル、知識・理解を結集し、展開する能力」（Council of Europe, 2018a, p. 70）と定義している。そして、「価値観」「態度」「スキル」「知識と批判的理解」についてあわせて 20 個の要素を挙げている。たとえば、価値観では「人間の尊厳と人権に価値をおく」、態度では「曖昧さへの耐性」、スキルでは「聞く・観察するスキル」、知識と批判的理解では「言語とコミュニケーションに関する知識と批判的理解」などだ。

ただ、見てのとおり、どの要素も抽象的で、このままでは共通理解をつくるのが難しい。また、もともとコンピテンスは学力とは異なり、生涯を通じて、またさまざまな場面において発達・変容するものである。とりわけ民主主義文

化のためのコンピテンスの場合には、フォーマル教育（学校教育制度内での教育活動）だけでなくノンフォーマル教育（正規の学校教育の枠外で、ある目的をもって組織的に行われる教育活動）でも育成することが必要になる。そのために、多様な学習機会で使うことのできるような、「コンピテンスに関して一定のレベルの習熟度を達成したことを示す観察可能な行動を記述したもの」（Council of Europe, 2018a, p. 59）が抽出された。それが CDC の記述語である。

　一般的に、ルーブリックの記述語の場合は、観点とレベルを決めて、そのマトリックスの中のセルを埋めるようにして作成していくが、CDC の場合はまず、記述語が満たすべき基準が以下のように設定された。

・言い回し（カリキュラムや授業のデザインにも使えるよう、学習成果を表現するものになっている）
・簡潔さ（25 語以内程度に短くまとめられている）
・肯定性（一番低いレベルでも否定的な表現は使わず「できること」を書く）
・明瞭性（専門用語を多用しない）
・独立性（形容詞、副詞、数詞などを使った相対的な表現ではなく、その記述語だけで意味が表現できるようにする）

　肯定性と独立性にはとくに CDC の記述語の特徴がよく表れている。これらの基準を満たす記述語が各要素（上述の4つのカテゴリーの 20 個の要素）について策定され、さらにそれが基礎・中級・上級の3つの習熟度レベルに尺度化された（Council of Europe, 2018a, p. 60）。尺度化の結果、3つのレベルに収まらず、基礎と中級の間、中級と上級の間に置かれた記述語もある。こうして447 の記述語、135 の主要記述語が組織化され、状況に応じて組み合わせて使うためのツールボックスに収められた。

　作られた記述語には、たとえば以下のようなものがある（表 3-1）。

　このようなルーブリックの形式をとらない記述語にはどんな良さがあるだろうか。ルーブリックは、評価課題を設定してパフォーマンス（実演や作品）を評価するのには向いている。しかし、CDC の場合は、評価課題をわざわざ設

表3-1 「民主主義文化のためのコンピテンスの参照枠組み」の記述語の例

【価値観】1. 人間の尊厳と人権に価値を置く

人権は常に保護され、尊重されるべきであると主張する	基礎
子どもの個々の権利は社会によって尊重され、保護されるべきであると主張する	
誰もが拷問を受けたり、非人道的または品位を落とすような扱いや罰を受けたりしてはならないという見方を擁護する	中級
すべての公的機関は人権を尊重し、保護し、実現すべきであると主張する	
人が投獄された場合、その人は制限を受けているが、それは他の誰よりも尊敬と尊厳に値しないことを意味するものではないという見方を擁護する	上級
すべての法律は国際的な人権規範や基準と整合的であるべきだという見方を表明する	

【態度】9. 曖昧さへの耐性

様々な視点を持った人たちとうまく関わる	基礎
他者に対する判断を一時的に保留できることを示す	
なじみのない状況でも心地よくいられる	中級
積極的かつ建設的な方法で不確実性に対処する	
予測できない状況下でもうまく動ける	
自分の考えや価値観に異議を唱えられることを歓迎する	上級
曖昧な問題に取り組むという挑戦を楽しむ	
複雑な状況に取り組む楽しさを表す	

（出典）Council of Europe（2018b, pp. 15, 18）より訳出。

定するのではなく、学校や学校外の民主主義的な行動が求められる場面で実際にどう行動しているかを観察し、そこにコンピテンスを見てとることが求められる。しかも、たまたま特定の状況で行動しただけではなく、繰り返し似たような状況で行動できなければ、コンピテンスがあるとはいえない。このようなコンピテンスを観察して評価する場合には、多次元の分析的ルーブリックは粒度が大きすぎて扱いにくい。むしろ、記述語くらいの小さな粒度のものを自在に組み合わせて使う方が機動性がある。このような方法は、革新的な教育で知られるミネルバ大学でも使われている（第6章参照）。

　しかしながら、主要なものだけで135個にもおよぶ記述語を理解しいつでもツールボックスから取り出して使えるようにしておくのは、評価者に高い評価

熟達知と評価負担を要求することになる。学校で必要と思われるものだけを選ぶなど、ローカライズした使い方が必要になるだろう。

（5）ルーブリックへの不満と批判

①ルーブリックへの不満

今一度ルーブリックの議論に戻ろう。

日本の大学では、2012年の「質的転換答申」で「アセスメント」の方法としてルーブリックが取り上げられたことなどから、「ルーブリック」「ルーブリック評価」という言葉が今ではかなり流布している。しかし、実際に利用している大学となると、学士課程全体の「学修成果の把握方法」としては88大学（11.9%）、一部の科目をルーブリックにより明示している大学数でも209大学（28.2%）にとどまっている（2021年度現在)[37]。一方、アメリカでは、この10年で、ルーブリックが機関レベルの評価方法として広く用いられるようになり、利用している大学は2017年現在で7割をこえている（Jankowski et al., 2018）（第6章第2節参照）。この違いの原因はどこにあるのだろうか。

アメリカでの利用の伸びには、AAC&U（全米大学・カレッジ協会）が、大学間で共有できるVALUEルーブリックを開発し、普及をはかってきたことも大いに影響しているが、それ以外にも複数の要因がありそうだ。

ダネル・スティーブンス（Dannelle D. Stevens）とアントニア・レビ（Antonia Levi）は、ルーブリックの利点を以下のようにあげている（Stevens & Levi, 2012）。

- ・評価負担：ルーブリックの該当箇所にチェックを入れればよいだけなので、評価負担が減る。
- ・TAとの評価基準の共有：アメリカの大学ではレポートをTAが採点することが少なくない。その際、ルーブリックは、教員とTAが評価基準を共有するのに役立つ。

---

37)　文科省の調査結果の最新版（「令和3年度の大学における教育内容等の改革状況について」2023年）による。なお、この報告のp. 22では、「88大学（19.6%）」と書かれているが、これは、「課程を通じた学生の学修成果の把握を行っている大学」（448大学）に対する比率であり、回答した742大学（学士課程段階）に対する比率は11.9%となる。

・説明責任：学生をはじめ、ステイクホルダーに対して成績評価の説明が
しやすくなる。
・アクレディテーション（適格認定）[38]：評価結果を量的にも表現できる
ので、組織的な学習成果の可視化にも使える。

日本の大学はどうだろうか。認証評価については、日本の大学でも学習成果
の可視化が求められるので、認証評価対応としてルーブリックを導入するとこ
ろは少なくない。しかし、第2・第3のメリットについては、日本の大学の多
くにはあてはまらない。

・TA との評価基準の共有：日本では、何らかの形で TA が配置されてい
る大学は 511 大学（67.0%）にとどまっており（文科省, 2023）、さらに
内訳を見ていくと、TA が配置されていない科目も少なくない。また、
TA の仕事は補助的な作業にとどまっており、評価が含まれていること
は少ない。
・説明責任：学生から成績評価の説明を求められることはほとんどない。
また、日本では、就職や奨学金の獲得等において、大学の成績がそれほ
ど重視されていないので、日本の学生はアメリカの学生ほど成績にこだ
わっていない。

このように日本の大学においてルーブリックを使うメリットはアメリカの大
学に比べると大きくないのである。その上、ルーブリックは往々にして次のよ
うな不満や懸念を生じさせる。

・ルーブリックをどう作成すればよいか、作ったルーブリックが適切なも
のなのかがわからない。
・複数の観点とレベルで評価しないといけないので（分析的ルーブリック
の場合）、総体的に評価していたのに比べると、評価負担が小さくなる
どころか、かえって大きくなる。
・事前に設定した観点では、そのパフォーマンスの良さや問題点を十分評
価しきれない場合が出てくる。
・レベルはもともと連続体（グラデーション）であるものを区切っている

---

38) アクレディテーションは日本の大学の認証評価と設置認可を併せたような仕組みである（大学改
革支援・学位授与機構, 2021）。

ので、境界線のあたりにあるものはどちらのレベルにするか迷う（たとえば、同じBでも、Cに近いBもあればAに近いBもあるが、それが反映されない）。逆に、異なる評価結果のものでも、質的にはさほど大きな違いがない場合もある。

・観点ごとに評価した結果を、どう統合すればよいのかわからない。単純合計であれ加重平均であれ、統合した結果と総体的な印象とが食い違うことがある。

・学生に事前にルーブリックを提示することで、よい評価を得るための浅い学習を促してしまうのではないかという懸念がある。

②ルーブリックへの批判

ルーブリックに対しては、このような現場サイドからの不満が見られるだけでなく、評価研究者による批判も行われている。なかでも、スタンダード準拠評価の提唱者で、ルーブリックの理論的支柱の一人ともみなされていたサドラーがルーブリック批判に転じたことは注目される（石田, 2021c; Sadler, 2014）。

サドラーは当初、レベル（スタンダード）と規準（クライテリア）からなる評価基準表（ルーブリック）を用いて評価を行うことに肯定的だった（Sadler, 1987）。ルーブリックという言語記述による評価基準表の不十分さを、作品事例によって補うことができると考えていたのである。

しかし、近年では、主に以下の2つの論点からルーブリックの批判を行っている（石田, 2021c, pp. 21f）。

（a）ルーブリックでは事前に規準が設定されているが、こうした評価方法は、ライティングのような複雑な作品を評価するのには不適切である。たとえば、各観点の評価と全体的な質の判断が一致しない場合がある（＝分析的評価と全体的評価の不一致）。また、事前に設定されていない規準が浮上することもある（＝新たな規準の出現、「ルーブリックの破れ」）。

（b）評価基準、とくにスタンダード（レベル）を言葉で定義すること（＝成文化）は本質的に不可能であり、また理解も困難である。それを作品事例で補おうとしても、ルーブリックは一般的な記述であり、作品

　　　事例と一対一で対応するものではないため、補完しきれない。また、
　　　いったんルーブリックを定式化すると、作品事例を欠いたままルーブ
　　　リックが一人歩きしてしまいやすい。

　(a)は帰納法の問題、(b)は言語表現の問題といえる。では、どんな代替的
方法をとりうるのだろうか。サドラーが提案するのは、作品事例とその評価理
由を組み合わせた「作品事例集」を用いることである。作品事例について議論
することで、評価者間で共通語彙を確立していく。この場合の評価者には教員
だけでなく、学生も含まれる。学生に作品を書かせ（教員も書く）、それを相
互に批評・評価しあうことで、次第に評価の共通語彙を作りながら作品事例も
蓄積していく、そんな実践が考えられる。

　以上がサドラーのルーブリック批判とその代替案である。だが、私は、サド
ラーの批判には同意しつつも、その代替案には賛同できない。サドラーの代替
案の問題点は、まず、評価に時間と労力がかかりすぎるということである。こ
うした実践はライティングの授業であればまだしも、知識やスキルの獲得やそ
れらを統合する高次の能力の育成をめざす一般の授業には適さない。

　第二に、この方法は評価しあうコミュニティを形成する作品やメンバーに左
右される。多くの観点やレベルに対応する多様性に富んだ作品が確保できると
は限らないし、作品に対してメンバーがきちんとした評価理由の説明ができる
とも限らない。出てきたさまざまな説明から共通語彙を作っていくのにも時間
と力量が必要である。また、せっかく共通語彙を作っても、作品やメンバーが
変われば、新たな規準やレベルの設定が必要になることもあろう。「新たな規
準の出現」という問題は、作品事例集という方法をとっても免れないのである。

　第三に、この方法は構築的ではない。新しい評価課題を用いる場合は作品事
例がそろっていないので、この方法は適用できない。また評価者が十分な鑑識
眼をもっていない場合、並行して鑑識眼を育成することが必要になるが、その
ための足場かけとなるツールがない。

　サドラーが研究のフィールドとしているオーストラリアのクィーンズランド
州では、高校の成績評定でルーブリックが用いられており、その評定によって

大学入学者選抜が行われるため、ルーブリックが採点装置として強い規範性と厳格性を有している（石田, 2021c, pp. 20f）。サドラーの議論の背景にはこのような制度的状況がある。

　だが、日本の大学はそうした状況にはない。私たちはもっとゆるやかにルーブリックを用いることができる。たとえば、ルーブリックを使って「新たな規準」が必要になった場合、それが例外的なケースであれば、コメントをつけることで対応できるし、それがかなり多いならば、ルーブリックの中に組み込むことができる。分析的評価と全体的評価の不一致については、分析的評価を参考にしつつ、それにはとらわれずに全体的評価を行ってもよい。

　それでもルーブリックを学生と共有することには、学生を評価者として育てる上で意味がある。ルーブリックは何がその分野、その課題で求められているかを示す共同体のツールだからである。

　たとえば、私が策定にかかわったある学会の査読方法では、ルーブリックを使って、「独創性・新規性」「有用性」「先行研究への言及」「一貫性」「形式」の５つの観点につき４段階で評価するとともに、査読意見を記述することになっている。５観点の重みづけは論文のタイプによって異なる。ルーブリック得点は算出可能だが、評定（４段階）は合計得点によって決まるのではなく、査読意見を含め、３名の査読者の合議によって総合的に判断される。つまり、ルーブリックは、学術論文として満たすべき要件を一般的に示すものであり、論文ごとの個別の判断は査読意見によって伝えられるというルーブリックとコメントの組合せである。ルーブリックの使用はこのように柔軟なものであってよい。日本の大学はそれが許容される制度的状況にある。

　だが、この方法はあくまでも学術論文の査読の方法であり、大学授業での学習評価の方法ではない。ルーブリックを使いつつも、柔軟性をもった、学生の学習も促すような方法としてどんなものが考えられるだろうか。

4.「ほど良い評価」

(1)「ほど良い母親」

以下では、アメリカのライティング教育研究者ピーター・エルボウ（Peter

Elbow）らの「ほど良い評価（good enough evaluation）」（Danielewicz & Elbow, 2007；Elbow, 2012）を紹介しよう[39]。

"good enough evaluation" というのは、イギリスの精神分析家・小児科医ドナルド・ウィニコット（Donald W. Winnicott）の "good enough mother" から発想を得た考え方である。ウィニコットは、完璧な母親による完璧な育児ではなく、「ほど良い母親」によるほど良い育児こそが赤ちゃんにとって大切だと考えた（ウィニコット, 2015）。「ほど良い母親」は、赤ちゃんの欲求に完璧に応えることはできない。時に見当違いのことをし、時に対応が遅くなり、時に応じられないこともある。赤ちゃんは、こういった母親による不適切な対応にさらされることで、少しずつ、自分の外側に存在している世界というものに気づいていく。自分とは別の母親という存在があり、自分の欲求はその母親によって満たされていたこと、自分は万能ではなく、母親の世話も完璧ではないこと。こういった「現実」に出会っていくのである。それはフラストレーションを体験することであり、万能感を手放していく体験であるが、同時に成長にとって欠かせない過程でもある。

本書のテーマは、測りすぎの時代の学習評価のあり方である。現在の学習評価・教育評価が、客観性、厳格性、透明性、説明責任を追求して測りすぎに陥るのは、完璧な母親による完璧な育児を追求するのに似ている。そうではなくて、評価はしょせん不完全で統一不可能なものであると認めた上で「ほど良い評価」をめざすことが、測りすぎを避けるのに有効なのではないか。それがこの概念に注目する理由である。

(2) 評価の落とし穴と「ほど良い評価」

エルボウが扱うのもサドラーと同じく、ライティングの評価である。エルボウはライティングの評価には3つの落とし穴があるという。

　・単一の数字による得点や成績を追求すること

39）　エルボウについては、パーソナル・ライティングの理論と実践（谷, 2021）やコンピテンスに関する批評（Elbow, 1979）を通じて知っていたが、「ほど良い評価（good enough evaluation）」という考え方は、大阪教育大学の森本和寿氏（森本, 2022）に教えていただいた。なお、森本氏は「十分な評価」と訳されていたが、ここではこの用語の由来や「まあ、いいんじゃない」的なニュアンスをふまえて「ほど良い評価」とした。

　・客観性を追求すること

　・一つのライティング作品から、スキルや能力を評価しようとすること

　それでは、「ほど良い評価」はどのように行えばよいのだろうか。エルボウの論をふまえつつ考えてみよう。

①単一の数字に丸めない

　サドラーと異なり、エルボウはルーブリックの使用を肯定する。ルーブリックを使ってライティングのさまざまな次元の価値を把握し伝えることで、ライティング評価の第一の落とし穴を避けることができるからだ。多次元的な価値を示すことができる点で、エルボウは、単一の観点からなる全体的ルーブリックよりも、複数の観点からなる分析的ルーブリックの方がよいとする。

　一方、レベルについては、「D：不十分（poor）」「C：まあまあ（fair）」「B：良い（good）」「A：優れている（excellent）」の 4 段階程度でよい[40]、という。その場合、各観点の B と C の違いをあまり正確に見極めようとする必要はない。B と C については読み手（評価者）の意見が一致しないことが多く、それを一致させようとすることは無駄に時間と労力を奪うことになるからだ。

　また、ルーブリックの観点一つひとつをチェックしながらライティング作品を読んでいく必要もない。多くの大学教員は自分の専門的な鑑識眼（評価熟達知）によって全体論的に作品の質を判断している。「よく書けたレポートだ」「何が言いたいのかわからない」など。その判断の根拠としてルーブリックを参照すればよい。その際に各観点について上のような 4 段階で見ていくのはさほど大変ではない。ルーブリックに書かれていないことがらで特記すべきことがあればコメントとして残すといった対応もできるだろう。

　それぞれの観点について評価したら、それを合計したり、加重平均したりするべきではない。せっかく多次元的に評価したものが 1 次元的に表示される、つまり第一の落とし穴に逆戻りしてしまうからだ。実際、仮に合計して同じ「B」「C」になったとしても、それぞれのレポートの質の違いは表せない。たとえば、「このレポートは、誤字脱字はなく、文献リストもしっかりしている

---

40)　CLA（Collegiate Learning Assessment）のように、大規模なパフォーマンス評価型のテストでは 6 ～ 7 段階のルーブリックが使われることが多い（第 5 章参照）。

が、問題に対する結論がはっきりしない」「このレポートは、一部の知識に間違いがあるが、言いたいことが伝わってくる」など。「B」や「C」になるレポートはたいてい、こんなふうに観点間でばらつきがある。だから、合計したり加重平均をとったりして丸めて「B」「C」としてしまうと、そのレポートの質を学生に伝えることができなくなってしまう（一方、「A」の場合は、だいたいどの観点も A で、観点間のばらつきは大きくないので、丸めてもさほど問題は生じない。「D」の場合も同様である）。

　もちろん、大学に提出する成績では単一の数字や評語に丸めることが求められるだろう。しかし、学生へのフィードバックでは多次元的評価のまま、あるいはコメントで返すということも可能である[41]。

②客観性を装わず、間主観性に拠っていることを示す

　どんな評価も多かれ少なかれ主観的である。客観テストは、採点手続きはその名の通り客観的だが、どんな問題にするかに出題者の主観が入るのは免れない。質問紙調査も同様である。

　パフォーマンス評価の場合はさらに、評価課題の構成だけでなく、評価基準の設定や評価手続きにおいても、評価者の主観が反映される。そこでパフォーマンス評価では以下のような方法で、評価が主観的であっても、独断的、恣意的にはならないように工夫する。

- ・ルーブリックを評価者間で共有する。
- ・ルーブリックの観点は理論的に裏づけられたものにする。レベルは評価対象となる学生（学習者）の現在の状態と期待される状態を考慮して設定する。
- ・ルーブリックの記述語が何を表しているかについて理解を共有するために、ルーブリックの観点・レベルの違いに対応して、複数の質の異なる作品（アンカー作品）を用いる。
- ・評価の前に、キャリブレーション（評価基準合わせ）を行い、評価の途中または終了後に、モデレーション（評価結果の調整）を行う。

---

41) エルボウ自身は、エバーグリーン州立大学（Evergreen State College）で 9 年間、文章記述による評価（narrative evaluation）のみで数字・評語による評定は行わないという経験を有していた。

　　・評価者トレーニングを行う。

　だが、モデレーションを行わない場合、評価者間ですべての評価結果が一致することは絶対といっていいほどない。ここで評価者内信頼性と評価者間信頼性の違いをおさらいしておこう。評価者内信頼性（intra-rater reliability）とは、一人の評価者が異なるパフォーマンス（作品・実演）をぶれずに評価できる度合いである。一方、評価者間信頼性（inter-rater reliability）とは、異なる評価者間で評価結果が一致する度合いである。評価者内信頼性は高いに越したことはない。しかし、評価者間信頼性については、必ずしもそうとはいえない。もちろん、低すぎるのは問題だが、一定程度を確保できたら（たとえば、信頼性係数で 0.7 程度）、さらにより高い評価者間信頼性を求めて労力や時間を費やす必要はないだろう。むしろ、異なる評価者による評価結果のばらつきを受け入れ、評価結果が評価者の質的判断にゆだねられていることを学習者にもさらした方がよい。

③複数のパフォーマンスによって評価する

　第三の落とし穴について、それを避けるには、一つのライティング作品から、スキルや能力を評価しようとするのではなく、むしろ、さまざまな種類・ジャンルのライティング作品を、さまざまな機会で、複数のパフォーマンスによって評価する必要があると、エルボウはいう。エルボウの担当する科目はライティング一般なので、さまざまなジャンルが入っているが、アカデミック・ライティングに限定したとしても、複数の課題や機会を設定することが必要になる。

(3) 成績契約

　ところで、このように複数のパフォーマンスの機会を設け、多次元的に評価しようとすれば、評価負担が非常に大きくなるのではないだろうか。

　その疑問に対して、エルボウらが「ほど良い評価」の方法として提案するのが、「一方向的な成績契約（unilateral grading contract）」である（Danielewicz & Elbow, 2009）。"unilateral contract" は、法律用語では「片務契約」と訳され、当事者の一方だけが義務を負う契約のことをいう。つまり、「一方向的な成績契約」とは、教師が学生に対し成績評価（grading）について一方向的に

約束する契約のことである。

では何を約束するのか。その内容は以下のようなものである。

・パフォーマンス（プロダクト）に対する質の評価と、取り組み（プロセス）に対する努力評価を分ける。

・授業中の共同作業（相互評価や掲示板など）に協力し、学期内に複数回出される課題をすべて提出し、求められた修正を行えば、「B」は保証される。「A」になるには、最終段階で提出するライティング作品においてA評価を得る必要がある。

・最終版までの作品には形成的評価としてのフィードバックが与えられる。学生はフィードバックの結果に応じて修正する必要があるが、その質は成績評価には組み込まれない。質の評価が成績評価に組み込まれるのは、最終段階で提出される作品のみである。

なぜ、こんな契約をするのか。契約を使う目的は、教師と学生ができるだけ書くこと（ライティング）そのものに注意を傾け、成績評価にはなるべく注意を払わないようにすることだとエルボウらはいう。

目標は成績評価の影響を減らすことであり、私たちは成績評価に関する権限をできる限り放棄するが、授業要件に関する権限はすべて保持する。ただし、教師の評価や判断について手をこまねいているわけではない。学期中、私たちは学生の書いた原稿や最終版の長所と短所を指摘し、評価的なフィードバックを与え続ける。しかし、その評価は成績（B評価まで）とは切り離されている。その結果、学生は論文を修正する際に、私たちの判断やアドバイスに耳を傾ける必要はない（ただし、修正は必要である）。（Danielewicz & Elbow, 2009, p. 247）

成績のつかない（grade-free）期間を通して、学生は自分の「ワーク（活動と作品）」の価値と真の「報酬」を経験することができる。書くことと学ぶことの本質的な報酬と喜び、次から次に原稿を書き進めることに伴う目に見える成長と発達を、成績の影にとらわれることなく体験することができるのだ。（p. 279）

　成績評価という権力によって学生の学習をコントロールするのではなく、学生が自らの学習をコントロールし、書くことそのものから喜びを得られるようにするために、教師による評価（形成的評価）を使うというわけである。「一方向的な成績契約」というフレーズはものものしいが、考え方そのものはなじみやすいのではないだろうか。

　はからずも、私も同じ方法をとってきた。1年生向けの初年次セミナーでは、複数回のミニ課題、自分の設定したテーマについてのプレゼンテーション（とそのピアレビュー）を経て、最後にプレゼンテーションの内容を発展させたレポートを提出してもらうが、すべての提出物を出していれば、「B」は保証すると伝えている（所属大学の場合は、96点以上がA+、95〜85点がA、84〜75点がBである）。残りの25点分をレポートの質によって評価する。

　この「努力評価」は出席点とは異なる。出席点では出席したことが点数化されるが、努力評価では学生の取り組みが評価される。出席点が授業への参加と関係なく出席することに学生を縛りつけるのに対し、努力評価は、複数のパフォーマンスの機会を与え、学習のコントロールのありかを教師の成績評価から学生自身に変えるためのものである。

　パフォーマンス評価は、測りすぎの時代の学習評価において中心的な評価方法であり、ルーブリックはそのための評価基準の表現である。だが、序章で述べたように、ルーブリックは、測りすぎ、「メトリクスへの執着」のシンボルのように扱われることすらある。問題は、ルーブリックそのものよりむしろその使い方にある。成績評価という権力によって学生の学習をコントロールするのではなく、学生が自らの学習をコントロールし、学習それ自体から喜びを得られるようにするためには、我々もエルボウのようにルーブリックを飼いならす必要があるのである。

第 4 章

パフォーマンス評価の事例

　前章では、パフォーマンス評価とルーブリックについて理論的な検討を行った。本章では、それをふまえて、大学教育のパフォーマンス評価の事例について紹介していこう。取り上げる事例は、レポート評価、PBL（Problem-Based Learning）の評価、学生のリフレクションを組みこんだ評価である。

　こうした事例検討を受けて、最後に、アクティブラーニングの評価の論点と課題を整理することにしたい。

1. レポート評価

(1) レポート評価をめぐる問題

　レポートは、記述式試験と並んで、大学で最も多く使われている評価形式である。高校でも、近年では、探究学習や課題研究などの成果物をレポートで表現させるところが増えてきている。とはいえ、欧米に比べると[42]、日本の初等・中等教育でのアカデミック・ライティング指導は充実しているとはいいがたく、レポート作成は、学生に高大間のギャップを最も感じさせるものの一つとなっている。また、教員の側にとっても、初年次教育から卒業論文指導まで、アカデミック・ライティング指導は学習指導の重要な柱をなしている。ライティングの指導や学習のための参考書が多数刊行されていることにもこのような

---

[42]　日本と他の国々（アメリカ、フランス、イラン）との思考表現スタイルの違いについては渡邉（2023）で詳しく論じられている。

事情が反映されている（木下, 1981; 戸田山, 2002; 小熊, 2022 など）。

　レポート評価で以前から教員が悩まされてきたのが剽窃問題、いわゆるコピペ問題である。「コピペ問題」とは、インターネットなどで得た文章などをコピー＆ペーストし、適切な引用を行わずに自分の文章と詐称する行為のことだ。学生の思考と表現を介さないでレポートが作成できてしまうという点では、生成 AI を使ったレポート作成もこれと同様の問題を孕んでいる。

　オーストラリアのデブリンとグレイ（Devlin & Gray, 2007）は、剽窃したことのある学生にインタビュー調査を行い、学生が剽窃する理由を次の 8 つにまとめている（成瀬, 2019）。①入学時のレベルが低いので剽窃するしかない、②剽窃が何かわかっていない、③自分で調べたり、考えたりするスキルが低い、④課題がフェアではない、難しい、できないと感じる、⑤怠惰、剽窃した方が楽、⑥ばれずに剽窃できるというゲーム感覚、⑦いい成績へのプレッシャー、⑧教育にかけたお金を無駄にできない感覚[43]、である。

　このうち⑤〜⑧は主に学生側の問題だが、①〜④はライティング指導の問題でもあり、とりわけ④は〈評価課題〉の内容の問題である。成瀬ら（2020）は、教員への調査（回答数 25）の結果、「うまくいった論題」の特徴として、「具体化」（課題の指示を曖昧ではなく具体的に行うこと）、「スモールステップ型」（たとえば、「A について、その言葉の意味を説明し、自らの経験に照らして具体例を挙げた上で、A の有効性と問題点について述べよ」というように、ステップを区切ること）、「ロールプレイ型」（たとえば、「A の状況においてあなたが○○の立場とするならどのような対応をするか」のように、状況・役割を設定して説明させること）を挙げている。

　もう一つレポート評価の難しさとして挙げられてきたのが、第 3 章でも取り上げた〈評価基準〉の問題である。たとえば、ルーブリックでレポートの質を捉えられるのか、ルーブリックは学生に理解され自己評価を促すものになりうるか、ルーブリックはかえって教員の評価負担を増やすことにならないか、といったことである。

　以下では、新潟大学歯学部での試みを例にとって、レポート評価をめぐる問

---

43)　オーストラリアやアメリカなどでは、科目（コース）ごとに授業料がかかるため、単位が修得できなければお金を無駄にすることになる。

題について考えていこう。

(2) 対話型論証モデルによる指導

　第3章でのパフォーマンス評価の理論的検討の際に取り上げたサドラー、エルボウなどの論者の場合も、彼らがフィールドにしていたのは、ライティング指導とレポート評価の実践であった。その意味では、本書でもすでにこのテーマは扱ってきている。

　だが、私たちはサドラーやエルボウとは別の独自のやり方でこのテーマに取り組んできた。以下では、私が10年あまり共同研究者として関わってきた新潟大学歯学部における実践のうち、「大学学習法Ⅱ」の授業（丹原他, 2020）を紹介しよう。新潟大学歯学部は、歯科医を養成する歯学科（6年制、定員40名）、歯科衛生士や社会福祉士などを養成する口腔生命福祉学科（4年制、定員20名）の2学科からなり、「大学学習法」は、1年次の前期2コマ（2学科対象）でⅠが、2年次の前期2コマ（歯学科対象）でⅡが実施されている。

　本実践の特徴は、〈1〉「対話型論証モデル」に依拠した指導、〈2〉それに基づくルーブリックの開発・利用、〈3〉2学年をまたいだ学年縦断型の活動、〈4〉学生の自己評価・ピア評価をふまえたレポートの作成という点にある。

①対話型論証モデルとは

　対話型論証モデルは、トゥールミン・モデル（Toulmin, 2003）や「論理のしくみ図」「十字モデル」（牧野, 2008）をもとに作成したものである[44]。

　トゥールミン・モデルは、イギリスの科学哲学者スティーヴン・トゥールミン（Stephen E. Toulmin）によって提案された。三段論法のような形式論理の限界を乗り越えるために法廷の議論をモデルに作成されたものであり、日常生活での推論からさまざまな学問分野での論証まで幅広く適用することができる。大学のアカデミック・ライティングの指導でも、よく使われてきた（たとえば、鈴木他, 2007 など）。

---

[44]　対話型論証モデルの考え方や中学校から大学までのさまざまな事例については松下（2021）を、高校の探究学習用に開発された課題や授業プランについては、松下・前田・田中（2022）を参照していただきたい。

主張（事実や価値などに関する特定の言明）、データ（主張を支える具体的な事実や数値など）、論拠（データを解釈し、主張へと橋渡しする、データより一般的・抽象的な言明）、限定詞（主張の蓋然性（確からしさ）を表現する語）、反証（主張を反証する事実。あらかじめ挙げておいて、主張のあてはまる範囲を制限する）、裏づけ（論拠を裏づける一般的な事実・法則など）、という6つの要素からなる。このうち、中核となる〈データ−論拠−主張〉は「三角ロジック」と呼ばれ、中学校1年の国語教科書にも出てくるくらい、日本でもポピュラーになっている[45]。

一方、牧野（2008）はトゥールミン・モデルを「ダイアローグではなくモノローグの視点で描かれている」と批判し、ダイアローグの視点をそなえたモデルとして、「論理のしくみ図」、さらには「十字モデル」（牧野, 2008, 2013）を提案した。「十字モデル」は議論（論証 argument）の構造を、中心の縦軸（背景−命題−提言）と左右の横軸（具体−抽象−命題、反論−論駁−命題）によって表現している。

「対話型論証モデル」は、この牧野の十字のレイアウトを取り入れつつ、トゥールミン・モデルのオリジナルの構成要素を生かすことで、レポートや論文の構造を提示しようとしたものである。

②新潟大学歯学部で用いたモデル

対話型論証モデルは、今では小学校から大学までさまざまな学校段階、教科・分野で用いられており、いくつかのバリエーションがあるが（松下, 2021; 松下他, 2022）、新潟大学歯学部の初年次の「大学教育法」で用いたのが最初である。外形は十字モデルと同じだが、個々の要素やその意味はトゥールミン・モデルにより近い。この実践ではシンプルに「論証モデル」と呼んできた。

「論証モデル」（図4-1）では、中央に「主張」のマスが配置され、縦軸の3マスは問題発見・解決に必要な問題、主張、結論を示している。この3マスの内容を展開することによって、さまざまな背景の中で発見（設定）された「問題」とそれに対する「主張」、複数の主張を組み合わせて最終的に導き出した

---

45) たとえば、『現代の国語1』（三省堂）など。

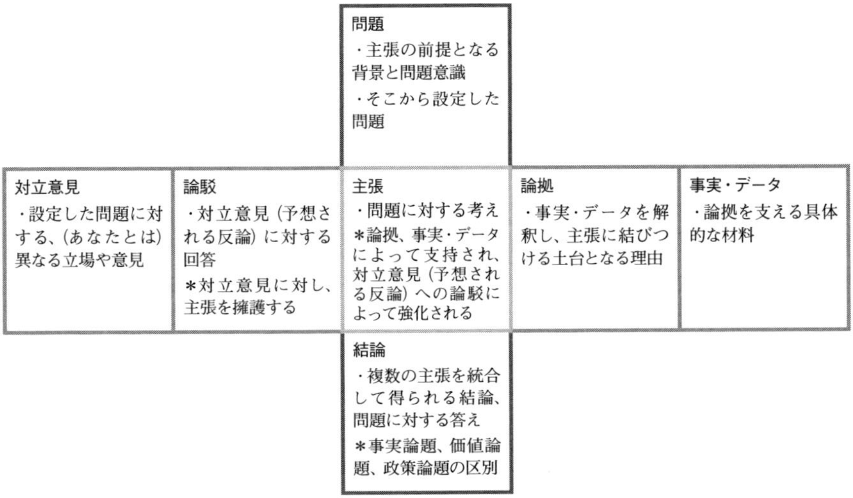

		問題 ・主張の前提となる 背景と問題意識 ・そこから設定した 問題		
対立意見 ・設定した問題に対する、(あなたとは)異なる立場や意見	論駁 ・対立意見(予想される反論)に対する回答 *対立意見に対し、主張を擁護する	主張 ・問題に対する考え *論拠、事実・データによって支持され、対立意見(予想される反論)への論駁によって強化される	論拠 ・事実・データを解釈し、主張に結びつける土台となる理由	事実・データ ・論拠を支える具体的な材料
		結論 ・複数の主張を統合して得られる結論、問題に対する答え *事実論題、価値論題、政策論題の区別		

図 4-1　新潟大学歯学部のライティング指導で用いた論証モデル

(出典) 丹原他 (2020, p. 128) より抜粋。

「結論」が明示できるようになっている。これに対して、横軸の5マスは「主張」を中心に左右に2マスずつ配置されており、論理的思考に必要な要素を含んでいる。モデルの右側には「事実・データ」「論拠」が配置され、それらを主張につなげることで、事実・データとそれを解釈する際に用いられる論拠により主張が支えられていることが確認できる。さらに、モデルの左側では「対立意見」「論駁」が主張に連結しており、主張とは異なる視点・立場の意見の存在を認識し、それを論駁することで、自らの主張を強化する(ときには、対立意見を部分的に取り入れて、自分の意見と統合することで結論を導くこともある)。こうして論証モデルを完成させることで、設定した「問題」について、論理的な裏づけをもって「主張」を構築しつつ、問題解決としての「結論」を導き出すことができる。

　この論証モデルが、本実践でのライティング指導の中核をなしている。

（3）コースデザイン

①学年縦断型活動

　日本の大学でのライティング指導の多くは初年次教育として行われている。一方、この実践は、1年次・2年次の前期に実施されている「大学学習法Ⅰ・Ⅱ」を対象としており、2学年をまたいだ学年縦断型の活動である。とくに2年次では、初年次の自身の成果物（レポート）をブラッシュアップするという活動を行っており、初年次のレポートに対する教員の評価や学生の自己評価・ピア評価と組み合わせることによって、2年間の学生のアカデミック・ライティング能力や自己評価能力の変容を把握できるようになっている。

　この実践では、ルーブリックの各観点でレベル1以上を達成することを学生に求めているが、ライティングのカリキュラムを学年縦断的に編成することで、1年次にそのレベルに達しなかった学生が2年次で再挑戦できる形成的評価の機能を有することになる。

　もともと「大学学習法Ⅱ」が構想されたのは、「大学学習法Ⅰ」が図書館利用、情報検索、基本ソフトの活用、レポート作成、プレゼンテーションなど学習スキル全般の習得を目標としており、それだけではアカデミック・ライティング能力を涵養する上で十分とはいえないという反省からであった。そこで、2年次でアカデミック・ライティングの指導を行うにあたっては、論証モデルを中心に据えることで、レポートの構造を明示することにした。

②大学学習法Ⅱのコースデザイン

　こうして生まれた大学学習法Ⅱのコースデザインは以下のとおりである。教員4名が授業を担当し、学生は7〜8名ずつのグループに分かれ、グループワークが行いやすいように多機能型ディスカッションルームを使用している。

レポート分析演習（第2〜5時）

　まず、図4-1を拡大した「論証モデルワークシート」を用いて、論証型レポートの見本となる論理的文章2編（「スマホ育児の功罪」と「飲料水中フッ化物濃度と永久歯う蝕有病状況との関係」）について、レポート分析演習を行う。学生は、オンライン配信された演習課題の文章について、書かれている内容が論証モデルのどの項目に該当するかを考えながら読み、各枠内に記入してワー

クシートを埋めていく。その後、完成させたワークシートについてグループで
議論することを通して、論理的な文章の展開について理解していく。

1 年次のレポートの分析・評価と修正（第 6 〜 14 時）

次いで、前年度の「大学学習法 I」で学生自身が作成したレポートについて、
同じように論証モデルを用いて分析を行う。加えて今度は、論証モデルの考え
方に基づいて作られた「ライティング・ルーブリック」（後述）を用いて、レ
ポートの自己評価も行う。また、学生相互でもレポート分析とライティング・
ルーブリックによる評価を行い、その結果についてグループで議論する。こう
して学生は、論証モデルの理解を深めるとともに、自分のレポートをより一貫
性があり論理的な構造をもつものへと修正する。

課題レポートのテーマ提示（第 15 時）

ここまで来て、2 年次の課題レポートのテーマが提示される。

・テーマ「現代社会と歯科医療」
・課題：現代社会における歯科医療に関する問題点を挙げ、それに
　対する解決策について調査し、自分の主張を交えて論じる。

大きなテーマから自分で具体的に問題を設定し、解決策を述べるという課題
である。学生は論証モデルを使って内容を構成していくので、(1) で述べた成
瀬ら（2020）の「うまくいった論題」でいえば、「具体化」と「スモールステ
ップ型」にあたるといえよう。

講義（第 16 〜 18 時、第 21・27 時）

この授業では、ところどころに講義も挟み込まれている。

第 15 時に 2 年次の課題レポートのテーマが提示されると、このテーマの内
容に関する講義（「超高齢社会の到来は歯科医療に何をもたらしたのか」）とア
カデミック・ライティングに関する講義（「剽窃・盗用について」「論理的に書
くとは」）が行われる。さらに、レポート作成の進捗状況に合わせて、「アウト
ラインの作成について」「レポートの仕上げについて」の 2 講義も挿入される。

課題レポートの作成・修正と評価（第 19 〜 29 時）

授業の後半では、それまでに学習した内容をもとに、新たなテーマで課題レ
ポートを作成する。

まず、テーマに関連した問題を各自で設定し、論証モデルを用いてアウトラインを作成した上で、文章化する。レポートを作成する過程では、担当教員からの助言を受け、論証モデルの修正を並行して行う。また、それぞれの論証モデルについて学生同士で議論することを通じて、内容や論理展開について他者の意見を取り入れながらブラッシュアップしていく。

（4）ライティング・ルーブリック

こうして作成されたレポートは、「ライティング・ルーブリック」（表 4-1）

表 4-1　ライティング・ルーブリック

観点	問題解決		論理的思考			文章表現
	背景と問題	主張と結論	論拠と事実・データ	対立意見の検討	全体構成	表現ルール
観点の説明	与えられたテーマから自分で問題を設定する。	設定した問題に対し、展開してきた自分の主張を関連づけながら、結論を導く。	自分の主張を支える論拠を述べ、論拠の真実性を立証する事実・データを明らかにする。	自分の主張と対立する（異なる）意見を取り上げ、それに対して論駁（問題点の指摘）を行う。	問題の設定から結論にいたる過程を論理的に組み立て、表現する。	研究レポートとしてのルール・規範を守り、適した文章と言い回しを用いてレポートを作成する。
レベル3	与えられたテーマから問題を設定し、論ずる意義も含め、その問題を取り上げた理由や背景について述べている。	設定した問題に対し、展開してきた自分の主張を関連づけながら、結論を導いている。結論は一般論にとどまらず、独自性を有している。	自分の主張の論拠が述べられており、かつ論拠の真実性を立証する信頼できる複数の事実・データが示されている。	自分の主張と対立する（異なる）いくつかの意見を取り上げ、それらすべてに対して論駁（問題点の指摘）を行っている。	問題の設定から結論にいたる論理的な組み立て、記述の順序、パラグラフの接続が整っている。概要は本文の内容を的確に要約している。	・研究レポートとして適した文章と言い回しを用いてレポートを書いている。・引用部分と自分の文章の区別を明示し、引用部分については、レポートの最後に出所を確認できる形で参考文献を記載している。・概要、本文ともに字数制限が守られている。〈3つの条件をすべて満たす場合は「レベル3」、2つの場合は「レベル2」、1つの場合は「レベル1」とする。〉
レベル2	与えられたテーマから問題を設定し、その問題を取り上げた理由や背景について述べている。	設定した問題に対し、展開してきた自分の主張を関連づけながら、結論を導いている。	自分の主張の論拠が述べられており、かつ論拠の真実性を立証する信頼できる事実・データが少なくとも一つ示されている。	自分の主張と対立する（異なる）少なくとも一つの意見を取り上げ、それに対して論駁（問題点の指摘）を行っている。	問題の設定から結論にいたる論理的な組み立て、記述の順序、パラグラフの接続がおおむね整っている。	
レベル1	与えられたテーマから問題を設定しているが、その問題を取り上げた理由や背景の内容が不十分である。	結論は述べられているが、展開してきた自分の主張との関連づけが不十分である。	自分の主張の論拠は述べられているが、論拠の真実性を立証する信頼できる事実・データが明らかにされていない。	自分の主張と対立する（異なる）意見を取り上げているが、それに対して論駁（問題点の指摘）がなされていない。	問題の設定から結論にいたるアウトラインはたどれるが、記述の順序やパラグラフの接続に難点のある箇所が散見される。	
レベル0	レベル1を満たさない場合はゼロを割り当てること。					

（出典）小野・松下（2016, pp. 32-33）より抜粋。

を用いて教員が分担して評価した。このルーブリックについて少し説明しておこう。

①観点

　私は、これまで 10 年あまりにわたって、小野和宏教授をはじめとする新潟大学歯学部の先生方と学習評価の研究・実践を行ってきたが、その最初の試みが、ライティング・ルーブリックの開発だった。

　「大学学習法」では、当初から「レポート作成およびプレゼンテーションという学習活動を通して、問題解決力、論理的思考力、表現力を身につけること」が目標とされていたが、そのような高次の統合的な能力をいかにして評価するかが課題とされていた。2011 年からパフォーマンス評価の取組が始まり、最初のルーブリックは、「知識・理解」「問題発見」「情報検索」「論理的思考と問題解決」「文章表現」という 5 つの観点からなっていた。だが、このような観点では、把握したい問題解決力や論理的思考力などの能力と観点との関連が不明確で、また、「論理的思考と問題解決」はカテゴリーが大き過ぎる、といった問題があり、うまくいかなかった（小野・松下, 2016）。

　2011 年にルーブリック開発の共同研究を始めたときに、まず取り組んだのは、ルーブリックの観点の理論的基盤を探ることだった。そこで、論理的思考や問題解決についての枠組みを示した牧野（2008）の「論理のしくみ図」「十字モデル」やそのもとになったトゥールミン・モデルを参考にして、「背景と問題」「主張と結論」「論拠と事実・データ」「対立意見の検討」「全体構成」「表現ルール」の 6 つの観点を設定した。「背景と問題」「主張と結論」は問題解決に、「主張と結論」「論拠と事実・データ」「対立意見の検討」「全体構成」は論理的思考に、「全体構成」「表現ルール」は文章表現に対応しており、観点ごとの評価結果からそれぞれの能力を解釈できるように構成した。

②レベル

　レベルは、サドラーの用語でいえば「スタンダード」にあたる。当初は 2 〜 0 の 3 段階だったが、そうすると、真ん中のレベル 1 の幅が広くなり、レポートの質のばらつきがうまく得点のばらつきに反映されなかった。実際、評価者

間信頼性もあまり高くなかった（松下他, 2013）。そこで、レベルの数を４つに増やし、各レベルの記述語を、より学生のパフォーマンス（レポート）の中身にそったものに修正した。これによって評価者間信頼性も改善された（小野, 2015）。

このルーブリックを使って、学生のレポートが全ての観点で、レベル１以上（できればレベル２以上）となることを目標とした。

③キャリブレーションとモデレーション

「大学学習法」でのレポート評価は、ⅠもⅡも授業を担当する４名の教員で行われている。

この実践を開始した当初は、評価に先立ち、ルーブリックに関して共通理解を得るために、ルーブリックの記述語とその意味するところを全員で確認していた。その際には、これまでの学生レポートのうち、特徴的なもの（採点結果がよかったもの、中等度であったもの、悪かったもの）の計３本を採点事例として用いた。こうやって評価基準合わせ（＝キャリブレーション）をした後は、相互に相談することなく各自で採点し、最後に、採点結果について話し合い（＝モデレーション）、評価を確定する。また、採点後の話し合いの際には、必要に応じてルーブリックの見直しを行う。このような作業は、評価者間信頼性を確保する上で必要な作業である。

現在では、十分な評価者間信頼性が得られているので、教員による評価は、受講学生を４つに分け、教員４名で分担して行うことが可能になっており、評価負担の軽減（実行可能性の向上）につながっている。なお、初年次と２年次を通じて、同じ教員が同じ学生を評価している。

（5）自己評価・ピア評価

ここまで、教員による評価について述べてきたが、学生自身による自己評価や学生相互のピア評価を大幅に取り入れているのも、この実践の特徴である。

第１章で論じた通り、自己評価（自己モニタリング）は、「学習としての評価」において重要なファクターである。だが、大学教育で涵養がめざされる高次の統合的な能力（コンピテンス）に関して、学生が適切に自己評価を行うの

は容易なことではない。自己を過大に評価するダニング＝クルーガー効果（第5章参照）のような認知バイアスの混入や、パフォーマンスの質の良し悪しを判断する評価熟達知の不足（第3章参照）のため、学生がエキスパートである教員と同じように自身の成果物を評価することは困難である。

この自己評価の難しさは実証的にも示されており、たとえば斎藤他（2017b）は、適切な自己評価のためには、ただルーブリックを用いるだけでは十分ではなく、ルーブリックの記述語の理解が必要であることを明らかにしている。

とはいえ、ルーブリックは、アカデミック・ライティングの基本を学ぶ段階では、教員の鑑識眼を学生と共有する上で有力なツールであると私たちは考えている。そこで、ルーブリックの記述語の理解を促すために、「大学学習法Ⅱ」では、ルーブリックの土台になっている論証モデルを提示し、それを使った分析演習、自分のレポートの作成と修正に時間をかけた。その上で、ルーブリックを用いた自己評価とピア評価を行うことで、評価基準の理解を図った。

（6）評価結果と学習成果
①ルーブリック得点の変化

大学学習法Ⅰ・Ⅱのレポートに対する自己評価、ピア評価、教員評価の結果を示したのが、図4-2-1と図4-2-2である（丹原他, 2020）。

まず、大学学習法Ⅰ（1年次）のレポート評価においては、教員評価でみる限り、すべての観点でレベル2には達しておらず、とりわけ「対立意見の検討」では合格基準のレベル1にも達していなかった。また、自己評価とピア評価の間では有意な差はみられないか、あっても差は小さいが、一方、自己評価・ピア評価と教員評価の間には、すべての観点において有意差がみられ、全観点で教員評価の方が低かった。

それが大学学習法Ⅱ（2年次）のレポート評価になると、自己評価の「表現ルール」を除き、すべての観点でレベル2に達していた。また、各観点間での比較では、「全体構成」においてピア評価が教員評価より有意に高くなっていた以外は、有意な差はみられなかった。

このように、教員評価でみると、1年次から2年次にかけてルーブリック得点は大幅に上昇していた。一般的にいえば、教員の方が常に妥当性の高い評価

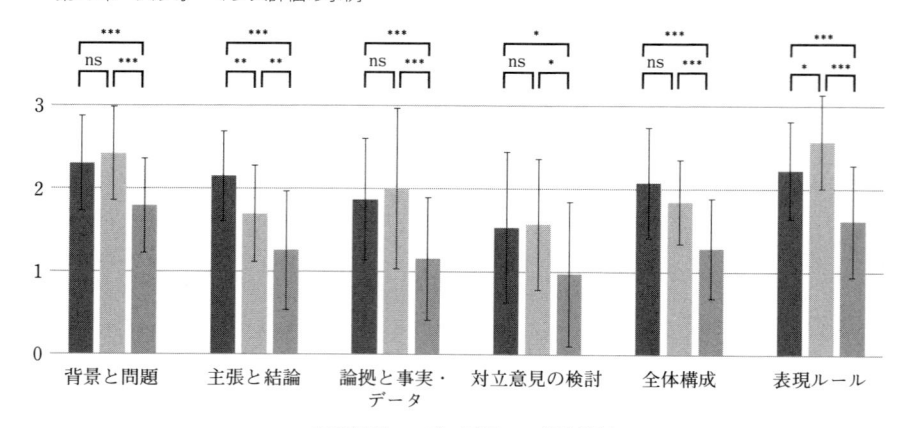

図 4-2-1　大学学習法 I（1 年次）レポートの評価結果

（出典）丹原他（2020, p. 131）より抜粋。

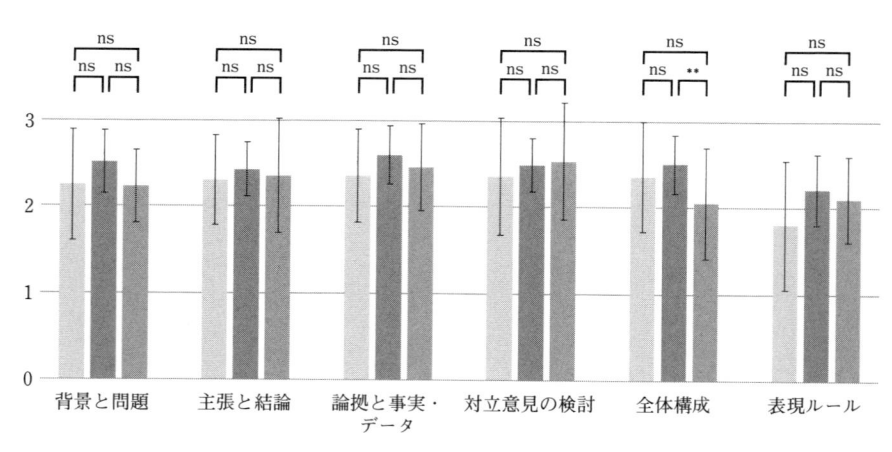

図 4-2-2　大学学習法 II（2 年次）レポートの評価結果

（出典）丹原他（2020, p. 132）より抜粋。

ができるとは限らないが、この実践においては、教員間でキャリブレーションやモデレーションが行われ、評価結果のズレも小さいことから、教員評価を、エキスパートの鑑識眼を通したより妥当な評価とみなして問題ないだろう。したがって、教員評価の結果から、明らかなレポートの質の向上がみられたということができる。

　また、大学学習法Ⅰのレポートでは、学生の自己評価・ピア評価と教員評価との間に大きなずれがみられ、全観点で学生の評価の方が高かったのに対し、大学学習法Ⅱレポートではほぼ全観点で両者の間にずれがみられなくなっていた。エキスパートとより近い評価ができるようになったことから、このずれの縮小は、学生の自己評価能力が個人的にも集団的にも向上したことを物語っているということができる。

②学生の自己認知

　学習成果は、ルーブリック得点だけでなく、以下のような学生の授業後の感想からもうかがうことができる。

　「レポートの推敲の仕方がよく分かった。今まで何となく書いていたレポートが、論証モデルによって論理的な文章に仕上げることができるようになった。自分のレポート作成能力が上がった。」

　「この講義を通して、論証モデルが体に染みついた。昨年度のレポートがいかに土台がしっかりしていなかったかがよくわかり、それを踏まえて、今年度は綿密に考え抜いた上でレポートを書くことができたと思う。」

　ルーブリック得点は、学習成果の評価のタイプでいえば、質的・量的な直接評価（質的データを量的データに変換したもの）だが、感想文は、質的な間接評価である。

　以上のように、大学学習法Ⅰレポートと大学学習法Ⅱレポートを比較することにより、レポートの質と自己評価能力が向上したこと、またその向上が学生自身にも自己認知されていることが明らかになった。

(7)「学習としての評価」の特徴

1980年代にルーブリックによる評価の理論的基盤を作りながら、近年はル

ーブリック批判の急先鋒に立っているサドラーは、ルーブリックの問題点として、(a) ルーブリックのような規準を事前に設定することはできない（実際に評価していくと事前設定した規準ではカバーしきれず新たな規準が必要になることがある）、(b) 評価基準を言語で一般的に記述することは不可能であり、理解も困難である、といった点を挙げている（第3章参照）。

　実際、「大学学習法Ⅰ」で、ライティング・ルーブリックを提示しても、学生は評価基準を十分理解できず、学生の自己評価・ピア評価と教員による評価は大きくずれていた。そこで、「大学学習法Ⅱ」では、ライティング・ルーブリックの土台になっている論証モデルを提示し、それを使った論理的文章の分析演習、1年次の自分のレポートの分析、および新しい課題レポートの作成、そして、その両方についての自己評価・ピア評価と修正を行った。その結果、両者の間に有意差はなくなった。

　このようにルーブリック得点が向上し、学生自身もレポートの書き方の習得を実感していたこと、自己評価能力が向上していたことから、本実践での学習評価は、確かに「学習としての評価」として機能していたということができる。では、いかにしてそれが可能になったのだろうか。

　最初の論理的文章の分析演習で、学生は、論証モデルについて学ぶとともに、模範事例（exemplar）が実際、論証モデルにそった形で構成されていることを知る。いいかえれば、自分たちがこれから「どこへ向かうのか」（目標の状態）が明らかにされる。次の1年次レポートの分析では、「今どこにいるのか」（現在の状態）を、論証モデルとライティング・ルーブリックを使って、また、自分自身と他者の目を通して認知する。最後に、新たなレポートの作成を、論証モデルからアウトラインへ、そしてレポートへと、自己評価とピア評価を伴いながら進めていく。こうして「どうやって向かうのか」（ギャップの橋渡し）が具体化されるのである。

　ここで重要な機能を果たしているのは、ルーブリックそのものより、その考え方の外的表現である論証モデルである。サドラーのルーブリック批判のうち、(b)についてはこのような方法でクリアすることができる。つまり、学生はルーブリックの背後にある枠組みを理解することで、ルーブリックの記述語を理解できるようになる。一方、(a)についていえば、本実践もおそらくは、学生

の多様なレポートを評価するために必要な規準のすべてを網羅できてはいない
だろう。ただし、このルーブリックは、基本的なアカデミック・ライティング
において身につけるべき要素、すなわち「大学学習法」の目標としている要素
を表現することはできている。また、ルーブリックを使用するからといって、
学生のレポートをすべてルーブリックの中に閉じ込めようというものでもない。
第1章で取り上げたアルバーノの「評価の原則」で述べられていたように、
「学習としての評価」は「拡張的」でなければならない。目標とする規準やレベ
ルを設定しはしても、そこからはみ出ることをむしろ奨励するのである。石
田（2021c）のいう「ルーブリックの破れ」（＝既存のルーブリックに則ると適
切な評価が行えないことが明らかとなった状況）が生じた場合、それを例外的
なものとしてルーブリックは維持したままコメントなどで対応するか、ルーブ
リックそのものを見直すかは、状況に応じて判断すればよい。

2. PBL の評価

(1) 2 つの PBL ― PbBL と PjBL ―

日本では、この 20 年ほどの間に、大学教育へのアクティブラーニングへの
関心が高まり、その一形態である PBL も多くの大学で実践されるようになっ
てきた（溝上・成田, 2016; 杉山・松下, 2018）。PBL が重視されるのは、それ
が、学内での学びと学外での学び、複数の科目での学びを結びつけながら、問
題解決、探究と分析、協働、チームワークやリーダーシップ、コミュニケーシ
ョンといった能力を統合的に育成することを可能にする学習形態だと考えられ
ているからである。

PBL には 2 つの種類がある。一つは Problem-Based Learning、もう一つは
Project-Based Learning である。前者には「問題基盤型学習」「問題解決型学
習」「問題発見解決型学習」、後者には「プロジェクト型学習」といった訳語が
あてられてきた。また、前者は主に医療系で、後者は主に工学系や経営学系で
行われてきた（湯浅他, 2011; 杉山, 2021）。一方で、それぞれの強みをいかし
つつ両者を統合しようとする動きもある（Kolmos et al., 2004; 伊藤他, 2013）。

以下では、両者がともに PBL という語で語られてきた経緯をふまえ、区別

が必要なときには、前者を PbBL、後者を PjBL として表わすことにする。本書で主として扱うのは PbBL の評価である。

（2）PBL のプロセス

ここで事例として取り上げるのは、新潟大学歯学部の PBL（PbBL）である。前にも述べたとおり、新潟大学歯学部には歯学科と口腔生命福祉学科の 2 学科があるが、どちらにおいても PBL を軸としたカリキュラムが組まれている[46]。それは、両学科が、「新たな諸課題に関係者と連携しながら問題解決を図っていく能力」を教育目標に掲げているからである（第 6 章参照）。

新潟大学歯学部の PBL は、スウェーデンのマルメ大学歯学部の方式（Rohlin et al., 1998）を取り入れたものである。7 〜 8 名の学生でグループを組み、教員のファシリテーションのもと、次のような手順で行う（Box 4-1）。

Box 4-1　新潟大学歯学部における PBL の進め方

> **ステップ 1：授業でのグループ学習**
>   1. 最初に、シナリオ（事例）から事実を抽出し、問題を見出す。
>   2. その問題についての解決策（仮説）を作る。
>   3. 解決策を妥当なものにするために、どのような知識が不足しているか確認し、学習課題を設定する。
> **ステップ 2：教室外での個別学習**
>   4. 教室外（図書館やオンラインなど）で個々に学習課題について調査し、追加情報を収集する。
> **ステップ 3：授業でのグループ学習（1 週間後）**
>   5. 1 週間後、調査した結果をグループでもちより、新しい知識と既有知識を統合する。
>   6. 最初に立てた自分たちの解決策（仮説）が妥当であったか否か検討し、最終的な解決策を提案する。

このように、この方式の PBL では、授業でのグループ学習、教室外での個別学習、授業でのグループ学習という 3 つのステップをたどりながら学習が進

---

46)　歯学科のページ（https://www.dent.niigata-u.ac.jp/faculty/dentistry/）、口腔生命福祉学科のページ（https://www.dent.niigata-u.ac.jp/faculty/oral/）を参照。

められる（小野・松下, 2015）。事例をもとに、グループメンバーと議論しなが
ら教室外での個別学習も入れて、問題を設定・解決する過程を通して知識や能
力を身につけることから、PBL の効果としては、統合された深い知識の習得、
問題分析・問題解決能力の育成、対人関係能力の育成、継続した学習意欲の涵
養があげられている（Barrows, 1998）。

　「教室外での個別学習」（ステップ 2）をふまえて「授業でのグループ学習」
（ステップ 3）を行うところは、反転授業にも似ている。だが、PBL の場合は、
個別学習の前に、現実の問題場面を模して作られたシナリオから問題を見出し、
いったん既有知識をもとにその問題についての解決策を立ててみて、そこで感
じた不明点・不十分点などを、グループで学習課題として設定するというステ
ップがある。ここが反転授業とは異なるところである。反転授業では必ずしも
意識的に行われていない、対象世界との認知的コンフリクト（問題と既有知識
とのコンフリクト）にもとづく学びへの動機づけが組み込まれているのである。

　もっとも、PBL は、「問題解決型学習」「問題発見解決型学習」と訳される
こともあるものの、実際には、机上で解決策を作成するにとどまり、相手に対
して何らかの解決のアクションを行うわけではないことには注意を要する。

（3）PBL のためのパフォーマンス評価

①改良版トリプルジャンプの開発

　PBL で学んだ学生の能力を評価するために、私たちは「改良版トリプルジ
ャンプ（Modified Triple Jump: MTJ）」という新しい評価方法を開発した（小
野・松下, 2015）。オリジナルの「トリプルジャンプ」は、PBL における問題
解決能力、自己学習能力を評価するために、1975 年にカナダのマクマスター
大学医学部で考案された評価方法であり（Blake et al., 1995）、いわば一人で行
う PBL である。通常の PBL の学習過程と同様に 3 つのステップからなるが、
授業ではグループで行うステップ 1 とステップ 3 を、学生が一人で行い、教員
からの質問や指示に応答する。授業での PBL と同様の過程で評価が進められ
ることから、評価の妥当性、とくに「表面的妥当性（face validity）」は高く、
また、さまざまな専門家が協力してシナリオを作成し、吟味することにより、
「内容的妥当性（content validity）」も担保できる。しかし他方、評価の「信頼

性」に関しては、学生と教員のやりとりを確認する他の評価者がおらず教員一人の主観に依っていること、口頭でのやりとりのため教員が学生の説明を聞き逃すことがあることなどから、一般に信頼性は低いとみなされている（Mtshali & Middleton, 2011）。また、評価の「実行可能性」に関しても、ステップ 1 と 3 のプロセスを教員が行うことから、評価に時間がかかり、評価負担が大きいことも指摘されている（Newman, 2005）。これらのことから、現在では、PBL の評価法としてトリプルジャンプを実施している大学は減少している。しかし、医療系の PBL において、トリプルジャンプ以外に有力な評価方法は見あたらない。そこで、私たちはトリプルジャンプの改良に取り組むことにした。改良版の開発にあたっては、評価を受けることが学生にとって意味のある学習経験となること、つまり第 1 章で述べたような拡張された意味での「学習としての評価」になるよう留意した。

「改良版トリプルジャンプ」は、オリジナルのトリプルジャンプと同様に、一人で PBL のプロセスを実演してもらい、3 つのステップで評価する（図4-3）。ただし、3 つのステップの中身、実演の仕方、教員の関わり方が異なる。

MTJ（改良版トリプルジャンプ）の特徴は、(a) PBL やトリプルジャンプの 3 つのステップを 2 つにまとめ、「筆記課題」としたこと、(b) ステップ 3 に解決策を実行する「実演課題」を入れたこと、(c) これらの課題をルーブリックを用いて評価すること、にある（図4-4）。

ステップ 3 では、シナリオの状況を再現して教員を相手にロールプレイで解決策の実行を実演し、すぐ後に、教員から評価結果のフィードバックを受ける（あわせて 15 分）。ステップ 3 の「解決策の実行」は授業での PBL の学習プロセスにはないが、ステップ 2 での解決策の提案を何のために行うのかが意識されるよう評価課題に組みこんだ。いわば発展的な課題である。

②評価課題とルーブリック

より具体的に説明しよう。たとえば、口腔生命福祉学科の 2 年後期の科目「歯科衛生学」「臨床歯科学 1」に対する改良版トリプルジャンプでは、Box 4-2 のようなシナリオを使った（歯学科の場合は、「あなたは……の臨床研修歯科医師です」として、5 年前期の科目「口腔と全身のかかわり」で用いてい

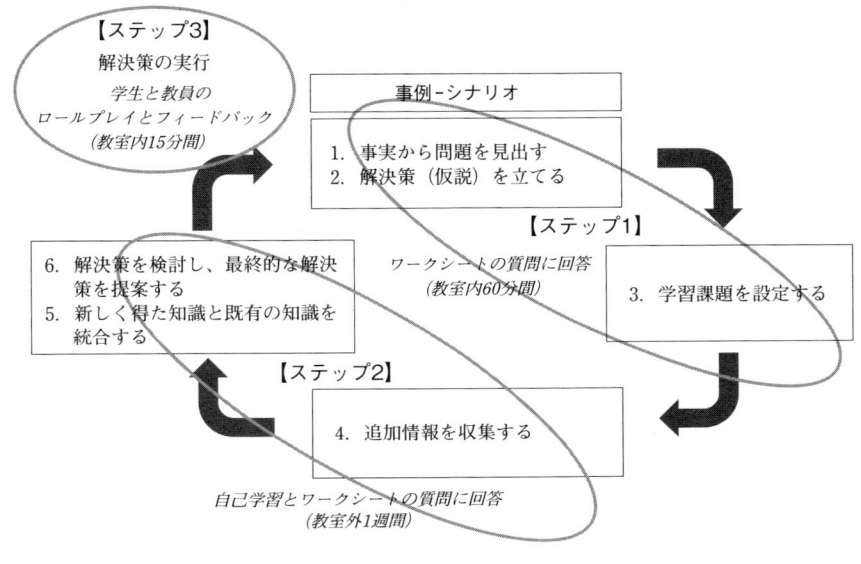

図 4-3　PBL の学習プロセスと改良版トリプルジャンプ

（出典）松下他（2020, p. 54, 図 2）を一部改変。

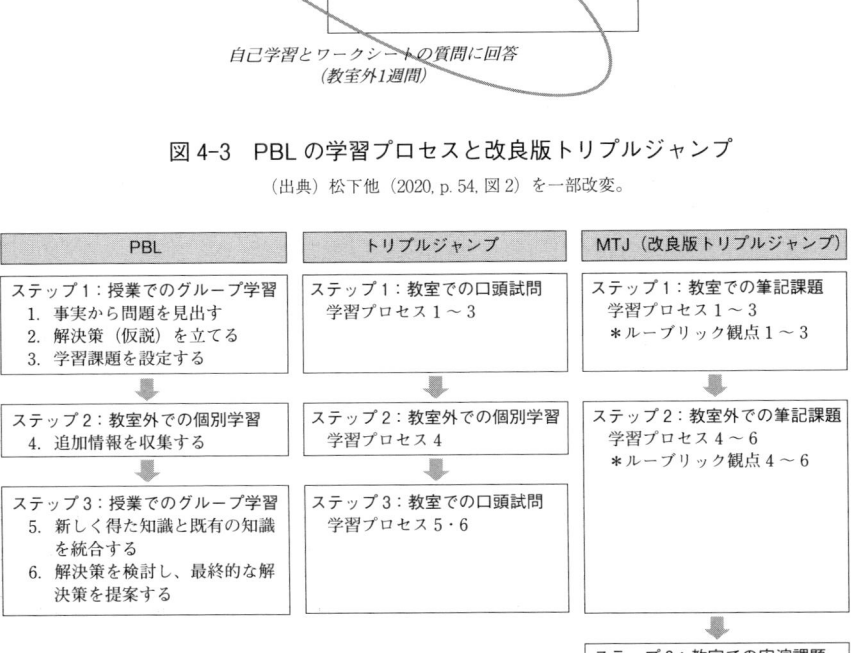

図 4-4　PBL（授業）とトリプルジャンプ・MTJ（評価）の対応関係

（出典）小野・松下（2015, pp. 215-240）より筆者作成。

Box 4-2　改良版トリプルジャンプのシナリオ例

「わたし、困っています」

あなたは、新潟大学医歯学総合病院の歯科衛生士です。

今日は、担当患者、高橋勇蔵（67歳・男性）の２回目の診療日です。

高橋勇蔵は中等度の歯周病があり、初回は歯周検査と病状説明を行いました。

あなた：髙橋さん、お口の具合はいかがですか。前回、タバコをやめるようお話ししましたが、禁煙されましたか。

高　橋：してないよ。わたしはね、タバコをやめるくらいなら死んだほうがましだと思っているよ。この前、国から送られてきたアンケートにも「生きがいはタバコを吸うこと」と書いたくらいだ。相変わらず１日40本は吸っている。歯科に来て、なんでタバコをやめるよう言われなきゃならんのだね。

あなた：でも、高橋さんは糖尿病もあるし、やめたほうがいいと思いますが……。

高　橋：糖尿病は関係なかろう。ここは歯科だろう。おやおや、内科と間違えたかな。

あなた：歯科ですけど……。とにかく、前回言ったことと同じことを言いますが、まずはタバコをやめてください、いいですね。

高　橋：ああ、わかったぞ。あんたはタバコが嫌いだな。

（出典）松下他（2020, p. 54）より抜粋、一部改変。

る）。

　糖尿病を抱えていて喫煙が生きがいだ（ともに歯周病を悪化させるリスク要因である）と言う歯周病の患者に対し、どう禁煙指導を行うかというパフォーマンス課題である。実際に、将来学生が現場で出会いそうな場面が設定されている。

　学生は、まず教室でステップ１の筆記課題（学習課題の設定まで）をワークシートに記入し、次に、教室外で１週間ほどかけてステップ２の筆記課題（最終解決策の提案まで）を回答する。従来のトリプルジャンプはここまでをカバーしていた。MTJ ではこの後に、ステップ３として、教員を模擬患者とする

表 4-2-1　改良版トリプルジャンプ（ステップ 1・2）のルーブリック

観点	1. 問題発見～ 6. 最終解決策の提案					
	1. 問題発見	2. 解決策の着想	3. 学習課題の設定	4. 学習結果とリソース	5. 解決策の検討	6. 最終解決策の提案
観点の説明	シナリオの事実から、問題を見出す。	解決の目標を定め、いくつかの解決策を立案する。	問題の解決に必要な学習課題を設定する。	信頼できるリソースから、学習課題を調査する。	解決策の有効性や実行可能性を検討する。	問題に対して最終的な解決策を提案する。
レベル 3	問題を見出し、シナリオの事実から、推察しうる原因を含め、問題とした理由を述べている。	いくつかの解決策を立て、これまでの学習や経験とも結びつけて、解決策の立案過程を述べている。	学習課題を的確に設定し、解決策と学習課題の関連から必要性を述べている。	利用可能なさまざまなリソースを駆使し、信頼性に注意して、正しい内容を学習している。	いくつかの解決策を比較検討し、それぞれの有効性や実行可能性を考察している。同時に、解決策の限界にも思いをめぐらしている。	シナリオの状況に適した、妥当な最終解決策を提案している。解決策をより効果的に実行するために、追加情報の必要性に気づいている。
レベル 2	問題を見出し、シナリオの事実から、問題とした理由を述べている。	いくつかの解決策を立て、解決策の立案過程を述べている。	学習課題を設定し、解決策と学習課題の関連から必要性を述べているが、重要な学習課題が一部欠如している。	リソースの信頼性に注意して、おおむね正しい内容を学習している。	いくつかの解決策を比較検討し、有効性や実行可能性を考察している。	シナリオの状況に適した、妥当な最終解決策を提案している。
レベル 1	問題を見出しているが、問題とした理由の説明は不十分である。	解決策を立てているが、立案過程の説明が不十分である、あるいは解決策が1つのみである。	学習課題が漠然としており、何を学ぶべきか焦点が絞られていない、あるいは必要性の説明が不十分である。	リソースの信頼性についての注意が不十分で、学習内容にいくつかの誤りが含まれている。	解決策の検討は不十分である、あるいは複数の解決策について比較検討していない。	最終解決策の提案にいたっていない、あるいは解決策、学習結果、結論の間に矛盾や飛躍がある。
レベル 0	レベル 1 を満たさない場合はゼロを割り当てること。					

（出典）松下他（2020, p. 55）より抜粋。

ロールプレイで実演課題（解決策の実行）を行う（図 4-4）。

　学生のこれらの記述や実演について、教員が 2 種類のルーブリックにより評価する。筆記課題用のステップ 1・2 のルーブリック（表 4-2-1）には、「問題発見」「解決策の着想」「学習課題の設定」「学習結果とリソース」「解決策の検討」「最終解決策の提案」の 6 つの観点があり、問題発見から解決策の提案までをレベル 3 ～ 0 の 4 段階で評価する。ステップ 3 では「解決策の実行」という第 7 の観点を評価するが、これを評価するルーブリック（表 4-2-2）では、「解決策の実行」の下にさらに、「追加情報の収集」「情報の統合」「共感的・受容的態度」「コミュニケーション」という下位の観点を組み込んで評価する。患者と向き合う臨床場面では、事前に収集していた情報だけでなく患者とのや

表4-2-2　改良版トリプルジャンプ（ステップ3）のルーブリック

観点	7. 解決策の実行			
	7-1. 追加情報の収集 （追加情報の収集と問題の再把握）	7-2. 情報の統合 （追加情報の統合と解決策の内容修正）	7-3. 共感的・受容的態度 （相手への共感と受容）	7-4. コミュニケーション （相手にあわせた解決策の表現）
観点の説明	禁煙を働きかける上で必要となる追加情報を患者とのやりとりを通じて収集し、必要に応じて問題の再把握を行う。	禁煙を働きかける上で有用な情報を追加情報も入れて統合し、必要に応じて解決策の内容修正を行う。	患者の考えや価値観に配慮して禁煙を働きかける。	自分の考えを患者にわかりやすく説明する。
レベル3	歯周治療に対する患者のニーズや、なぜ「生きがいはタバコを吸うこと」なのか、糖尿病の病状など、禁煙を働きかける上で必要な追加情報をすべて、的確に収集している。	患者からの追加情報も統合し、歯周治療における禁煙の重要性を、歯周病と喫煙の関係のみならず、歯周病と糖尿病の関係とも結びつけて深く柔軟に理解している。	「生きがいはタバコを吸うこと」という患者の考えを受入れ、相手の気持ちに配慮して、患者の反応をみながら禁煙を働きかけている。	内容とその関連から、話の順序や組み立てを考え、平易な言葉で、相手の理解を意識しながら説明している。
レベル2	歯周治療に対する患者のニーズや、なぜ「生きがいはタバコを吸うこと」なのか、糖尿病の病状など、禁煙を働きかける上で必要な追加情報を、ある程度収集している。	患者からの追加情報を一部統合し、歯周治療における禁煙の重要性を、歯周病と喫煙の関係のみならず、歯周病と糖尿病の関係とも結びつけて適切に理解している。	「生きがいはタバコを吸うこと」という患者の考えを受入れ、相手の気持ちに配慮して、禁煙を働きかけている。	話の順序や組み立てはおおむね整っているが、相手の理解を得る上で話の構成にやや問題がみられる。
レベル1	歯周治療に対する患者のニーズや、なぜ「生きがいはタバコを吸うこと」なのか、糖尿病の病状など、禁煙を働きかける上で必要な追加情報のごく一部を収集している。	歯周治療における禁煙の重要性を、歯周病と喫煙の関係のみから理解している、あるいは歯周病と糖尿病に関する知識はあるが、禁煙指導と結びついていない。	患者の考えを認めているが、それに対する配慮が不十分である。	話の順序や組み立てが混乱しており説明が理解しにくい、あるいは事前に準備した内容を読み上げているだけである。
レベル0	レベル1を満たさない場合はゼロを割り当てること。			

（出典）松下他（2020, p. 55）より抜粋。

りとりを通じて追加で情報を収集し、それを事前の情報と統合して、解決策を修正することが必要になる。さらに、患者の考えや価値観に配慮して患者に働きかけ、患者にわかりやすく説明することも求められる。

　ステップ1・2のルーブリックは、この課題に限られない一般的ルーブリックなので、課題に取り組む前に学生に提示するが、ステップ3のルーブリックは課題別ルーブリックなので、学生には観点しか提示しない。

　このルーブリックの作成にあたっては、全米大学・カレッジ協会（AAC&U）が提案している16個の「VALUEルーブリック」（詳しくは第6章参照）のうち、「問題解決」のルーブリックを参考にした。

(4)「学習としての評価」の特徴

これまで 10 年近く実施してきた結果、改良版トリプルジャンプにはオリジナルのトリプルジャンプに比べて以下のメリットがあることが明らかになった。まず、評価の「信頼性」に関しては、ステップ 1・2 とステップ 3 のそれぞれでルーブリックを用いて、3 名の教員で評価したところ、各観点における評価者間の一致度を示す級内相関係数（ICC $(2, 3)$）は平均で 0.76 であり全体的に高く、十分な評価者間信頼性を得ることができた（小野他, 2014）。また、評価の「実行可能性」については、ステップ 1・2 でワークシートを導入したことにより、同時に多くの学生が評価課題に取り組むことができ、教員が対面での評価の場に拘束される時間はずいぶん短縮された。

さらに、改良版トリプルジャンプ実施後に学生アンケート調査を行った結果（小野・松下, 2015）、「トリプルジャンプをしたことで、コミュニケーション能力が低いと実感し、さまざまな面での自分の課題がはっきりとしました」「いつもグループでやっていることを一人でやるのは大変だったが、少しは PBL の力がついたと思う」といった肯定的な意見が数多くみられた。とりわけ学生たちが有効性を感じていたのは、ロールプレイと教員のフィードバックである。「ロールプレイにより学習は深まった」「教員のフィードバックで学習は深まった」に「そう思う」を選択した学生はそれぞれ 80% を超え、「ある程度そう思う」を含めると肯定的回答がともに 100% であった（「そう思う」〜「そう思わない」の 4 件法、24 名中 23 名が回答）。

このように、改良版トリプルジャンプは、単なる「学習の評価」であるだけでなく、それ自体が学生の学習経験にもなるような「学習としての評価」として機能していることが確認できた。

とはいえ、さらに議論すべき点もある。第一に、PBL がグループで取り組むことで協働の能力も育成することをめざしているのに対して、「一人 PBL」では、その能力については評価できないという点である。率直にいって、改良版トリプルジャンプでは協働性の評価は対象外になっている。ただし、口腔生命福祉学科の卒業生の多くが歯科衛生士や社会福祉士になることを考えれば、一人 PBL はグループでの PBL より真正性が高いともいえる。なぜなら、仕事の現場では、一対一で患者やクライエントと向き合う必要があるからである。

また、評価場面では一人 PBL であるが、1 週間の教室外学習の期間は情報検索したり友達と相談したりが自由にできる。入試のように、道具も他者も頼りにできない評価課題ではないのである。なお、協働性の評価は、授業中の観察で補っている。

　第二に議論すべきは、実行可能性の点である。上に述べたように、オリジナルのトリプルジャンプと比べれば、改良版トリプルジャンプは実行可能性が改善されている。とはいえ、筆記課題（ワークシート）の評価に加えて、一人 15 分を使った実演課題（ロールプレイ）の評価とフィードバックは、評価負担がかなり大きいことは否めない。とはいえ、この方法が 10 年近く継続されていることは、実行可能性が致命的な難点ではないことを物語っている。改良版トリプルジャンプを通して、学生の学びと成長が把握でき、すぐにフィードバックをする機会があり、それによってさらに学生が学び成長していくこと、そのような学習経験としての有意味性、そこから得られる心理的報酬が、実行可能性の低さ（評価負担の大きさ）を相殺するのである。評価の実行可能性の低さが真に問題になるのは、評価に有意味性が感じられず心理的報酬も生じないときなのではないだろうか。

3.　学生のリフレクションを組み込んだ評価

　3 番目に挙げるのは、学生のリフレクションを組み込んだ評価である[47]。「リフレクション（省察）」は、本書の能力の概念（コンピテンスの三重モデル）においても、「学習としての評価」論においても、重要な位置を占めている（第 1 章参照）。コンピテンスとは「ある要求・課題に対して、内的リソース（知識、スキル、態度・価値観など）を結集させつつ、対象世界や他者と関わりながら、行為し省察する能力」であること、また、アールの「学習としての評価」論は自己調整学習論を基盤にしており、そのプロセスは〈予見−遂行−自己省察〉と描かれることを思い出していただきたい。

　ここまでみてきた事例でも、レポートの評価では自己評価・ピア評価の中で、

---

47)　本節の事例は、平山・松下・西村（2012）を大幅に加除修正したものである。一部、平山・松下・西村・堀（2013）も用いた。

また、PBL の評価では教員からのフィードバックによって、リフレクションの機会が意図的に組み込まれていた（おそらく自発的に行われるリフレクションはもっとあっただろう）。

以下で紹介する事例では、言葉だけでなく映像を用いて、また一人ではなくグループで、リフレクションが行われている点に特徴がある。さらに、そこでは、評価基準を学生たち自身で作り出すということも行われている。

(1)「OSCE-R がなかったら、今の僕はありません」

大阪府茨木市にある藍野大学医療保健学部理学療法学科では、2007 年度から OSCE-R という独自の評価方法を実践してきた。

OSCE（Objective Structured Clinical Examination：客観的臨床能力試験）とは、イギリスの医学教育学者ロナルド・ハーデン（Ronald M. Harden）により、医学生の基本的臨床能力を客観的に[48]評価するために開発された方法である（Harden, 1975）。日本でも、医学・歯学教育では 2006 年度より、4 年生が臨床実習に行く前に基礎的な臨床能力（とくにスキル、態度）を備えているかどうかを判断するために、OSCE が共用試験として実施されている。なお、知識については CBT（Computer-Based Testing）で評価が行われる。つまり、臨床実習前の能力を、CBT（知識）と OSCE（主にスキル、態度）という 2 種類のツールで評価するわけである。第 2 章の学習評価の枠組みにしたがえば、CBT は量的な直接評価（タイプⅢ）、OSCE は質的な直接評価（タイプⅣ）にあたる。

また 2020 年度からは、臨床実習後にも、大学を卒業させてもよいと判断できる臨床能力を修得したか、卒業後の臨床研修を開始できるレベルに到達できたかを評価するために、臨床実習後 OSCE が実施されている[49]。

藍野大学では平山朋子教授を中心に、この OSCE の理学療法版を作成し、さらにそれをグループ・リフレクションと組み合わせることで、「学習の評価」

---

48) OSCE の「客観的」とは「エビデンス（証拠）をもって」の意味である。客観テストとは異なり、OSCE でも質的判断は必要になる。
49) 2 つの共用試験（CBT と OSCE）については、公益社団法人 医療系大学間共用試験実施評価機構（CATO）のウェブサイトに詳しい情報が掲載されている（https://www.cato.or.jp/index.html）（2024 年 5 月 18 日閲覧）。

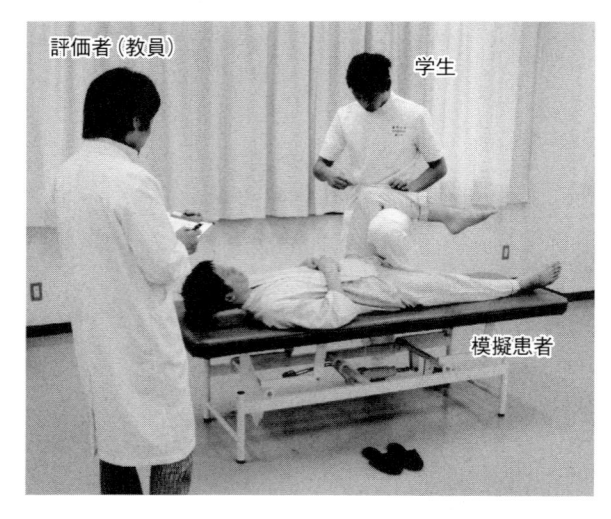

図 4-5　OSCE の様子

（出典）平山他（2012, p. 203）より抜粋。

から「学習としての評価」に作りかえた。それが、「OSCE-R（OSCE Reflec-tion Method）」である。

　「OSCE-R がなかったら、今の僕はありません」。これは、最後の臨床実習を終えて帰ってきたときのある 4 年生の言葉だ。それほどまでに OSCE-R は学生の成長に大きな役割を果たしてきた。

（2）OSCE-R 開発の経緯

　理学療法士養成のカリキュラムは 2024 年現在、総時間数 3,120 時間を超え、そのうち臨床実習には 900 時間以上もの時間が充てられる。臨床実習は 1 年次の見学実習から始まり、4 年次の臨床総合実習は、複数の病院で約 16 週間にわたり実施される。

　専門職養成のカリキュラムにおける現場実習はどの分野もそうだが、従来、医療系でも臨床実習は学生の実践的な学びや成長の場として大きな意味をもってきた。だが近年、臨床実習がそうした場になりにくい状況が生まれている。その主な要因は、よりよい治療への期待と説明責任の要請のなかで、臨床実習

生に対する要求が専門的態度、倫理観、リスク・マネジメントまで含む高いものになり、「失敗しながら学ぶ」ということができにくくなってきたことにある。臨床実習前に行われる OSCE-R は、その意味で、大学での授業と現場での臨床実習を接続するツールにもなっている。

　藍野大学は、3 年制の専門学校（1983 〜 2006 年度）を前身として 2004 年に開学した大学である。1990 年代に入ってから、看護系をはじめ医療系の大学・学部・学科の新設、専門学校・短大から 4 年制大学への転換が急増したが、ちょうどその時期にあたる。専門学校から大学への改組は、「専門学校とは異なる大学らしさとは何なのか」という問いを、教員に突きつけることになった。初年度の入学生が 3 年生になると、本格的な臨床実習を控えて、一部の教員は学生の臨床能力に危惧の念を抱くようになった。そこで、本研究・実践の共同研究者である平山朋子講師（当時）は理学療法版 OSCE の作成と実施を教員集団に提案したが、賛同が得られなかったため、個人的な研究調査を目的として、医学 OSCE を参考に理学療法版 OSCE を作成し、総合臨床実習後の専門学校 3 年生（最終学年）を対象に試行した。このとき、偶然、3 名の大学 3 年生が、近くに居合わせ、試験の様子を見ていた（2004 〜 2006 年度は専門学校と大学が併置されていた）。彼らも「挑戦してみたい」と言うので、急遽この 3 名の学生にも理学療法版 OSCE を実施したのだが、その結果は驚くべきものだった。学生たちは、ほとんど何もできなかったのである。学生たちを落ち込ませたのは、ただできなかったことだけではなかった。同じ理学療法版 OSCE で、スムーズに模擬患者に検査測定を実施していた専門学校生が、カリキュラムが異なるとはいえ、自分たちと同じ 3 年生であったことである。あまりのできなさ加減と落ち込みぶりに、平山は口頭によるフィードバックだけでは十分な指導が困難であると判断し、ビデオ映像と評価結果を見せながらリフレクションを促すことにした。

　リフレクション開始時、学生たちは画面に映し出される自分たちの不適切な言動と対応に驚き、「見るのが恥ずかしい」と言いながらも、協働で問題点を探索し、お互いの問題点を指摘し合い、改善方法を検討していった。学生たちからの「もう一度挑戦させてほしい」という申し出を受けて、1 週間後、第 2 回 OSCE を実施した。学生たちの得点は飛躍的に上昇したが、変化は単に得

点の上昇にとどまらなかった。この一連のプロセスは学生たちの態度にも大きな変化をもたらしたのである。たとえば学生Aは、臨床実習で態度やふるまいが医療従事者としてふさわしくないとして問題視されることになるだろうと、教員たちが懸念していた学生だった。実際、OSCE以前のAは、「自分は臨床実習に行けばできるから、いちいち注意しないでほしい」と教員の指導を嫌がり、聞く耳をもたなかった。だが、OSCEとリフレクションの後、「今のこんな自分が臨床実習でちゃんとできるわけがない。これまで先生たちに注意されてきた意味がすごくわかった」と語り、教員も驚くほど日常の言動が変わり、学習に取り組む姿勢も熱心になった。結果的に、臨床実習では、医療従事者としての態度やふるまいについての問題は一切指摘されず、教員の予想をよい意味で裏切ることになったのである。

　学生Aの変化は、「学生の態度の悪さは、本人の元々の性格によるところが大きい」と学習上の問題を学生個人の責任にしていた教員たちに、教員側が学生に変わる機会を与えていなかったにすぎないのだ、と気づかせることにもなった。

　このとき実施したOSCEとリフレクションは、わずか3名の学生を対象にしたものであったが、効果の大きさを感じた学生たちや教員の意見により、組織的な実施が検討されることとなった。これがOSCE-Rの始まりである。2024年現在では、2年次の10月（臨床観察実習の前）、3年次の9月（臨床評価実習の前）、3月（4年次の臨床総合実習の前）の3回にわたって行われている。

（3）OSCE-R の実際
① OSCE-R の目的と特徴
　OSCE-Rの目的は、臨床実習前に、患者との適切な応答の仕方（言葉づかい、態度、行動など）、各検査測定を正確に実施するための原則・方法、安全管理などの基本的臨床能力について評価するとともに、評価をふまえたリフレクションと学びを通じて、臨床実習を行える水準にまで到達させることにある。つまり、初めから「学習としての評価」が意図されていた。

　OSCEは、真正性の高いパフォーマンス評価である。病院の現場で実際に起

表 4-3　理学療法版 OSCE 実技課題と評価表（関節可動域検査用）

【課題】

〈患者氏名〉（　　　　　　）さん
70 歳　女性・男性
〈疾患名〉右変形性股関節症
　　　　　人工関節置換施行

◆ここは、病院のリハビリテーション室で
す。あなたは先週から臨床実習に来ている
実習生です。臨床実習指導者の指示によ
り、この患者さんに検査測定を実施するよ
う、支持されました。

検査測定では、股関節の関節可動域を
2 箇所測定しなさい。
　　※制限時間は 15 分間です。

[一部省略]

【評価表】

検査測定	可：1 不可：0	
測定のオリエンテーションはできたか	☐	☐
術層部の確認はできたか	☐	☐
疼痛の確認はできたか	☐	☐
角度計と関節の基本軸・移動軸は適切であったか	☐	☐
角度計が正しく使えたか	☐	☐
両側の測定はできたか	☐	☐
測定結果は正しかったか	☐	☐

（出典）平山他（2012, p. 209）より抜粋。

こりうる状況と類似した場面を想定し、評価課題を各学年の履修内容に合わせ
て設定する。表 4-3 に示すように、場面・役割が与えられ、模擬患者相手に行
うべき医療面接や検査測定などの指示がなされる。

　また、評価基準としては、臨床技能ごとに技能と患者との応答の仕方に関す
る評価項目を作り、「可・不可」の 2 段階（チェックリスト型）で評価を行っ
た。パフォーマンス評価のパフォーマンスには大きく分けてレポートのような
作品型とプレゼンテーションのような実演型があるが、OSCE の場合は後者に
あたる。作品型の場合はルーブリックが使いやすいが、実演型の場合、とくに
OSCE のように評価項目が細かい場合はチェックリストの方が使いやすい。

② OSCE-R の実施方法

　藍野大学で実施している OSCE-R について、2009 年度の 3 年生に実施した
例を参考に具体的に説明しよう（図 4-6）。まず始めに、学生は OSCE 開始 1
時間前に対象となる症例（1 症例）を提示され、それに関する筆記課題に取り
組む。この筆記課題では、主に知識の理解や活用をみている。

　次に試験教室に入室し、その場で提示される OSCE の実技課題を 1 分間読み、

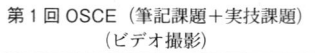

第１回 OSCE（筆記課題＋実技課題）
（ビデオ撮影）

【第１回グループリフレクション】
　学生４名、教員（または上級生数名）はファシリテーター
1. ロールプレイ実施（OSCE課題とは別の模擬患者・シナリオ）
2. 映像によるリフレクション（※上級生のアドバイスあり）
　プロセスレコード①、リフレクションシート①、感想①
3. 学生による評価表の作成
4. リフレクション・自由練習期間（約１週間）
　ロールプレイを用いての練習実施
　→実習生役・評価者役・模擬患者役をローテーション

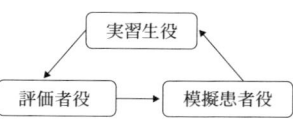

実習生役

評価者役　→　模擬患者役

第２回 OSCE（筆記課題＋実技課題）
（ビデオ撮影）

【第２回グループリフレクション】
1. 映像によるリフレクション（※上級生のアドバイスあり）
　プロセスレコード②、リフレクションシート②、感想②
2. 教員（または上級生）によるデモンストレーション
3. 評価表の提示（第１回・第２回の教員の採点した評価表）
4. リフレクション・練習（臨床実習に向けて再度練習と確認）

【提出課題】
1. プロセスレコード①②
2. リフレクションシート①②
3. 感想文①②
4. 作成した評価表
5. OSCE-R 全体の感想

図 4-6　OSCE-R の実施方法

（出典）平山他（2013, p. 389, 図 2）を一部改変。

　その後、指定された実技課題を実施する（医療面接と身体部位２箇所の検査測定）。藍野大学で行っている OSCE は、医学 OSCE のように、複数のステーション（１ステーションにつき１課題）を回るのでなく、一つの試験教室で１セットの課題を受験する。OSCE-R は、医学・歯学 OSCE のように標準化された共用試験ではなく、妥当性・信頼性よりも学習経験としての意味がよりいっそう重視されているといえる。

　試験教室には、トレーニングされた模擬患者１名（上級生または教員）と評価者１名（教員）が配置され、ビデオカメラ１台が設置されている。前述のように、模擬患者想定と OSCE 課題は学年ごとにカリキュラムと臨床実習の学習目標にそった内容を設定し、その課題に合わせた評価表を準備する。そして、実際の OSCE の実施の様子をビデオカメラで撮影する。

　OSCE 実施後、映像でのリフレクションを始める前にまず、課題と同レベルの別の模擬患者を設定し、実習生役と模擬患者役を交代しながらロールプレイを行う。これは、学生自身が患者役をやってみることで、実習生役の言動に対してどのように感じるのかを体験し、後に映像を見ながらリフレクションする際のポイントとして活かすためである。次に教員（または上級生）のデモンストレーションを実施する。それによって、モデルとなる理学療法士の言動を示し、学生たちのパフォーマンスとの比較を行いやすくする。その後、学生たちは、4 名ずつのグループに分かれて、グループごとに、自分たちの OSCE 場面のビデオ映像を視聴し、医療従事者としての適切な態度やふるまい、安全管理、検査測定の技術などについてリフレクションを行い、問題点と改善方法を考えていく。リフレクション時には、ワークシート（プロセスレコード、リフレクションシート[50]、感想）を記入しながら、自らの言動の問題点を学生同士で指摘し合い、その改善方法についても検討する。約 1 週間の自由練習の後、第 2 回の OSCE を実施し、再度リフレクションを行う。

（4）学生の変化

　では、OSCE-R は学生にどんな変化をもたらしたのだろうか。以下では、2007 年 8 月に実施した 3 年生 96 名に対する OSCE-R を例にとって、学生たちの変化を検討することにしたい。第 2 章で述べた学習成果の評価の 4 つのタイプのうち、タイプ I （質的な間接評価）、タイプ II （量的な間接評価）、タイプ IV・III （質的・量的な直接評価）を組み合わせることで、多面的に学生たちの変化をさぐることが可能になる。

①評価得点の変化（タイプIV・III）

　この OSCE では、人工関節形成術後の患者想定で、関節がどの程度動くのかを測定する関節可動域検査を実施した（可を 1 点、不可を 0 点とし、合計

---

50)　プロセスレコードには、患者の言動、想像される患者の気持ち、学生の言葉かけ・表情・しぐさなど、患者の言動に対する学生の感情、を記入する。リフレクションシートには、第 1 回 OSCE を受けた感想、自分の問題点、友達のビデオを見て気がついた問題点、改善策、第 2 回 OSCE での自己の課題を記入する。

25点満点とする）。パフォーマンス評価は、もともと質的な直接評価ではあるが、ルーブリックやチェックリストのような評価基準には、このように質を量に変換する機能がある。

　その結果、評価得点は、第1回は平均得点8.9点、第2回は20.0点と大幅な上昇を示し、有意に高くなっていることがわかった（$t = 27.45$, $p < .01$）。同一の評価課題・評価項目であるので、得点が上昇するのは当然だが、上昇幅の大きさは OSCE-R の有効性を示しているといってよいだろう。

　次に関節可動域検査の中でどのような評価項目の得点が改善しているかを分析した。評価項目は、臨床技能と患者との応答の仕方の2つを含んでいるが、第2回では、「目線を合わせる」「説明をはっきりと行う」「表情に注意し、笑顔で接する」など患者との応答の仕方に関する項目に改善がみられた。一方、第2回でも改善の難しかった評価項目は、「術創部の確認を行う」「痛みに配慮しながら測定する」「角度計を正しく使用する」など、臨床技能に関わる項目が多かった。繰り返しの練習が必要となる臨床技能については、短期間での改善は難しく、長期にわたる実技練習と指導が必要であると考えられる。

②質問紙調査の結果（タイプⅡ）

　OSCE-R についての学生たちの意見・感想を確かめるために、全13項目からなる質問紙調査も実施した。回答は、「大変そう思う」「そう思う」「あまり思わない」「思わない」の4件法である。その結果、学生は臨床実習前に OSCE-R を受けることを有効だと思っており（98.8%：「大変そう思う」「そう思う」の合計。以下同じ）、OSCE-R を通して実技練習に熱心になるなど、学習意欲も高まることが明らかになった（96.5%）。また、自分の OSCE 実施場面のビデオ映像を見ることが大変有効だと思っており（97.6%）、学生にとって重要なリフレクションのツールになっていることが確認できた。さらに、学生のほぼ全員（96.5%）が、OSCE 後、自分の今までの学習方法、学習への取り組みの意識が変わったと回答した。

③学生の感想文・インタビュー（タイプⅠ）

　では、学生たちは、OSCE-R を通して何を学んだと感じているのだろうか。

学生自身が学んだと自覚していることを、感想文とインタビュー（96名中、無作為に16名抽出しインタビューを実施）からさぐってみると、(a)～(d)の4つに分類することができる。

(a) 患者主体・理学療法士としての構えを学ぶ

> 学生Ｂ：患者さんの気持ちになって検査できていなかったということに気がつきました。［中略］自分で客観的に映像として見て、初めて身にしみて感じたという感じです。
>
> 学生Ｃ：信頼関係ができることによって、検査もスムーズにいくかと思うので、やっぱりその、う～ん……、構え方が違いました。［中略］「測定をする人」、みたいな感じから、もう「理学療法士」みたいな感じに変わった感じがちょっとしました。
>
> 学生Ｄ：映像を見て一方的に検査をしていたこと、患者さんのことを中心に考える意識が非常に少ないことに気づいた。

　学生は、ビデオ映像の視聴を通して、自分が患者主体にふるまえていなかったこと、ふるまう必要のあることに気づき始めていた。

(b) 自分の日常生活を見直す

> 学生Ｄ：バイトとか、話す時でも言葉遣いとか、目線とか、気配り的なことをできるだけするようには、できるだけ気をつけていました。

　学生の学びは学外の日常生活にも広がり、社会的な立場を意識し始めたことがうかがえる。

(c) 科目間の関連や、知識・技術（スキル）と実践との関係に気づく

> 学生Ｇ：一番勉強になったのは、勉強とか知識っていうより、どれだけ先のことを予測して行動できるのかってことをいかに臨床では問われているのかってことを思いました。
>
> 学生Ａ：一つひとつがバラバラになってたものが、その患者さんの

> 　　　　立場になった時、考えた時に、全てがなるべくつながるよ
> 　　　　うに、勉強しようと思いました。手術法とかそれを知って
> 　　　　たりしても、どこが痛いのかとかは、その患者さんに接し
> 　　　　た時にしかわからないので、別々だったものをつなげて勉
> 　　　　強するようにしようと思いました。
> 学生F：僕は、疾患の症状などを暗記してたんですけども、OSCE-R
> 　　　　を受けてからは、疾患があって、運動時痛とか荷重時痛って
> 　　　　いうのがあったら、実際のこういう動作の時にはどうなるん
> 　　　　だろうっていうのを、結構イメージして、勉強するようには
> 　　　　なりました。

　学生は、OSCE で模擬患者に検査測定を実施することを通して、それまでに学んできた、病態学、解剖学、関節運動学、評価学、運動療法学、日常生活活動学などの科目間のつながりに気づくようになる。実践においては、科目の枠をこえて、知識と技術（スキル）を統合する必要のあることを認識し始めるのである。

(d) OSCE（シミュレーション場面）と臨床実習（現実場面）の違いを通して、応答関係における個別性や即興性の重要性を感じる

> 学生H：OSCE-R で練習したようにゆっくり関節を動かすと患者さ
> 　　　　んも安心するのか、力を抜いてもらえるようになり、検査
> 　　　　が終わった時、ゆっくり優しく動かしてくれるから大丈夫
> 　　　　だったと言ってくれる方もいて、本当に OSCE-R をやって
> 　　　　いて良かったと実感することができました。
> 学生G：OSCE-R というものは臨床実習・臨床現場での基本的なも
> 　　　　のであり、実際の臨床現場では、その OSCE-R で学んだこ
> 　　　　とをそのまま行うだけではいけないという点を感じ取りまし
> 　　　　た。
> 学生A：臨床現場では一度にもっとたくさんの種類の検査を行うは
> 　　　　ずなのでもっと流れを気にした検査の練習を行っていく必
> 　　　　要があると感じました。
> 学生J：実際の臨床の現場ではいくつもの疾患のリスク管理を同時に
> 　　　　行っていた。［中略］中枢神経系疾患の患者さんの場合は気
> 　　　　をつけることも接し方も全然違うと実習で感じた。

OSCE-R 実施後の臨床実習では、OSCE-R で学んだことを実際の患者で経験する。学生 H のように事前に練習していたことが活きたという学生もいるが、他方、学生 G・A・J のように、標準的なシミュレーションである OSCE-R の限界を感じ、現場では、患者の個別性を把握して臨機応変に対応することが重要であることを認識した学生もいた。

　以上の結果から、学生は OSCE-R を通して、患者との適切な応答のあり方や知識と技術（スキル）の統合について多くのことを自ら学んでいることが明らかになった。OSCE-R にはシミュレーションであるがゆえの限界もあるが、シミュレーションでも練習を重ねたことが、臨床の現場で新たな気づきを得るための土台となっていたと考えられる。

　実際、臨床実習先の病院でも、前年度の同じ学年（OSCE 未実施）より、臨床実習での態度、ふるまいに関して高評価を得た。ただし、学生の検査測定技術に関する評価では前年度と比べて大きな差異がなかった。これは、前述の OSCE-R の評価得点の結果にも見られた傾向である。とはいえ、態度、ふるまいがよくなったことは、患者と良好な関係をもつのに重要な導入であり、患者に理学療法士専攻の実習生として接触することを受け入れてもらうためには必要不可欠である。一方、検査測定技術についても、OSCE-R を 2 年次から 3 年次まで計 3 回実施する中で、学生たちは自ら積極的に練習を行うようになり、4 年次の臨床総合実習開始までには改善し、臨床実習でもよい評価を得ることができるようになっている。

(5)「学習としての評価」の特徴

　これまでみてきたように、OSCE-R は単なる「学習の評価」ではない。1 ステーションで 1 セットの課題というのは、複数ステーションを回りながら 10 以上の課題で臨床実習前の臨床能力を評価している医学 OSCE と比べると、学習の評価としての信頼性・妥当性が十分でないという批判を受けるかもしれない。しかし、形成的評価、とくに「学習としての評価」の機能に焦点を合わせれば、ステーションや課題の数・範囲よりも、その評価がどのように学習を促しているかの方がより重要である。では、OSCE-R は「学習としての評価」

になっているだろうか。なっているとすれば、どのようにしてなりえたのだろうか。

① OSCE-R を通した学生の学び

理学療法版 OSCE は、臨床技能のパフォーマンスを「可・不可」で二値的に評価するものであり、その評価項目はどちらかといえば単純な態度やスキルに関するもので構成されている。ところが、2回の試験、およびグループ・リフレクションと自由練習を通して、学生は、予想をはるかにこえて深く広く、自ら学ぶ姿を示した。その学びは、量的には、評価得点の大幅な上昇や質問紙調査での OSCE-R への高評価として、また、質的には、感想文やインタビューの内容に表れていた。

OSCE-R は、当初、評価項目として列挙している言葉遣いや態度、検査測定技術（スキル）が改善されることを予想して実施された。これらはあくまでも OSCE の評価項目の範囲内での変化であった。しかし、実際の変化は、評価項目の範囲をこえて、日常の言動や学習への参加の仕方にまで及ぶ幅広い変化であった。このように、OSCE-R は、それをデザインした私たちの予想をはるかにこえる学びの喚起力をもっていたのである。なぜ、OSCE-R はこれほどまでに学生の学びを促しうるのだろうか。

②「学習としての評価」を成り立たせるもの

まず、OSCE-R では、自分の「現在の状態」と自分がめざす「目標の状態」が明確に示される。前者については、自分のパフォーマンス（実演）のビデオ映像によって、後者については、教員（または上級生）のデモンストレーションによって。そして、この両者のギャップを埋めるのが、グループ・リフレクションと自由練習である。学生はしばしば、当初は自分の映像を自分で見ることにも、グループメンバーに見られることにも、拒否的な態度を示す。しかし、グループメンバーの視点を自分には欠落していたものとみなし、それを受け入れるようになると、他者との関わりが自分を成長させることに気づき、自分の問題点を他者に開くことに意味を見出すようになる。

ただし、モデル・パフォーマンスを示すというやり方は、単なる表面的な模

倣という浅い学習を招きかねない。実際、これまでに一度、第1回 OSCE 後（第2回 OSCE 前）に、評価表の事前開示と4年生によるデモンストレーションを実施したことがある。その結果、学生の言動はマニュアル化し、表面的な模倣に陥った。こうした表面的な模倣を防ぎ、行為の意味を追求させるために、OSCE-R では、第2回 OSCE 後まで評価表（評価項目）を学生に提示せずに、学生たち自身に作成させる。これは、「試験の前に評価表を見ると、単に評価表の項目に合わせて行動するだけで意味がないから見せないでほしい」という学生からの提案にもとづくものでもあった。教員が作成した評価表にもとづく評価結果は、第2回 OSCE の後、最後の段階で学生に見せる。学生は、自分たちで作成した評価表と教員作成の評価表を比較し、自分の評価結果を確認しながら学習目標を再構成していくのである。

　このように、OSCE-R には、アール（Earl, 2013）やサドラー（Sadler, 1989）の系譜における「学習としての評価」（自己モニタリングと自己修正・調整を目的とする評価）の特徴が確かに備わっている。

　しかし、OSCE-R における「学習としての評価」はそれにとどまらない。OSCE-R は、大学の授業と現場での臨床実習を接続するツールでもある。OSCE-R において学生は、授業で学んださまざまな知識やスキルを、実践では科目の枠をこえて〈統合〉する必要があることを認識する。OSCE-R の後に行う臨床実習では、そうした知識やスキルを、現場の状況へと〈転移〉させる。と同時に、模擬患者に対する標準的なシミュレーションである OSCE-R での学びそのままでは、現場で、患者の個別性を把握して臨機応変に対応する上で限界があることを認識する。

　では、大学でのシミュレーションには意味がないのだろうか。そんなことはない。文化人類学者の福島正人によれば、医療のような仕事の現場には、学習にとって3つの制約があるという（福島, 2010）。時間的制約（限られた時間で実践する必要がある）、経済的制約（経済的損失が許されない）、法的・倫理的制約（失敗した場合に法的・倫理的責任を負う）の3つである。一方、人が学習するには、現場の切迫性から距離を置いて、無駄や遊びやコストを含み、失敗しながらさまざまな試みを行うことが許される「学習の実験的領域」が必要である。OSCE-R での失敗と自由練習の繰り返しは、そのような「学習の実

験的領域」としての意味をもつのである。

　OSCE-R でのシミュレーションと現場でのその破れは、動物の脱皮に似ている。学生はシミュレーションの「殻」の中で、各科目で学んだ知識・スキル・態度を要求・課題に対応するために統合することを繰り返し練習する。古い殻の中で中身を充実させる。そして、臨床実習で、シミュレーションの限界に出会うことで、自らその古い殻を破る。このような「脱皮」を繰り返しながら学生は成長していくのである。私はこのようなカリキュラムを「脱皮型カリキュラム」と呼びたい。

　こうして、OSCE-R は、アルバーノの「学習としての学生評価」論が示してみせたような、教室の外とつながる外部性をもちつつ、拡張的な性格をもった「学習としての評価」になっているといえる。

4. アクティブラーニングの評価

(1) アクティブラーニングにおける評価の問題

　本章では、レポート評価、PBL（PbBL）の評価、学生のリフレクションを組み込んだ評価という3つのパフォーマンス評価の事例を取り上げ、それらがどのような意味で「学習としての評価」になっているかを検討してきた。最後に、特定の事例を離れて、アクティブラーニングにおける評価の問題について議論することにしたい。PBL はアクティブラーニングの手法の一つでもあることから、PBL の評価である MTJ（改良版トリプルジャンプ）の検討を通して、この問題についてはすでに部分的には議論しているのだが、ここであらためてアクティブラーニングが直面する評価の論点と課題を明確にしておきたいと思う。

　この十年ほどの間に、大学教育におけるアクティブラーニング（AL）の実践や理論は厚みを増したが、最後まで難題として残っているのが AL の評価である。AL には、評価を行う上での利点もある。AL 型授業ではさまざまな「外化」（書く、話す、発表する、演じるなど）が行われ、また、一定の学習期間終了時には何らかのパフォーマンス（プレゼンテーション、模擬授業、実技などの「実演」や、レポート、ポスター、制作物などの「作品」）が組み込まれ

ることも多いなど、評価の前提となる可視化の機会が豊かに存在するからである。一方、その困難さの要因としては、①多様な可視化のうち、どれを評価の対象とし、またそれをどのように評価するかという評価課題・評価基準が明確でないこと、②ALは往々にして個人ではなくグループで取り組まれるのに対し、成績評価は個人単位で行う必要があること、③ALの学習成果はプロダクトだけでは把握できずプロセスも見る必要のある場合が少なくないこと、④学生は単なる評価対象ではなく評価主体として評価に参加することも期待されていること、などを挙げることができる。そして、これらの困難さの背後には、ALを通じて育むべき能力（コンピテンス）が、特定の知識・スキルだけでなく汎用的・分野横断的スキル（たとえば、問題解決やコミュニケーション）や態度（たとえば、チームワークやリーダーシップ）にまで広がっている、ということがある。

　このうち、①については、本章のこれまでの事例でみてきたように、一定の蓄積がある。だが、他の論点については、十分な整理が行われているとはいいがたい。そこで以下では、グループの評価と個人の評価、プロセスの評価とプロダクトの評価、評価への学生参加という論点に焦点をあてて、ALの評価の課題と可能性を明らかにしていこう。

(2) マクファーレンの批判

　その際、検討の補助線として、イギリスの高等教育研究者ブルース・マクファーレン（Bruce Macfarlane）のアクティブラーニング批判を参照することにしたい。マクファーレンは、その著書 *Freedom to Learn*（『学ぶことの自由』）(Macfarlane, 2017) において、「パッシブ」ラーニングと「アクティブ」ラーニングという対比は過度に単純された考え方であるとし、現在の高等教育が後者の強調のなかで「学生のパフォーマティビティ（student performativity）」を強要し、学ぶことの自由を損なっていると指弾する。

　学生のパフォーマティビティとは、「大学において学生がどのように学んでいるか、どのように学んでいると見られているかによって評価されること」(p. 4) である。マクファーレンは、「現代の高等教育において学生に求められる一連の行動は、リアリティ・テレビの世界と類似している」(p. 6) という。

表 4-4　学生のパフォーマティビティのモデル

タイプ	特徴的な教授法	評価の例
身体的 パフォーマティビティ	出席を義務づけられた授業 （例：講義、演習など）	出席点 出席点に代わるもの （例：授業内でのテスト）
参加的 パフォーマティビティ	クラス全体のディスカッション グループ学習・ピア学習 ディベート オンライン授業掲示板	参加度 グループ課題 口頭発表
情動的 パフォーマティビティ	経験学習 サービスラーニング	自己省察的な課題（例：省察 的な日誌、立場表明（ポジシ ョンステートメント）など）

（出典）Macfarlane（2017, p. 51）より訳出。

出場者たちは身体的・参加的・情動的なパフォーマティビティを通じて、お互いに競い合うのだ。この３つの「学生のパフォーマティビティ」について、マクファーレンは表 4-5 のように整理している。

　この「学生のパフォーマティビティ」の下では、学生が何を知っているかよりも、どのように行為・遂行するかに焦点があてられているとマクファーレンはみる。そしてそれは、学生が自分で選んだ方法で学ぶ権利を尊重せず、大学での学びがスキル・態度よりもまず知識に関するものであることを忘れてしまっている、という。

　ここまで読まれてお気づきかと思うが、マクファーレンの批判は、アクティブラーニングやその評価一般にとどまらず、本書の中心的なテーマであるパフォーマンス評価にも向けられているとみることができる。実際、彼は、「学生の学習評価は、パフォーマティブな期待によって、おそらく最も大きな影響を受けている分野である」（p. 53）と述べている。パフォーマンス評価を支持する立場からすれば、マクファーレンの議論を受け止め、それに応答する必要があるだろう。以下の検討の補助線としてマクファーレンの議論を用いるのはそういうわけである。

(3) グループ評価と個人評価

　まず、グループ評価と個人評価という論点を取り上げよう。PBL をはじめとして、AL はグループで取り組まれることが多い。だが、仕事場と異なり教育の場では、グループでの達成そのものが目的なのではなく、グループ活動を通して個人がどんな経験をし、どんな能力を身につけたかに関心が向けられる。グループの評価と個人の評価をどう関連づけるかが課題となるのはこのためである。だが、グループメンバーの関与や貢献の度合いは量的にも質的にも一律ではない。そこから生じる代表的な問題が、「フリーライダー問題（"free-rider" problem）」や「お人好し効果問題（"sucker effect" problem）」である。前者は「グループにおいてパフォーマンスをしないメンバー（＝フリーライダー）がほとんど何のコストも負わずに、残ったメンバーの達成の利益を獲得してしまうこと」（Morris & Hayes, 1997）、後者は「グループ課題において、他のメンバーが自分の遂行量に頼ってグループの遂行量に貢献していない（しようとしていない）と認知することで、お人好しになるのを避けようとして遂行に対するその個人の動機づけが低下すること」（Kerr, 1983）であり、後者は前者に付随して生まれる問題である。

　フリーライダーの同定の仕方やそれがもたらす負の効果については日本でも興味深い実証研究が行われており（山田, 2017, 2018）、そこでも、グループにフリーライダーがいた学生群はいなかった学生群に比べてモチベーションが有意に低いこと、つまりフリーライダーの存在がお人好し効果問題を引き起こしていることが明らかにされている。

　では、フリーライダーはどのようにして生まれるのか。山田（2018）は、「潜在的にモラトリアムな大学観を持つ学生が、「遅刻」「分担をやらない」が許される授業において FR ［＝フリーライダー］ として顕在化するという構造」（p. 41）があると指摘する。つまり、フリーライダーは個人的要因と環境的要因の相互作用によって生み出されるということである。

　環境的要因をもう少し掘り下げると、課題のタイプ（分離的課題、連結的課題、協業的課題、自由裁量課題）、課題の複雑さ（構造や難易度）、グループサイズ、努力の認知のしやすさなどを挙げることができる。分離的課題とは、文学作品の読みのように一人でも遂行可能な課題、連結的課題とは、集団登山の

ように課題遂行が数珠つなぎになっている課題、協業的課題とは、知識構成型ジグソー法のように個々の学生の役割が明確で相互に依存関係にある課題、自由裁量課題とは、役割やその分担が学生の自由裁量に任されている課題のことである。とくに自由裁量課題は、学生の主体性を育てるという意図で選ばれることが多いが、フリーライダーを誘発するおそれもある（Strong & Anderson, 1990; Martin, 2009）。

　したがって、まず求められるのは、グループ活動を望ましい形にすることである。個人の役割が明確で貢献が不可欠な課題にすること、適度な難易度やグループサイズ（4〜6名程度[51]）にすること、個人の活動（誰が何をしたか）をグループ内外から認知しやすくすること、などが考えられる。

　一方、評価においては、グループ評価と個人評価の関係づけにいくつかの方法がある。(a) グループ評価をそのまま一律に個人評価に用いる場合、(b) グループ評価を用いず個人評価のみを用いる場合、(c) (a)のグループ評価と(b)の個人評価を併用する場合、(d) グループ評価をメンバーの貢献度に応じて個人評価に反映させる場合、である。(d)の方法としては、均等法（グループメンバーに点数を等しく割り当てる）、加減法（ベースを決め貢献度に応じて足し引きする）、重みづけ法（貢献度に応じて点数のウェイトを変える）などがある（Conway et al., 1993）、という。先行研究の多くは重みづけ法を最も有効だとしているが、定まった見解になっているわけではない。とくに日本において、グループメンバー間で互いに貢献度を点数評価させるのは学生に抵抗を感じさせるのではないだろうか。

　マクファーレンは、グループワークの評価についていくつかの重要な批判を行っている。グループワークは、「参加的パフォーマティビティ」が要求される典型的な学習活動であり、学生は、協働的・協同的な活動にアクティブに参加しなければならないという「参加の暴政（tyranny of participation）」の下に置かれる。マクファーレンによれば、高等教育におけるグループワークの評価では、教員が全メンバーに同一の「グループ成績」を与えるのが通例だとい

---

51)　山田（2018）はフリーライダーの負の効果を軽減するという点から、5〜6名が最適となる可能性を指摘している。グループ人数が多いと、フリーライダーの存在を直視せずに済み、気の合う人も見つけやすいためである。

う。学生の不満はこのグループ成績の不公平さに対して向けられる。よいグループにあたればフリーライダーでもよい成績を得ることができ、よくないグループにあたれば勤勉な学生でも低い成績になる。しかも、その不満を苦情として上げれば、あたかも学生消費者主義に染まった、成績にガツガツした人間のように見られてしまう。

　では、グループ評価と個人評価はどう関係づければよいのだろうか。私は、グループワークは行う価値があると考えている。マクファーレンの言葉を裏返していえば、大学教育では知識だけでなくスキルや態度、そしてそれらを統合したコンピテンスも目標となるからだ。評価については、グループ評価と個人評価を併用するというやり方をとっている。グループワークは一律の得点とするが、その割合は高くしない（グループワークの中身によっても異なるが、5割を超えることはない）。授業において重要なのは、グループワークのプロダクトそのものよりも、グループワークのプロセスを通じて何を学んだか、だからである。したがって、そのグループワークをどのように行ったか、そこで自分はどんな役割を担いどんな貢献を行ったか、そのグループワークから何を学んだかについてレポートを書いてもらい、そちらは個人評価とする。このようなレポート課題を予告しておくことには、フリーライダーを予防する働きもある。

（4）プロセス評価とプロダクト評価

　いま述べたグループ評価と個人評価の関係づけは、プロセス評価とプロダクト評価の関係づけにも関わってくる。AL の評価においては、活動の特質に合わせてプロダクト（成果物）を評価することが一般的である。しかし、AL、なかでもプロジェクトのような学習活動は一定の期間をかけて行われることから、「プロダクトの評価には直接反映されない、活動のプロセスでの学びをどのように評価するか」という課題に多くの実践者が直面する。

　プロセスとプロダクトの関係は一律ではない。プロダクトだけでほぼ学習成果を評価できる課題（例：卒業論文）もあれば、プロセスも見なければ学習成果を十分評価できない課題（例：演劇）もある。さらにいえば、プロセスを通してしか評価できない学習成果（例：チームワーク）もある。

表4-5　プロセス評価のタイプ

	評価データ	データ作成者	データの範囲	評価基準	評価主体	評価ツール
観察による評価	学習の行為	教員	選択的	主に質的基準	主に教員	観察ノート
ログによる評価	学習ログ	システム	網羅的	主に量的基準	主に教員	ICT機器
ポートフォリオ評価	学びの証拠資料	学生	選択的	質的基準（ルーブリック）	学生と教員	ポートフォリオ

　現在実践されている代表的なプロセス評価は大きく３つのタイプに分けることができる（表4-5）。古くからあるプロセス評価の方法は「観察による評価」である。だが、教員がプロセス全体を観察することは困難であること、評価負担が大きいこと、観察すること自体が学習プロセスに影響を与えること（＝観察者効果）などから、「ログによる評価」（森本, 2015, 2023）や「ポートフォリオ評価」（西岡, 2016；堀, 2013）も多く用いられている。ポートフォリオ評価には、後述の評価への学生参加という意味もある。

①ログによる評価

　学習ログとは、システムや情報端末等のICT機器を使うことによって自動的に取得できる学習についてのログデータを指す。それには、授業中の言動の記録、端末への書き込みの履歴、LMS（学習管理システム）やデジタル教材の利用履歴・利用時間・ログイン回数などが含まれる。

　京都大学緒方広明研究室の開発したBookRoll[52]はログによる評価を行うことのできる代表的なシステムの一つである。BookRoll は、教員がデジタル教材（PDF形式）を登録すれば、学生がブラウザで閲覧でき、ページめくりやハイライトなどの活動を「学習ログ」として記録できる。学習ログのデータをシステムが解析することにより、学習プロセスを可視化し、教育改善に活かすことができるとされる。

　授業をすべてオンラインのフル・アクティブラーニングで行うことで知られ

---

52)　BookRoll については、ウェブページ参照（https://eds.let.media.kyoto-u.ac.jp/leaf/bookroll）（2024年7月18日閲覧）。

るミネルバ大学では、「観察による評価」と「ログによる評価」を組み合わせたような形で、授業中のパフォーマンスの評価が行われる。授業中の発言は、すべてオンラインプラットフォームである Forum™ に録画され、自動文字起こしされる。授業後には教員からその記録について評価とコメントが学生にフィードバックされる（Kosslyn & Nelson, 2017；松下編, 2024）。教員が観察ノートを作成する代わりにシステムが授業記録を自動的に作成するわけである。

この 2 つの例からもわかるように、ログによる評価の特徴は、ICT ツールを用い、データの作成がシステムによって自動化され、取得されるデータが一定の条件の下で網羅的であることである。また評価は、主に教員によって行われ、量的基準が適用されることが多い。

ログによる評価は、コロナ禍を経て進展した教育 DX（デジタルトランスフォーメーション）の中で拡大した。ログによる評価のめざす方向性を提示したのが、デジタル庁・総務省・文科省・経産省が合同で作成・公表した「教育データ利活用ロードマップ」（2022 年 1 月 7 日）[53] である。そこでは、学習ログの構想が、第一に、就学期間に限定されない生涯を通じたデータの蓄積・活用として、第二に、学校に限定されない家庭・民間事業者・自治体などの組織の枠をこえたデータの共有・活用として、示されている。つまり、学校という時間・空間に限定されずに収集される学習ログを用いながら、「誰もが、いつでもどこからでも、誰とでも、自分らしく学べる社会」の実現がめざされるのである。

だが、ロードマップについては、発表されるやいなや SNS で炎上騒ぎになった。その背後にあったと考えられるのは、収集範囲（必要のない情報まで収集されるのではないか）、流通範囲（民間事業者にも個人情報が渡るのか、地方自治体や国もデータを利用するのか）、利用目的（学習者が望まないデータ分析や可視化がなされるのではないか、データや分析結果が学習者に不利益になる使い方をされないか）、保存期間（長期あるいは永久にデータが保存されるのか）、コントロール性（学習者や保護者はデータの収集を拒否できるのか、

---

53) 以下のサイト参照（https://www.digital.go.jp/assets/contents/node/information/field_ref_resources/0305c503-27f0-4b2c-b477-156c83fdc852/20220107_news_education_01.pdf）（2024 年 7 月 18 日閲覧）。

保存されているデータを削除できるのか）、管理責任（誰がデータを管理し責任を持つのか、情報が漏洩する恐れはないのか）などについての懸念である（江口, 2022）。

文化社会学者の中西新太郎は「あらゆるデータを集めずにはおかない教育DX の要求と、「知られたくない領域がある」という感覚とのあいだには鋭く深い対立が存在する」（中西他, 2023, p. 56）と述べている。また、マクファーレンも、「オンラインシステムの設計によって、中央当局である大学がこのように学生を監視することができるという事実は、ミシェル・フーコー（Michel Foucault）のパノプティコン（一望監視装置）が機能していることを示す例」（Macfarlane, 2017, p. 44）だとして批判する。

このような問題認識をふまえると、データの網羅的な収集には教育的な観点から制限が設けられるべきだろう。そのことに自覚的なのがポートフォリオ評価である。

②ポートフォリオ評価

ポートフォリオ評価とは、ポートフォリオに収められたさまざまな学びの証拠資料にもとづいて、学習者の成長のプロセスを評価する方法である。

「ポートフォリオ」というのは、特定の分野において個人や組織が、自己紹介や自分の能力の証明のために、過去の作品やプロジェクトなどをまとめた資料集のことである。たとえば、画家のポートフォリオならば、作品の画像や説明、自身の経歴、アイデアスケッチ、展示会情報などが含まれる。これと同じように、学習ポートフォリオには、学習者の成果物（レポート、ワークシート、制作物の画像など）や学習プロセスを示す作業メモ、学習者の自己評価などを収める。

西岡加名恵によれば、ポートフォリオには、学習のプロセスの中で生み出された成果物や中間成果物（調べたことの記録、ワークシート、実験メモ、アンケート調査の計画や結果、発表資料など）を一次的・日常的にためておく「ワーキング・ポートフォリオ」と、ワーキング・ポートフォリオから、必要な資料だけを取捨選択して作る永久保存版の「パーマネント・ポートフォリオ」とがある。さらに、このパーマネント・ポートフォリオを使って、自分の学びを

他者に語りながら振り返る機会として「ポートフォリオ検討会」が設けられる（西岡, 2003）。このようにして、学びの証拠資料を〈ためる─紡ぐ─語る〉ことで「学びのストーリー化」を行うのが、ポートフォリオ評価の大きな特徴である。

ポートフォリオ評価では、学習者自身も評価主体となりうるが、そこには3つのタイプが存在する（西岡, 2003）。①あらかじめ教員の設定した評価基準にそって学びの証拠資料を選択し、評価する「基準準拠型ポートフォリオ」、②教員と学習者が共同で評価基準を作り出し、それをもとに評価を行う「基準創出型ポートフォリオ」、③学習者が自分の評価基準によって最もよい作品を選択し編集する「最良作品集」である。

ポートフォリオは紙でもデジタルでも作成できる。デジタル・ポートフォリオには、多モードの資料（映像、音声などを含む）を保存できる、編集しやすい、共同で閲覧しやすい、持ち運びしやすいといったメリットがあり、ICT機器の利用の拡大によって、今後増えていくことが見込まれる。では、デジタル形式になれば、学習ログと違いがなくなるのだろうか。

森本（2023）は、e ポートフォリオ（デジタル・ポートフォリオ）とは、「学修者の継続的な学びを記録したデジタルデータの集合体」（p. 39）であるとし、その中に学習ログも含めている。だが、私は、ログによる評価とポートフォリオ評価とは区別して捉えたい。確かに、ポートフォリオも学習の履歴を残すという点では学習ログと同じだが、ポートフォリオでは、システムが自動的・網羅的にデータを作成するのではなく、学習者が学びの証拠資料を蓄積し編集していく。自分の学習データを自分で作成・所有し、自分で評価するという学習者の選択と意図が介在する点で、ポートフォリオ評価はログによる評価とは異なるのである[54]。

もっともそれは、ポートフォリオ評価の弱みにもなる。現在、ポートフォリオ評価のシステムを導入している大学は全体の半数近くにのぼるが（2021 年度時点で 332 大学（43%））（文科省, 2023）、活用がうまくいっている大学は決

---

54) 先に挙げた中西の批判（中西, 2023）は、Japan e-Portfolio に対して向けられたものであるが、それは本書のポートフォリオ評価にはあてはまらない。本書での区別に従えば、むしろログによる評価によりよくあてはまると考えられる。

して多くない。ポートフォリオに学びの証拠資料は「ためる」ものの、さらに「紡ぐ」「語る」ことで「学びのストーリー化」にまで進むことは少なく、そもそも「ためる」ことさえ行われていないということもある。ポートフォリオには、学習者の選択と意図が介在するからである。したがって、ポートフォリオがうまく活用されるには、教育と学習のプロセスの中に組み込まれる必要がある。

（5）評価への学生参加

　評価への学生参加は、既にみてきたように、グループワークでの役割や貢献を評価する、プロセスを評価するといった点から要請されるが、それだけでなく、学生を評価主体として育成するという意義もある。実際、本章でも述べてきたように、自己評価・ピア評価といった形で学生が評価に参加する事例がALでは数多くみられる。

　とはいえ、評価への学生参加にはさまざまな懸念もある。専門的な知識・能力の不足や学生どうしの人間関係の偏りが評価の妥当性や信頼性を損なうことはないのか、教員と学生の間で食い違いが生じた場合はどう対処すべきか、などである。

　しかしながら、評価における教員と学生の食い違いは、学生を評価主体として育成するための機会とみることもできる。また、同一の課題に対するピア評価では、公刊された論考を読む場合などと異なり、ピア評価を行うこと自体が自身の作品に対する「省察的比較」を促すとされている（Nicol et al., 2014）たとえば、クラスメイトのレポートを読んで評価をすることが、自分のレポートについての自発的な省察を引き起こすということである。だとすれば、評価への学生参加は形成的評価、「学習としての評価」として大きな意味をもつといえる。

　一方、総括的評価、なかでも成績評価への学生参加（学生による評定値の成績評価への組み込み）の是非や程度については先行研究でも一致をみていない。私自身は、成績評価の主体はあくまでも教員であり、教員が判断し責任を負うべきだと考える。つまり、形式的評価と総括的評価とで、評価への学生参加の範囲を区切るというのが私の考えである。

　このように、グループの評価と個人の評価、プロセスの評価とプロダクトの評価、評価への学生参加という3つの論点は相互に関連し合いながら、アクティブラーニングの評価のあり方を規定している。現在の高等教育における「学生のパフォーマティビティ」志向への批判は、グループワークへの一律の評価に対する批判、ログによる評価への批判としては傾聴に値するが、パフォーマンス評価全体に対する批判としては有効とはいえない。この点については終章であらためて検討することにしたい。

第 5 章

測りすぎ・測りまちがい

1. 直接評価と間接評価、教員の評価と学生の自己評価

　本章では、測りすぎ・測りまちがいと思われる例を挙げながら、それらがどのように測りすぎ・測りまちがいになっているのか、なぜ、そうなってしまったのかをみていくことにしよう。

(1) 直接評価は間接評価で代替可能か

①直接評価と間接評価の区別

　第2章で直接評価と間接評価の違いについて述べた。直接評価とは学習者の知識や能力の表出（何を知り何ができるか）を通じて学習成果を直接的に評価することであり、一方、間接評価とは学習行動や学習成果についての学習者の自己報告（何を知り何ができると思っているか）を通じて学習成果を間接的に評価することであった。

　直接評価と間接評価の区別は、他者評価と自己評価の区別と混同されやすいが、概念的には両者は別物である。では、直接評価と間接評価を分けるものは何か。それは、評価者が他者か自分自身かということよりも、テスト、レポート、発表など、学生の学びや能力を示す具体的な証拠資料をもとに評価しているかどうかである。質問紙調査（何段階かの中から自分の考えや行動にあうものを選ぶ形式）による評価は、そのような証拠資料を伴わないため、間接評価

にあたる。間接評価は学習者の自己報告によるので、自己評価でもある。一方、具体的な証拠資料をもとに評価しているのであれば、教員の評価だけでなく、学生自身の自己評価や学生同士のピア評価も直接評価となる。直接評価と間接評価の区別は、評価主体が誰であるかによるのではない。

②直接評価と間接評価の違いを示す例

　直接評価と間接評価の違いを示す例として、「10年トランジション調査」（溝上・河合塾, 2023）を取り上げよう。この調査は、高校2年生から社会人3年目までの約10年間、計7回にわたって実施されたパネル調査である。

　この調査では、「資質・能力」に関する質問項目として、「他の人と議論することができる」「自分の言葉で文章を書くことができる」（5件法）など18の項目があり、因子分析の結果、それが「他者理解力」「計画実行力」「コミュニケーション・リーダーシップ力」「社会文化探究心」の4つにまとめられている。

　これらの「資質・能力」の経年的変化を示したのが図5-1である（他者理解力、計画実行力もほぼ同様の変化だった）。高校2年生から大学4年生まではわずかながら上昇し続けるのに対し、社会人3年目には得点が大きく落ち込ん

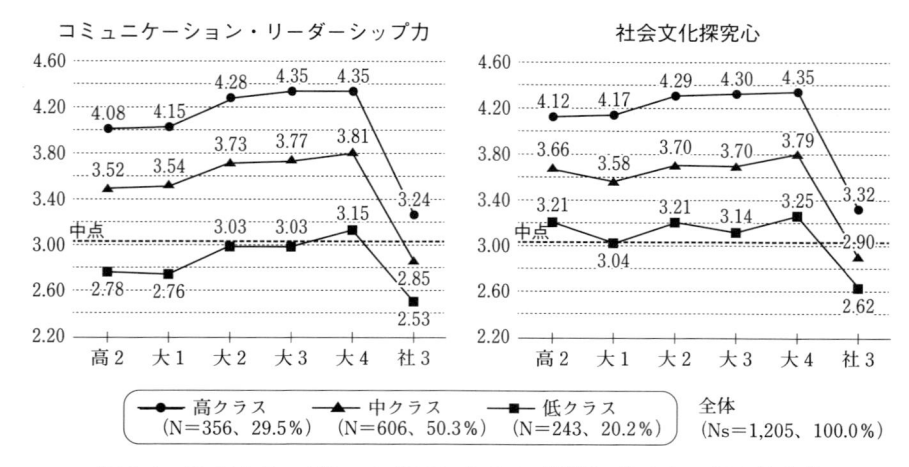

図 5-1　10 年トランジション調査における「資質・能力」の経年的変化

（出典）溝上・河合塾（2023, p. 21）より抜粋。

でいる。この原因について、溝上・河合塾（2023）では、「これまでとは異なる評価基準で自身の資質・能力を見るようになった結果」「「リアリティショック」の影響」という2つの仮説が挙げられている（p. 21）。

　このデータが物語るのは、直接評価と間接評価の違いである。社会人になって「資質・能力」が急に低下したとは考えにくく、「資質・能力」についての自己認識が低下したということだろう。その点では、評価基準の変化もリアリティショックも同じである。もともと10年トランジション調査では、「客観的にある資質・能力がどれだけ向上したかということよりも、個人が学び成長していると実感して、一歩でも二歩でも上のレベルをめざして努力するようになること」（p. 75）が「学生の学びと成長」とみなされている。つまり、この調査で把握されているのは、「学びと成長の実態」というより、個人における「学びと成長の実感」なのである。その目的からすれば、直接評価よりむしろ間接評価の方が適切だということになる。

　能力そのもの（とはいってもあくまでもパフォーマンスから推論された能力だが）と能力の自己認識を混同しないことが重要である。

③ダニング＝クルーガー効果

　能力そのものと能力の自己認識の違いは、第2章でもふれた「ダニング＝クルーガー効果（Dunning-Kruger effect）」で鮮やかに示されている。ダニング＝クルーガー効果とは、コーネル大学の社会心理学者デビッド・ダニング（David Dunning）とジャスティン・クルーガー（Justin Kruger）によって見出されたもので、「能力の低い人は自身の能力を過大に評価する傾向があり、逆に能力が高い人は自身の能力を控え目に評価する傾向がある」という認知バイアスのことである。

　最初の研究（Kruger & Dunning, 1999）で検討対象とされたのは、論理的推論、文法、ユーモア理解などの能力である。彼らは、学生たちに、それぞれの能力のテストを行うとともに、「自分の能力がどのくらいか」「テスト得点がどのくらいだったか」を、集団の中のどのあたりの位置（パーセンタイル）にいるかで尋ねた。自分の当該能力についての認知は間接評価、テスト得点についての認知は直接評価の自己評価ということになる。

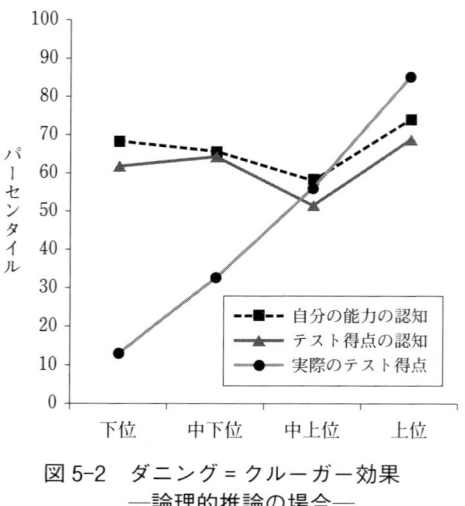

図 5-2　ダニング＝クルーガー効果
―論理的推論の場合―

（出典）Kruger & Dunning (1999, p. 1125) より訳出。

図 5-2 は、論理的推論能力に関して、この３つ（自分の能力の認知、テスト得点の認知、実際のテスト得点）を並べたものである。実際のテスト得点の四分位数ごとにまとめてある。興味深いことに、「自分の能力の認知」と「テスト得点の認知」はほぼ似たような結果で、中上位群以外は「実際のテスト得点」との間に隔たりがあった。隔たりは下位群で最も大きく、彼らは実際のテスト得点より自分の能力やテストの出来を高く見積もっていた。逆に上位群は、隔たりは小さいものの、自分の能力やテスト得点を低く見積もっていた。文法やユーモア理解についてもほぼ同様の結果が得られた。つまり、実際のテスト得点が低い人は自分の能力を過大に評価し、高い人は控えめに評価する傾向があったのである。これが、「ダニング＝クルーガー効果」といわれるものである。

　なぜこんな現象が生じるのだろうか。その原因を調べてみると、能力が高い人は同じテストを受けた集団の得点を知らせると「自分の能力についての認知」を修正できたのに対し、能力の低い人はそのような改善がみられなかった。そこから、クルーガーとダニングは「能力の高い人たちのミスキャリブレーション（能力の過小評価）は、他者に関して見誤ることから生じるのに対し、能力の低い人たちのミスキャリブレーション（能力の過大評価）は、自己に関して見誤ることから生じる」（Kruger & Dunning, 1999, p. 1127）と結論づけた。したがって、能力の低い人は、能力の欠如とその欠如に対する無知という「二重の重荷」を背負っているということになる。

　ダニング＝クルーガー効果は研究者の関心を集め、数多くの関連研究がなさ

れてきた。ビジネス、政治、医療、航空などの分野、運転、空間記憶、学校での試験、読み書きなどの課題が対象になり、いずれもほぼ似たような結果が報告されている。一方、ダニング＝クルーガー効果の原因をめぐっては、メタ認知の欠如という当初の説明以外に、正確な自己評価を行おうとするインセンティブの欠如や文化差による説明、統計学的な説明なども行われており、合意をみているわけではない。

とはいえ、ダニング＝クルーガー効果という現象が存在するということについては大方のところで一致している。そして、直接評価と間接評価の代替可能性を考える上で重要なのは、原因よりもむしろ現象そのものの方である。

④直接評価と間接評価の相関は？

ダニング＝クルーガー効果は主に社会心理学分野で行われてきた研究である。では学習評価研究において、直接評価と間接評価はどのような関連性をもつと考えられてきたのだろうか。両者の評価の結果は相関するのか、つまり間接評価の表す学習成果が高い学生は直接評価の表す学習成果も高いのだろうか。この問いは、大学教育における学習評価研究の重要な論点の一つである。両者の対比は、〈直接評価（直接指標）vs. 間接評価（間接指標）〉のほか、〈テストvs. 質問紙調査〉、〈客観的指標 vs. 主観的指標〉といった形でも議論されてきた。

なぜ、直接評価と間接評価の関連性が重要な論点になるのか。両者の関連性でもとくに関心が集まるのは、間接評価による直接評価の代替可能性である。テストやレポートのような直接評価に比べて質問紙調査のような間接評価は、大規模に実施しやすく、数値化もしやすい。また、テストの開発やレポートの採点に比べて、経費や労力も少なくてすむ。つまりコストを抑えて説明責任の要求に応えるために好都合なのである。もし、間接評価で直接評価が代替可能なのであれば、評価の負担は大幅に軽減されることになるだろう。だが、仮に代替可能でないにもかかわらず、代替しようとすれば、それこそ「測りまちがい」になるだろう。

直接評価と間接評価はどのような関連をもつのかという問いに答えようとする研究は、米国の高等教育研究においてかなり蓄積されてきているが、その結果には多様性がある。パイク（Pike, 1996）は、知識獲得に関する学生の自己

評価と試験の成績との相関に関する研究のレビューを行っている。それによれば、「有名人に関する知識」について両者の間に中程度の正の相関があるとしたもの（Berdie, 1971）、自己評価と大学院進学用共通試験（Graduate Record Examination: GRE）や全米教員資格試験の成績との間に弱〜中程度の正の相関があるとしたもの（Astin, 1993）などがある。これらの研究から、パイクは、間接指標は直接指標の代理指標たりうるかという問いに対し、学習達成の一般的指標として学生の自己報告を用いることは正当化できるが、テスト得点に代えて特定の自己報告を用いることは正当化できない、と論じている。さらに、別の研究者（DiRamio & Shannon, 2011）は、学生の態度と達成の関係について研究を行い、全米学生調査（National Survey of Student Engagement: NSSE）で得られる学生の大学生活への関与の程度と 6 年以内の卒業率や卒業時の GPA（Grade Point Average）とは相関しないという研究結果を発表している。このように、直接指標と間接指標の結果の相関の有無や強さをめぐっては、いまだ諸説ある。

　こうした直接評価（直接指標）と間接評価（間接指標）の相関に関する議論は、近年、日本の大学教育においても行われるようになってきている。たとえば、山田（2016）は、大学生を対象にジェネリックな学習成果を評価するような小テスト（直接評価）と、学習成果の獲得に関して自己報告を求める学生調査用の項目（間接評価）の両方を盛り込んだ調査票を開発・実施し、それらの相関関係から、間接評価は一定の整合性がある評価指標として利用できると報告している。ただし、ここで報告されている相関関係の解釈には慎重になる必要がある。たとえば 1% 水準で有意と報告された直接評価（時事問題についての英語の小テスト）と間接評価（ニュース記事などを読む英語能力についての自信）の相関係数は 0.164（$n = 533$）で、効果量でいえば小さい。

　このような直接評価と間接評価の関連の度合いは、米国の調査においても共通しており、複数の直接評価と間接評価を統合的に分析した Anaya（1999）の研究では、SAT（大学進学適性試験）や GRE（大学院進学用共通試験）といった直接評価同士では中〜強い正の相関が得られているのに対し、直接評価と学生の自己報告による間接評価（獲得感）との相関は弱く、いくつかの直接評価を組み合わせて間接評価を予測しようとしても予測力は高くない。

　以上の調査結果をふまえれば、直接評価と間接評価は緩やかな関連を見せるものの、決して代替可能ではなく、「何ができるか」と「何ができると思っているか」という学習成果の2つの異なる側面をそれぞれ測定していると捉えるのが妥当ということになるのではないだろうか。これは、テスト得点に代えて学生の自己報告を用いることは正当化できないというパイク（Pike, 1996）の指摘に合致する。アメリカのアクレディテーション機関である WSCUC（WASC Senior College and University Commission）のガイドブックでは次のように書かれている。「学生の学習のエビデンスは、調査（コンピテンスや成長についての学生による自己報告）以上のものを含むべきである。[中略] 学生の学習のエビデンスを提供するには、学生の学習の成果物の直接評価の結果を含む、より多くの異なるタイプのエビデンスが求められる」（WSCUC, 2015, p. 16）。

　以上のように、直接評価と間接評価の関連を議論する際には、関連の有意性だけではなく関連の強さ（効果量の大きさ）も考慮しながら、それぞれの評価や指標が担う役割や射程を慎重に解釈していく必要がある。

(2) 初年次生を対象にした研究から

　ただし、同じ直接評価であっても、評価主体が誰であるかによって、すなわち、鑑識眼をもつと考えられる教員の評価によるのか、まだ評価能力が身についていない学生の評価によるのかによって、その評価結果のもつ意味は異なってくる。

　そこで以下では、新潟大学歯学部の初年次生を対象としたレポート評価の実践を事例として、レポート評価における教員の評価と学生の自己評価（どちらも直接評価）との関連、およびこの2つの直接評価と学生による自己報告（間接評価）との関連について検討し、これらの異なるタイプの評価が担う役割と射程を議論することにしよう。

　ここでは、新潟大学歯学部の初年次教育科目「大学学習法Ⅰ」のレポート評価から得られたデータを用いる（履修者数59名）。この科目は、レポートの書き方やプレゼンテーションの仕方など、大学で必要な学習法について講義・演習を通じて学ぶものであった（第4章参照）。

①直接評価

学生には授業で身につけた知識やスキルをもとにレポートを作成する課題が与えられた（Box 5-1）。

Box 5-1　大学学習法レポート課題

> 　医療や科学の進歩にはめざましいものがあります。少し前までは治療することが難しかった病気にも対処できるようになりました。また、便利な道具も世の中に溢れており、日々、私たちは恩恵を受けて暮らしています。しかしその一方で、進歩がもたらしたさまざまな問題も抱え込んでしまいました。皆さんもテレビや新聞で見聞きしていることでしょう。その解決のために、多くの議論がなされていますが、どの問題もしかるべき解決策が示されていないのが現状ではないでしょうか。
>
> 　そこで、与えられたテーマ「医療や科学の進歩がもたらした諸問題」から話題を設定し、主体的に調査・学習を行い、自分の考えをレポートにして提出してください。

そして学生のレポートに表れたアカデミック・ライティング能力を捉えるため、「背景と問題」「主張と結論」「根拠と事実・データ」「対立意見の検討」「全体構成」「表現ルール」の6つの観点と4つのレベル（0〜3）からなるライティング・ルーブリック（表4-1参照）を用いて教員4名で評価した。教員4名はすでに数年間この科目の指導と評価に関わっており、評価に先立ってルーブリックの共通理解を図り、さらに前年度以前の学生のレポートのうち特徴的なものを採点事例として共有するなどしてキャリブレーション（評価基準あわせ）を行ってきていた。

学生に対しては、課題の提示の際に、ルーブリックの提示と評価基準の解説が行われた。そして学生も、同じルーブリックを用いて、自分のレポートを自己評価した。

以下では、教員4名の6観点の平均点を「アカデミック・ライティング能力（教員評価）」、学生の自己評価の6観点の平均点を「アカデミック・ライティング能力（自己評価）」と表す。いずれについても、6観点の評価は内的一貫性をもって行われたことを確認した[55]。

②間接評価

間接評価としては、「新入生学習調査 2014（JFLS 2014）」（山田他, 2015）のうち、「現在身についている能力や知識」を問う 20 項目を用いた（「1. とても少ない」〜「5. とても多い」の 5 件法）。これらの項目は、国際比較もできるように設計された日本版大学生調査研究プログラム JCIRP（Japanese Cooperative Institutional Research Program）をもとに作成されている。JCIRP はすでに多くの大学・短期大学で実施され実証的な研究蓄積があることに加え、現在も大学 IR コンソーシアムの学生調査で利用されている [56]。

(3) 直接評価と間接評価の関係、教員の評価と学生の自己評価の関係

それぞれの指標の要約統計量と相関係数を表 5-1 に示す。

この表には、(a) アカデミック・ライティング能力についての直接評価（教員の評価）、(b) アカデミック・ライティング能力についての直接評価（学生の自己評価）、(c) ジェネリックな学習成果についての間接評価（学生の自己報告にもとづく）という 3 組のデータと、それらの間の関係が描かれている。

まず、直接評価について、(a) アカデミック・ライティング能力（教員評価）と (b) アカデミック・ライティング能力（自己評価）を比較すると、教員の評価より学生の自己評価の方が高くなる傾向にあった [57]。そして両者の相関係数は、.076 とほぼ無相関だった。つまり、絶対的にも相対的にも、教員の評価と学生の自己評価はずれていることになる。

また、(a) アカデミック・ライティング能力（教員評価）と (c) 間接評価である学生調査（JFLS2014）の 20 項目との相関係数も −.231〜.149 であり、ほぼ無相関〜弱い相関、一部には負の相関もみられた。

---

55) 測定の内的一貫性を表す ω 係数（オメガ係数）は「アカデミック・ライティング能力（教員評価）」が.76、「アカデミック・ライティング能力（自己評価）」が.70 であった。これらの値は、十分に高いとまではいえないが、ある程度の内的一貫性をもって測定が行われたことを示している。ω 係数は、信頼性を表わす係数の一つで 0 〜 1 の間の値をとる。ふつう 0.8 を超える場合に内的一貫性が高いとみなされる。

56) 大学 IR コンソーシアムのウェブサイト参照（https://irnw.jp/）（2024 年 7 月 22 日閲覧）。20 項目については、「外国語の能力」が「外国語の運用能力」となり、数項目で順序の入れ替えがあるが、それ以外は同じである。

57) $t(57) = 14.07$, $d = 2.54$, $p < .001$。

表 5-1　直接評価と間接評価の関係、教員の評価と学生の自己評価の関係

変数名	平均値	SD	AW 能力（教員評価）との相関係数	AW 能力（自己評価）との相関係数
アカデミック・ライティング能力（教員評価）	1.32	0.29	－	
アカデミック・ライティング能力（自己評価）	2.17	0.38	.076	－
1.　一般的な教養	3.14	0.80	－ .050	.122
2.　分析や問題解決能力	2.97	0.95	.001	.464**
3.　専門分野や学科の知識	2.12	0.90	.117	.101
4.　批判的に考える能力	3.09	1.00	－ .018	.387**
5.　異文化の人々に関する知識	2.66	0.89	.110	.270*
6.　リーダーシップの能力	2.78	1.14	.107	.531**
7.　人間関係を構築する能力	3.48	0.96	－ .070	.483**
8.　他の人と協力して物事を遂行する能力	3.67	0.85	.149	.328*
9.　異文化の人々と協力する能力	2.86	0.93	.049	.259
10.　地域社会が直面する問題の理解	2.90	0.83	.057	.341**
11.　国民が直面する問題の理解	3.03	0.79	.092	.327*
12.　文章表現の能力	2.98	1.08	.130	.338*
13.　プレゼンテーションの能力	2.78	1.12	.027	.348**
14.　数理的な能力	3.02	0.85	.103	.486**
15.　コンピュータの操作能力	2.97	1.14	.094	.203
16.　卒業後に就職するための準備の程度	2.62	1.06	－ .049	.104
17.　コミュニケーションの能力	3.48	1.01	.059	.344**
18.　時間を効率的に利用する能力	3.03	0.92	－ .139	.241
19.　グローバルな問題の理解	2.78	0.86	－ .186	.378**
20.　外国語の能力	2.72	0.91	－ .231	.379**

** $p < .01$, * $p < .05$
（出典）斎藤他（2016, p. 160, 表 2）を一部改変。

　それに対し、(b) アカデミック・ライティング能力（自己評価）と、(c) 学生調査（JFLS 2014）のうち、「分析や問題解決能力」「批判的に考える能力」「文章表現能力」といったアカデミック・ライティングに直接関連すると考えられる項目との間には、小〜中程度の正の相関関係がみられた。ただし、同時に「リーダーシップの能力」「人間関係を構築する能力」「数理的な能力」といった、アカデミック・ライティングに直接関連するとは考えにくい項目との間にもやはり中程度の正の相関関係がみられた。したがって、学生の直接評価と

間接評価の間に直接の関連があるというより、学生側に起因する何かしらの第三の変数による疑似相関の可能性がある。

　教員の評価が学生の自己評価よりも妥当なのかについては疑問をもつ人もいるだろう。しかし、今回は1名の教員ではなく、この科目を数年間担当してきた大学教員4名の評価の平均値をとっており、その評価を専門家の鑑識眼を通した、より妥当な指標とみなして差し支えないだろう。そしてそのような教員の評価（直接評価）と学生の自己評価（直接評価）との間、および教員の評価（直接評価）と自己報告による学生調査の結果（間接評価）との間には、整合性があるといえるような関連は見出せなかったのである。関連が見出せなかった原因としては、学生の自己評価の未熟さの影響や、学生の自己認識を通すことにより生じるバイアスなどが考えられる（「ダニング＝クルーガー効果」参照）。

　この研究の結果からすれば、直接評価と間接評価の間には代替可能性がないということになる。それぞれの指標はやはり学習成果の異なる側面を測定していると捉えるべきだろう。

　一方、教員の評価と学生の自己評価との間にも、この1年生対象の研究では大きなずれがみられた。ただし、第4章でふれたように、2年次でも「大学学習法」を履修した学生たちについては、アカデミック・ライティング能力が高まるとともに、教員の評価と学生の自己評価の間のずれも小さくなった。同様に、岩田（2020）でも、ルーブリックを共有して評価トレーニングをした場合は、レポートについての自己評価能力が有意に向上したことが報告されている。とはいえ、この2つの研究は、どちらもライティングとその評価についてインテンシブに学び、自己評価能力が一定程度身についたと考えられる学生を対象としていることに注意する必要がある。教員の評価を学生の自己評価で代替できるのは、そのような限られた条件下においてとみるべきだろう。

(4) それぞれの評価の固有性

　以上の研究から、2つのことが明らかになった。

　第一に、直接評価と間接評価の関連についていえば、両者の間にはほとんど関連がないかあっても弱いものであり、間接評価で直接評価を代替することは

困難であることが示された。もっとも、本研究の結果は、あくまで一事例の結果であることに加え、使用した評価手法は直接評価・間接評価ともに限定的なため、過度な一般化は控えなければならない。また、本研究で用いた間接評価は、「現在身についている能力や知識」を、「分析や問題解決能力」「リーダーシップの能力」「プレゼンテーションの能力」といったぐあいにかなり粗く尋ねるものだったが、より具体的な行動や認識について尋ねる質問項目であれば、また異なる結果が得られる可能性もある。さらに、間接評価で直接評価を代替することはできないとしても、「何ができる（ようになった）と思っているか」という学生の自己認識それ自体を学習成果と捉え、それを測る目的であれば、学生調査のような自己報告による間接評価は妥当な指標となりうる。たとえば、現在、大学 IR コンソーシアムで用いられている調査項目は、ほぼ同じ質問項目だが、「入学した時点と比べて、あなたの能力や知識はどのように変化しましたか」（「1. 大きく減った」〜「5. 大きく増えた」の 5 件法）という大学での変化を問う質問になっている。これを大学教育での能力や知識の「獲得感」を問うものとみなすならば、それは学生の心理的現実を明らかにする意味をもつといえるだろう。

　第二に、直接評価については、ルーブリックを用いたとしても教員の評価と学生の自己評価がずれることが明らかになった。ただし、そのずれの度合いから学生の自己評価能力を捉え、それをフィードバックし、修正を促していくことはできる。本研究は 1 年生から得られた知見であるが、そのようなフィードバックを行うことで、学年が上がるにつれて学生の自己評価能力が高まり、教員の評価と学生の自己評価のずれが小さくなって、関連が強くなることも考えられる（第 4 章第 1 節参照）。また、その際には、直接評価と間接評価の関連の様相も変化するかもしれない。

　第 2 章でも述べたように、英米を中心とした「エビデンスに基づく教育」を求める動きは日本でも顕著になってきており、効果の検証にはなにかしらの評価手法によって得点化した量的指標が多く用いられるようになっている。「エビデンスに基づく教育」という考え方への批判（杉田・熊井, 2019; 亘理, 2020 など）もさることながら、そもそも、当該の指標によって何が把握でき、何が把握できないかを明らかにすることは、測りすぎ・測りまちがいを防ぐ第一歩

だといえる。

2. 分野固有性と汎用性

(1) ジェネリックスキルへの注目

　もう一つ、測りすぎ・測りまちがいの例を挙げよう。ジェネリックスキルの標準テストの例である。「ジェネリックスキル（generic skills）」とは「汎用的技能」と訳されることからもわかるように、特定の分野・場面に限定されず広く使われるスキルのことだ。コミュニケーション能力や論理的思考力などがよく挙げられる。とくにコミュニケーション能力については、「コミュ障」という言葉が日常語になっているくらいに、この能力が低いことが人間関係に支障をきたすと考えられている。このようなジェネリックスキルや汎用的能力がそもそも存在するのかについては疑問や批判も出されているものの（Barnett, 1994；鈴木, 2017, 2022）、1990 年代頃から、各国の教育政策において目標として掲げられるようになってきた。その傾向はとりわけ大学教育において顕著である。

　たとえば、全米大学・カレッジ協会（AAC&U）が4年間の学士課程で獲得すべき学習成果として提案している「本質的学習成果（Essential Learning Outcomes: ELO）」では、4つの柱の中に「知的・実践的スキル」（批判的思考・創造的思考など）と「個人的・社会的責任」（市民としての知識と関与など）が挙げられているが（詳しくは第6章参照）、これらは特定の分野に属するのではなく、汎用的な性格をもったスキルや態度である。また、ヨーロッパの欧州高等教育圏の構築に対して行われた Tuning Project では「分野別コンピテンス（subject-specific competences）」と並んで「汎用的コンピテンス（generic competences）」が掲げられた[58]。

　一方、日本では、経済産業省の「社会人基礎力」、文部科学省の「学士力」、日本学術会議の「ジェネリックスキル」などがある。2006 年に経済産業省が提案した「社会人基礎力」は、「前に踏み出す力」「考え抜く力」「チームで働

---

58)　Tuning のウェブサイト参照（https://www.unideusto.org/tuningeu/）（2024 年 7 月 25 日閲覧）。

く力」という汎用的能力で構成されており、2018年に更新された「人生100年時代の社会人基礎力」でも、その基本的性格は変わっていない。また、文部科学省が2008年の学士課程答申（中教審, 2008）で打ち出した「学士力」は、「知識・理解」「汎用的技能」「態度・志向性」「統合的な学習経験と創造的思考力」からなり、なかでも「汎用的技能」や「態度・志向性」といった汎用性をもつ学習成果が重要な位置を占めている。一方、2010年から取り組まれてきた日本学術会議の分野別参照基準[59]では、各分野の「基本的な素養」を「基本的な知識と理解」と「基本的能力」に分け、基本的能力を「分野に固有の能力」と「ジェネリックスキル」として示している。ここでは「ジェネリックスキル」を、「分野に固有の知的訓練を通じて獲得することが可能であるが、分野に固有の知識や理解に依存せず、一般的・汎用的な有用性を持つ何かを行うことができる能力」（日本学術会議, 2010, p. 18）と定義している。ジェネリックスキルの獲得が分野に固有の知的訓練を通じて獲得されるものとして捉えられているのは面白い。こうやって、汎用性と分野固有性に折り合いをつけようとしているわけである。

　このように、とくに大学教育においてジェネリックスキルあるいは汎用的能力が重視されるようになった背景としては、ユニバーサル化（＝大学進学率が50％を越え、大学進学者が多数派になってきたこと）によって知識、スキルも態度・価値観も多様な学生が入学するようになったこと、社会の流動化が進み大学での専門分野と卒業後のキャリアが必ずしも一致しないのが普通になったこと（したがって専門分野の枠をこえた知識・能力が将来への準備として求められるようになったこと）、知識の更新のされ方が急速でインターネットによる外部化も進んだために知識の価値の相対的低下が生じたこと、などを挙げることができる（松下, 2019）。

---

59)　正式名称は、「大学教育の分野別質保証のための教育課程編成上の参照基準」。2024年8月現在、34分野の分野別参照基準が作成・公表されている（https://www.scj.go.jp/ja/member/iinkai/daigakuhosyo/daigakuhosyo.html）（2024年8月1日閲覧）。上のサイトには33分野が掲載されているが、2023年9月に総合工学が加わった（https://www.scj.go.jp/ja/info/kohyo/pdf/kohyo-25-k230926-19.pdf）（2024年8月1日閲覧）。

(2) ジェネリックスキルの標準テスト

① CLA

では、こうしたジェネリックスキルはどのようにして評価されているのだろうか。一つの授業科目で評価するというやり方では、特定の分野・テーマにとどまるので、「ジェネリックな（汎用的な）」スキルの評価方法とはいえない。第2章で述べたように、学習成果の評価は、①直接評価と間接評価、②量的評価と質的評価、③機関レベル・プログラムレベル・科目レベルの評価、という3つの軸で整理することができる。ジェネリックスキルの評価は、科目レベルをこえた、プログラムレベルあるいは機関レベルの評価であることが求められる。

ジェネリックスキルをプログラムレベル・機関レベルで評価するための方法として近年、国内外でよく用いられるようになったのが、ジェネリックスキル測定用の標準テストである。たとえば、北米では、教育測定・評価のNPOである CAE（Council for Aid to Education：教育支援協議会）の開発した CLA（Collegiate Learning Assessment：大学学習評価）やその後継である CLA+ がよく用いられている。CLA は、大学版 PISA ともいわれた AHELO（Assessment of Higher Education Learning Outcomes：高等教育における学習成果の評価）のジェネリックスキルの評価で採用されたこともあって、ジェネリックスキルの標準テストの「ゴールド・スタンダード」的な位置を占めるようになった（松下, 2012）。

CLA は、パフォーマンス評価型の標準テストである。AHELO で実際に用いられた CLA の記述式問題の一つは Box 5-2 のようなものであった。

まず、「文書ライブラリ」とともに左側の課題文が与えられた。「文書ライブラリ」には以下の文書が収められている（OECD, 2012, pp. 222-233）。

- 文書1・2：奇形ナマズについて報じた地元紙の記事
- 文書3：環境保全区域周辺地図
- 文書4：工場周辺の水質調査を行った大学教授から工場をもつ会社社長への手紙
- 文書5：上記の水質調査で用いられたテストについての説明（専門書からの

Box 5-2　OECD-AHELO のジェネリックスキルのテスト

<table>
<tr><td>

課題文

あなたはミルタウン市の職員です。市長室にはこのところ、ミラクル湖で最近見つかった奇形ナマズについて市民や報道機関から多くの問い合わせが寄せられています。ミルタウン市長サリー・ビゲローは、明日の夜、ミルタウン市審議会でこの問題を議論しようと考えています。

明日の会議の準備をするにあたって、ビゲロー市長は、あなたに、文書ライブラリに収められている文書を検討するよう依頼してきました。

以下の質問に解答する際には、あなたの見解を支持するのに必要なことがらを最大限詳しく記述してください。あなたの解答は、情報の正確さだけでなく、次の点からも判断されます。

・考えがどのくらい明確に提示されているか

・考えがどのくらい効果的に組み立てられているか

・情報がどのくらいくまなくカバーされているか

あなたの個人的な価値観や経験は重要ですが、質問はすべて、以上の情報および文書ライブラリの情報のみにもとづいて答えてください。

各質問に対する解答は下のボックスの中に記入してください。書きたいだけ書いてかまいません。画面のボックスの大きさに制限されることはありません。

</td><td>

問題

文書ライブラリの資料からは、三つ目ナマズについて、少なくとも３通りの説明が存在することがわかります。近親交配、寄生虫、Db09 やバリジウムによる汚染の３つです。

問 1a

文書ライブラリで議論されている情報、エビデンス、事実、理論のうち、近親交配説を支持しているものはどれですか。

問 1b

近親交配説に反する議論にはどんなものがありますか。

［中略。問２・３では寄生虫説、汚染説について同様の質問が行われ、問４では他に説明がないかが尋ねられる。］

問 5

三つ目ナマズの説明として最も正しそうなものはどれですか。またそれはなぜですか。あなたの解答はこの説明と対立する他の議論にどう反駁するかを論じるものでなければなりません。

問 6

市の審議会は今後、何をすべきですか。工場を閉鎖すべきか、環境保全区域を閉鎖すべきか、ミラクル湖を再生のために閉鎖すべきか、ブッシュ湖からの飲料水の取水を中止すべきか、など。あるいは何もしない方がよいのか。あなたの勧告の根拠は何ですか。

</td></tr>
</table>

（出典）OECD（2012, pp. 220-221）より作成.

抜粋）
・文書6：環境保全区域の生態学調査を行った別の大学教授へのインタビュー
　　　　（地元ラジオ番組のテープ起こし）
・文書7：過去7年間の水質の変化を示すグラフ

　どれも架空の内容だが、まるで本物のように作られている。たとえば、文書1は、地元紙「The Milltown Clarion」の「三ツ目ナマズをミラクル湖で捕獲」という記事だ。三ツ目ナマズの写真まで付いている。7つの文書は、多様な情報源、ジャンル、内容をカバーしていて、分量も A4 版で 12 ページにもなる。

　この課題文に対して、Box 5-2 右側のような問題が出された。問題は全部で9問あるが、問1〜3は、3つの説を肯定もしくは否定する根拠を問うもので、問5では、その中で最も適切と思われるものを選び、他の説に反駁することを要求される。総合的に判断すると、近親交配説が優勢のように私には思われたが、どの文書の内容も何らかの点で批判の余地があるものになっている。さらに、問6では、アクションを起こすための提案を、根拠を含めて求められる。全体的にディベート的な形式になっているが、ディベートのように、肯定側・否定側の立場を役割として受けもつのではなく、事実論題（＝事実の有無・真偽を議論の対象とする論題）に対して自分の見解を明らかにし、さらに政策論題（＝行動や政策の是非を議論の対象とする論題）にまで踏みこむことが要求されている。

　学生の解答は、3観点×7段階のルーブリック式の評価基準によって採点される（表5-2）。3つの観点は、「分析的推論と評価」（情報の質を解釈・分析・評価する）、「問題解決」（意思決定に必要な情報を考慮・比較検討し、適切であれば追加調査を提案する）、「効果的な文章作成」（うまく組み立てられ論理的にまとまった議論を構築する）である[60]。これらはジェネリックスキルを構成する能力としてよく用いられる。

　このように、評価課題からみても、評価基準からみても、CLA は、「パフォーマンス評価型の標準テスト」ということができる。

---

[60]　通常の CLA の採点基準は、「文章作成の技法」を加えた4つの規準で、1〜6の6段階であるが、各セルの記述語は同じである。

表 5-2　OECD-AHELO におけるジェネリックスキルのテストの評価基準

	分析的推論と評価	問題解決	効果的な文章作成
0	・測定不能。学生は質問に答えようとしていないため、評価できない。	・分析的推論と評価が 0 の場合は、問題解決も 0 となる。	・分析的推論と評価が 0 の場合は、効果的な文章作成も 0 となる。
1	・文書ライブラリで掲示されている立論（もしくは分類すべき対象すべてについての重要な特徴）を支持または反駁する事実やアイデアを、全く認識していない。分析のエビデンスを示していない。 ・重要な情報を無視、もしくはひどく誤って解釈している。 ・エビデンスの質についての主張は全く示されておらず、解答は不確かな情報に基づいている。	・明解な決定や、決定に至るまでの妥当な根拠が示せていない。 ＊該当する場合： ・結論から論理的に導かれる手順を示していない。 ・追加調査の必要性を認識していない、あるいは、未解決の問題を扱う調査を提案していない。	・説得力のある立論を展開できていない。文章は整っておらず、不明確である。 ・事実やアイデアについての詳述は行われていない。
6	・文書ライブラリで提示されているすべての主要な立論（もしくは分類すべき対象すべてについての重要な特徴）を支持または反駁する事実やアイデアを、ほぼすべて認識している。明白でないことがらについても分析を進めている。 ・文書ライブラリから得た大部分の情報について正確に理解している。 ・情報の質について数個の正確な主張を行っている。	・決定と確固とした根拠が示せており、それらは複数の情報源から導き出された信用できるエビデンスに裏打ちされている。他の選択肢も考慮した上で、入手できるエビデンスから最善の決定を提示している。 ＊該当する場合： ・結論から論理的に導かれる手順を示している。その意味するところも検討されている。 ・追加調査の必要性を認識し、未解決の問題の大半を扱うための具体的な調査が提案されている。	・論理的に一貫性のあるやり方で解答を構成することにより、書き手の立論を非常にわかりやすくしている。 ・それぞれの立論に関連する事実やアイデアを妥当な形で包括的に詳述している。情報源が明記されている。

（注）OECD（2012, pp. 234-236）より作成。レベル 2 〜 5 は省略。

② PROG

一方、日本で、ジェネリックスキルの標準テストとしてよく用いられているのは、PROG（河合塾・リアセック）やGPS-Academic（ベネッセ）である。これらは、大学や学部の機関レベル・プログラムレベルの評価のために、授業とは別立ての「追加型（add-on）」の評価として実施されている。大学間や学部間の比較が可能であることに加え、結果を量的指標によって簡潔に示せるので説明責任の要請に応えやすいという強みをもっている。このうち、以下では、PROG（Progress Report on Generic Skills）を取り上げることにしよう。

PROGは、専攻・専門にかかわらず大学卒業者として社会で求められるジェネリックスキルを測定する目的で開発されたテストである。近年の「学習成果の可視化」の要請から多くの大学で実施されており、ウェブサイトによればこれまでに170万名が受験したという[61]。

PROGは、1年次（あるいは2年次）と4年次に受けて、その伸びを評価するという使われ方をしている。その伸びが、教育プログラムが学生に与えた「付加価値」とみなされるわけである。結果は学生にも返され、どの力が自分の強み・弱みか、どうすればもっと伸ばせるかを考えさせる『PROGの強化書』も用いられている。この点で、単なる測定ツールではなく教育ツールとしての機能も併せもっている。

(3) ジェネリックスキルの標準テストはジェネリックなスキルを測定・評価しているのか

それでは、ジェネリックスキルの標準テストは、本当に「ジェネリックな」スキルを測定・評価しているのだろうか。

AHELOの報告書では、CLAによるジェネリックスキル・テストについて、こうした課題は文化的な状況に埋め込まれていて国や制度による多様性の影響を被りやすいこと、CLAの課題は国際的に使用するには過度に「アメリカ的」であったことが指摘されている（OECD, 2013, pp. 164, 169）。そして、ジェネリックスキルを単独で評価するのではなく、工学や経済学のように国際的な合

61）　PROGのウェブサイト参照（https://www.riasec.co.jp/prog_hp/）（2024年7月26日閲覧）。

意を作りやすく、問題解決の文脈も共有しやすい専門分野において、「専門分野別のジェネリックな」コンピテンス（"discipline-specific generic" competencies）を評価することで、この問題を回避することが検討されている（OECD, 2013, pp. 164f）。これは、日本学術会議の分野別参照基準が、分野ごとにジェネリックスキルの記述を求めていることと同様のスタンスである。では、PROG についてはどうだろうか。

そもそも、ジェネリックスキルの標準テストは、本当に「ジェネリックな」スキルを測定・評価しているのか——私がこの疑問をもつようになったのは、医療系の大学・学部の先生方から、「PROG を使っているが、学生の能力について自分が得ている印象とはずれがある」「学生の成長を把握できている気がしない」といった声を耳にするようになったことがきっかけである。

そこで、藍野大学理学療法学科において、PROG、2種類のパフォーマンス評価（模擬場面での実技試験と筆記課題）、およびパーソナリティの測定を実施し、その結果の相関を検討した（平山他, 2020）。とりわけ、ジェネリックスキルを測定できるとされている PROG が、医療系分野の汎用的能力（コミュニケーション、問題解決など）を測定できているのかということに焦点を合わせて、両者に相関があるのか、もし相関が低いとすれば PROG は何を測定しているのか、を明らかにすることを試みた。

①ジェネリックスキルの標準テスト— PROG —

PROG はジェネリックスキルの習得状況を測定・評価するツールとされている。「リテラシー」（自分を取り巻く環境に実践的に対処する力）と「コンピテンシー」（周囲の環境と良い関係を築く力）に分かれ、さらにリテラシーは、問題解決力、言語処理力、非言語処理力、コンピテンシーは、対人基礎力、対自己基礎力、対課題基礎力という下位の構成概念からなっている。「リテラシー」と「コンピテンシー」という用語は教育分野の能力概念としてどちらもよく使われるが、PROG では独特な意味づけがなされているので注意が必要である。

これらの能力を測定するのにどんな問題が使われているのか。問題全体は公表されていないので、公開されているサンプル問題をみてみよう（PROG 白書プロジェクト編, 2015）。リテラシーの問題解決力にかかわる問題は、「情報収

集力」「情報分析力」「課題発見力」「構想力」の4つの要素で作成されている。
このうち「課題発見力」のサンプル問題としては、ある洋菓子屋の売上低迷原
因についてロジックツリーを使って考える問題が紹介されている。ロジックツ
リーの空白部分に、5つの選択肢（広報・宣伝活動の不足など）から、原因を
見つけて当てはめるという問題である。このように、リテラシーは、問題解決
のための汎用的な認知的スキルを評価するため、専門分野の内容や文脈には依
存しない問題によって構成されている。

　一方、コンピテンシーのサンプル問題としてあげられているのは、「A：初
対面の人と話すときでも相手と距離をおかず親しく接する」「B：初対面の人
と話すときには距離をとって礼儀正しく接する」のどちらにより当てはまるか
を選択させる両側選択形式の問題だ。この問題に関して、社会で活躍する若手
ビジネスパーソン（4,000人）とランダムに抽出した大学生（1,000人）の回答
を比較したところ、若手ビジネスパーソンはAを選択する人が多い傾向にあ
り、大学生との間に有意差があったという。そこから、コンピテンシーの正解
は、若手ビジネスパーソンの回答比率が高い方に設定されている。

　リテラシー、コンピテンシーのどちらも、テストへの回答をもとに、潜在ラ
ンク理論[62]によって特定の段階のランクで評価される。私たちの研究では、
PROGの特徴を損なわず、かつある程度細かく分析するため、「コンピテンシ
ー」（7段階）とその下位構成概念の「対人基礎力」「対自己基礎力」「対課題
基礎力」（7段階）、および「リテラシー」（7段階）とその下位構成概念のうち
問題解決力に該当する「情報収集力」「情報分析力」「課題発見力」「構想力」
（5段階）のあわせて9つの変数を使用した。

②理学療法分野のパフォーマンス評価─模擬場面でのOSCE-R─

　ジェネリックスキルの標準テストとの関連をみるために、藍野大学医療保健
学部理学療法学科で実施しているOSCEの結果を使った。OSCE（Objective
Structured Clinical Examination：客観的臨床能力試験）は、医療系の分野で
行われている模擬場面を使ったパフォーマンス評価である。藍野大学では、

---

62) 1次元性を仮定した特定の能力について、それを測定するテストの回答を通じて段階的なランク
　に分け、各回答者の各ランクへの所属確率を推定するテスト理論である（植野・荘島, 2010）。

OSCE にリフレクションを組み合わせた評価・指導方法（OSCE-R）を実施している（第 4 章第 3 節参照）。ここでは、医療専門職として必要な医療系分野の汎用的能力（コミュニケーション能力や臨床推論能力）も教育目標とされ、評価対象となっている。「臨床推論」というのは、病気の診断や治療方法の決定を行う思考プロセスのことである[63]。

3 年次の OSCE-R には実技試験と筆記課題が含まれている。実技試験では、模擬患者相手に、挨拶などでコミュニケーションをはかった上で、一連の臨床推論（医療面接による情報収集、検査測定、問題点抽出など）を行う。この臨床推論能力が、医療系分野における問題解決力にあたる。ただし、実技試験では頭の中の臨床推論プロセスを詳しく評価することは難しいため、補足的に筆記課題も実施している。

そこで、実技試験での模擬患者とのコミュニケーションに関わる部分（言葉遣い・表情等、挨拶、医療面接）の結果（17 項目、計 17 点満点）を「臨床コミュニケーション能力」の指標とし、臨床推論の筆記課題の結果（6 観点、0 ～ 3 の 4 段階、計 18 点満点）を「臨床推論能力」の指標とした。この 2 つの方法で、医療という特定分野の汎用的能力を測定・評価しようとしたのである。

③理学療法分野のパフォーマンス評価—臨床実習成績—

OSCE-R は自作の評価方法なので、妥当性を備えているかの検討が必要である。

3 年次臨床実習では、（OSCE のような模擬場面ではなく）臨床の現場で、本物の患者とのコミュニケーション、臨床推論、理学療法プログラムの立案などを行う。臨床実習の成績は、現場の臨床実習指導者による評価とメンター（大学教員）による評価の総合点により算出している。このように、この指標は、学生が将来仕事をする臨床現場における学生のパフォーマンスを総合的に評価したものであり、その中には、OSCE-R が測定している学生のコミュニ

---

63)　以前、NHK で「総合診療医ドクター G」という番組が放映されていた。研修医たちが、実際の症例をもとにした再現ドラマから、病名を探り当てる番組だった。あのプロセスで用いられていたのが臨床推論である。

ケーションや問題解決（臨床推論）の能力も含まれている。そこで、この臨床実習の成績を OSCE-R の妥当性を検証するための指標として用いることにした。

④パーソナリティ

先行研究（亀野, 2016）や日頃の観察から、PROG の結果はパーソナリティと関係があるのではないかと推測されたので、パーソナリティの測定も行った。パーソナリティの測定は、日本語版 Ten Item Personality Inventory（TIPI-J）（小塩他, 2012）を使用した。外向性、調和性、勤勉性（誠実性）、神経症傾向、経験への開放性といういわゆる「ビッグファイブ」を各 2 項目で測定する尺度である（各項目 6 点満点）。

（4）ジェネリックスキル・テスト、パフォーマンス評価、パーソナリティの間の関連

それでは、このようにして測定・評価した能力や特性の間にはどんな関連があっただろうか。もし、ジェネリックスキルの標準テストが、本当に「ジェネリックな」スキルを測定・評価しているのであれば、医療系分野での汎用的能力（コミュニケーションや臨床推論）の測定・評価結果とも関連があってしかるべきだろう。以下では、OSCE-R「臨床コミュニケーション能力」が PROG「コンピテンシー」と対応関係をもち、また、OSCE-R「臨床推論能力」が PROG「リテラシー」の中の問題解決力（情報収集力、情報分析力、課題発見力、構想力）と対応関係をもつと想定して、これらの関連を検討してみよう。

対象としたのは、藍野大学理学療法学科 3 年生 48 名である。

まず、OSCE-R の「臨床コミュニケーション能力」「臨床推論能力」[64] と「臨床実習成績」との関連をみると、小〜中程度の有意な正の相関関係を示しており、妥当性もそれなりに担保されていると判断できた。一方、PROG の諸変数と「臨床実習成績」の間には有意な相関関係を見出すことができなかった（表5-3）。

64）「臨床コミュニケーション能力」「臨床推論能力」はともに信頼性係数が 0.7 以上であり、信頼性が一定程度担保されていることが確認できた。

表 5-3　臨床実習成績と OSCE-R、PROG との相関係数

変数名		信頼性係数 （α係数）	臨床実習成績 との相関係数
OSCE-R	臨床コミュニケーション	.73	.29*
	臨床推論	.79	.39*
PROG	コンピテンシー	–	-.07
	対人基礎力	–	-.08
	対自己基礎力	–	-.09
	対課題基礎力	–	.12
	リテラシー	–	.18
	情報収集力	–	.17
	情報分析力	–	.09
	課題発見力	–	.17
	構想力	–	.22

* $p < .05$

　OSCE-R と臨床実習成績は、模擬場面か臨床現場かという違いはあれど、両方とも理学療法分野の評価結果なので、相関があって当たり前かもしれない。ただ、PROG の方も、「社会で求められるジェネリックスキルを測定」しているテストなのだから、その宣伝文句どおりであれば、相関があってもよいはずだ。だが、有意な相関はみられなかったのである。

　次に、OSCE-R と PROG の関連をみたところ、両者の間に有意な相関関係は見出せず、ほぼ無相関だった。またパーソナリティの要因を統制してみても、やはり両者はほぼ無相関だった。唯一、OSCE-R の「臨床コミュニケーション能力」と PROG の「対自己基礎力」との間に有意な弱い負の相関関係がみられた（表 5-4）。OSCE-R が測定・評価している臨床コミュニケーションや臨床推論は、理学療法分野内部での汎用的能力だが、分野をこえたジェネリックスキルを測定しているはずの PROG とは無相関あるいは負の相関しかみられなかったということである。

　さらに、パーソナリティとの関連をみると、OSCE-R とパーソナリティはほぼ無相関〜弱い相関であったのに対して、PROG の「コンピテンシー」とその下位構成概念「対人基礎力」「対自己基礎力」は、パーソナリティの「外向性」「勤勉性」「神経症傾向」「経験への開放性」と中程度〜強い相関が認められた。ただし、「神経症傾向」とは負の相関だった（表 5-5）。さらに、詳しい

表 5-4　OSCE-R と PROG との相関係数

| | | 相関係数 | | 偏相関係数
（統制変数：パーソナリティ） | |
| | | OSCE-R | | OSCE-R | |
		臨床コミュニ ケーション	臨床推論	臨床コミュニ ケーション	臨床推論
	コンピテンシー	.05	.03	-.15	-.07
	対人基礎力	.10	-.03	-.05	-.10
	対自己基礎力	-.09	.03	-.31*	-.07
	対課題基礎力	-.03	.13	-.10	.18
PROG	リテラシー	.12	.07	.07	.02
	情報収集力	.14	.12	.13	.11
	情報分析力	-.03	.06	.00	.08
	課題発見力	-.08	.08	-.12	-.03
	構想力	.00	.08	-.07	.13

* $p<.05$

表 5-5　パーソナリティと OSCE-R、PROG との相関係数

		外向性	協調性	勤勉性	神経症 傾向	経験への 開放性
OSCE-R	臨床コミュニケーション	-.08*	-.23	.03	-.20	.25
	臨床推論	.23	-.05	.19	.00	.03
	コンピテンシー	.62*	.13	.49*	-.31*	.61*
	対人基礎力	.63*	.11	.40*	-.21	.60*
	対自己基礎力	.60*	.25	.39*	-.43*	.62*
	対課題基礎力	.17	.09	.37*	.00	.27
PROG	リテラシー	.21	-.26	.05	.14	.23
	情報収集力	.12	.04	.13	-.05	.18
	情報分析力	-.02	-.08	-.11	.13	.08
	課題発見力	.01	-.31*	-.01	.04	.05
	構想力	.10	-.31	.13	.36*	.10

* $p<.05$

分析を行ったところ、「コンピテンシー」、そしてその下位概念である「対人基礎力」「対自己基礎力」はパーソナリティによって半分近く説明される指標であることが明らかになった[65]。つまり、PROG は、ジェネリックスキルという能力よりもむしろパーソナリティに近いものを測定している可能性が高いと

---

65)　これらを従属変数、パーソナリティを独立変数として重回帰分析を行ったところ、分散説明率が
　　50%程度あることが示された。

いうことである。

（5）ジェネリックスキルの評価は可能か
①分野固有性と汎用性

以上の結果からどんなことがいえるだろうか。

　この研究によれば、理学療法分野の汎用的能力（ジェネリックスキル）を評価する OSCE-R と、専門分野にかかわらない汎用的能力（ジェネリックスキル）を評価する PROG との間には、ほとんど相関がみられなかった。また、臨床現場での学生のパフォーマンスを総合的に評価する臨床実習成績との関連でみると、OSCE-R は弱〜中程度の正の相関があったのに対し、PROG との間には相関が認められなかった。仮に、PROG が専門にかかわらず社会で必要な「汎用的能力（ジェネリックスキル）」を測定できているのであれば、医療分野における「汎用的能力」とも一定程度の関連がみられて然るべきであるのに、そうではなかったということになる。つまり、PROG は、少なくともこの研究結果をみる限り、分野をこえた汎用的能力（ジェネリックスキル）を測定できているとはいいがたい。

　では、なぜ PROG では医療分野で涵養される汎用的能力（ジェネリックスキル）を測定することができないのだろうか。前に述べたように、PROG の「コンピテンシー」の正解は、社会で活躍する若手ビジネスパーソンの回答比率が高い方に設定されている。たとえば、「A：初対面の人と話すときでも相手と距離をおかず親しく接する」と「B：初対面の人と話すときには距離をとって礼儀正しく接する」では、若手ビジネスパーソンの回答比率が高い A の方が正解とされていた。つまり、このようにして作られた指標は、「社会で活躍する若手ビジネスパーソンとどの程度傾向が似ているか」を変数化するものといえる。しかしながら、理学療法士養成場面では、病気やケガなどでどのような心境になっているのかわからない患者に対して、初対面の段階で距離をおかずに親しく接するように教えることはない。治療を円滑に進めるためにも、まずは患者に不快感や不信感を与えないように礼儀正しく、慎重に、十分に配慮して接するように教える。つまり、活躍している若手ビジネスパーソンの選択が医療系分野においても適切というわけではないということである。

『PROG 白書 2018』では、医療・福祉分野は他分野よりも「コンピテンシー」が低いという分析がなされている。だが、サンプル問題のように、想定されている正解が医療系分野内で了解されている望ましい行動とは逆となるような設問を中心に「コンピテンシー」の測定が構成されているとすれば、医療系分野で他分野より「コンピテンシー」が低くなってしまうのはむしろ当然だろう。

このように、私たちの研究の結果は、PROG というジェネリックスキルの標準テストのいう「汎用性」が必ずしもすべての分野にあてはまるわけではないことを示した。PROG の「コンピテンシー」は、汎用的と謳われていたとしても、あくまで基準は社会で活躍する若手ビジネスパーソンにある。にもかかわらず、分野をこえた汎用的能力を測定するものとみなされ、さまざまな学部・学科の学習成果・教育成果を評価するために使われている。それは、〈分野固有なものを汎用的とみなすことによる「測りまちがい」〉を生み出しているおそれがある。

②能力とパーソナリティ

では、PROG は何を測定しているのだろうか。「コンピテンシー」やその下位概念である「対人基礎力」「対自己基礎力」は、パーソナリティによって半分程度の分散が説明可能であり、とりわけ外向性、経験への開放性との関連が強いことがわかった。

パーソナリティは、本田（2005）が指摘するような、学生の「深く柔らかい部分」にあたり、水平的画一化より多様性が重んじられるべき人間の特性である。そのようなパーソナリティに大きく依存する"能力"を、一元的に序列化し大学での学習成果の可視化の指標として用いること、それを教育成果としてみることは、適切であるとは思われない。ここでは、〈能力とパーソナリティの混同による「測りまちがい」〉が生じている可能性があるのである。

3. メトリクスの使い方

本章では、直接評価と間接評価の違い（教員の評価と学生の自己評価の違いを含む）、分野固有性と汎用性の違いに着目して「測りまちがい」になるおそ

れのある例を検討してきた。前者は、間接評価によって直接評価を代替しようとすることから生じる測りまちがい、後者は分野固有の測定結果について汎用性をもつとみなすことから生じる測りまちがいである。後者についてはさらに、パーソナリティと能力の混同である可能性も指摘した。

　急いで補足しておくと、私は、間接評価——学習行動や学習成果についての学生の自己報告（何ができると思っているか）から学習成果を間接的に評価すること——が無意味だと言っているわけではない。どんな学習行動をとっているか、学習成果について学生自身がどう捉えているかを知るには、質問紙調査などの間接評価の方法に頼るしかない。ただし、たとえば「批判的に考える能力」がどの程度身についたかについて学生に自己報告させたとしても、それはあくまでも学生自身の能力の獲得感を示すに過ぎず、そこから実際に獲得されている能力を知ることはできない、ということである。

　ジェネリックスキルの標準テストについても、それが開発された際に使われた文脈（場面や分野）に近い文脈であれば、有効に機能するかもしれない。たとえばPROGであれば、ビジネス分野などである。だが、医療系分野のようにかなり性格の異なる分野にまで汎用的に通用するとは考えにくい。

　ミュラーは著書 *The Tyranny of Metrics*（邦題『測りすぎ』）の最後に、「いつ、どのようにメトリクスを使うべきか」のチェックリストを掲げている。チェックリストは全部で10項目あるが、そのうちの2番目の項目は次のようなものである。

　　2.　情報はどのくらい有益なのか？　［中略］測定のしやすさは測定されるものの重要性とは反比例しているかもしれない。言い換えれば、本当に知りたいことの代用として何を測定しているのかを自問するべきだ。その情報が測定の狙いにとってあまり有益でなかったり、代用としてあまりよくなかったりするのなら、そもそも測定しないほうがましだ。（ミュラー, 2019, p. 180）

　これは、間接評価によって直接評価が代替可能かを考えるときに念頭に置いておくべき注意事項である。

さらに、8番目には次のようなチェック項目を挙げている。

8. 業績の測定方法は誰が、どのようにして開発したのか？　測定される実際の活動に積極的にかかわっている者とは程遠い誰かが標準化された公式を使って開発し、上から押しつけられたものである場合、説明責任のためのメトリクスが効果を上げられる可能性は低い。測定が意味を持つ可能性が高いのは、教師や看護師、街を巡回する警察官など、現場からの意見を取り入れて開発された場合だ。これはつまり、現場での直接経験から来る暗黙知を持つ者に、適切な業績基準を開発する方法を提案してもらうということだ。(p. 184 一部改訳)

本章で用いた直接評価（パフォーマンス評価）は、「現場での直接経験から来る暗黙知を持つ者」と学習評価の専門家との協働で開発されたものである。したがって、このチェック項目にはより合致しているといってよいだろう。

ただし、それは、質問紙調査や標準テストに比べると、はるかに大きな評価負担を教員に課すことになる。ミュラーはチェックリストの6番目で「メトリクス（測定値）を得る際にコストは何か？」を挙げ、「業績測定を実施する価値があったとしても、その価値はそれを得るためのコストより低いかもしれない。また、人的労力と時間というコスト自体がほぼ計算不可能であることも覚えておくべきだ」(pp. 182f 一部改訳)という。

本章で用いた直接評価（パフォーマンス評価）が大きな評価負担を強いることになるとすれば、それは、「測りまちがい」でなくても、「測りすぎ」になるおそれはある。評価負担が過剰にならずに、教員にとっても学生にとっても意味のある学習評価はどうすれば可能なのだろうか。引き続き、第6章で考えていくことにしよう。

第6章

長期的な学びと成長の評価
―プログラムレベルの学習評価の方法―

1. 長期的な学びと成長をどう評価するか

　学生が4（ないし6）年間の学士課程でどう学び、成長したかに関心のない大学教員はまれだろう。だが、どうすればそれを把握できるのだろうか。

　たとえば医療系であればそれほど難しくはない。専門の知識やスキルがほぼゼロの状態から、臨床実習に出て初歩的ながらも診療やケアに参加し、国家試験に合格して卒業していく。それは大学教育を受けなければなしえなかったことだ。他の理系の分野（理・工・農など）では、技術士（エンジニア）・建築士・情報処理技術者などを除けばあまり国家試験がないので、ここまで明確ではないが、それでも、専門の知識やスキルは入学前とは比較にならないくらい身についていることだろう。しかし、国家試験のない人文・社会科学系になるとその把握はずっと難しくなる。初年次セミナーで担当した学生の卒業論文の指導・審査にあたる、あるいは研究室のゼミで長期間にわたって指導するというようなことがあれば、その学生の成長を感じることもできるが、そのような機会に恵まれる教員の割合は限られている。

　本章では、プログラムレベルの学習成果をどう把握し評価するかという問題について、〈総和（sum）〉と〈軌跡（trajectory）〉という2つの考え方を示し、それに基づいて具体的な評価方法を提案する。

　ここでいう「プログラム」とは、学位プログラム、なかでも学士号という学

位を与えるために編成されたプログラムのことである。学士課程教育のうち正課教育の部分にほぼ対応する。2020年1月に出された文部科学省の「教学マネジメント指針」でも、「学位を与える課程（学位プログラム）が、学生が必要な資質・能力を身に付ける観点から最適化されているかという「学修者目線」で教育を捉え直す」（p. 1）ことの必要性が唱えられている。「最適化」は近年、教育政策でよく使われるようになった用語であり、最適化とは何なのか、実際に最適化が可能なのかは怪しいところだが、ここでは「学位プログラム」の方に注目していただきたい。

大学のカリキュラムは、授業（多くは90～105分）、授業科目（多くは1セメスターか1クォーター）、そして学位プログラム（4ないし6年間）という3階層の時間単位でできている。このうち、ほとんどの教員の努力は、自分の担当する授業科目やその毎回の授業に向けられている。しかし、学生が4（ないし6）年間の学士課程でどう学び、成長したかを把握し支援しようとすれば、他の教員と協働して、学位プログラムでの学習成果にも目を向ける必要がある。

アメリカの大学の歴史教育の改革に携わってきたユタ州立大学のダニエル・マッキナーニ（Daniel McInerney）は、これを、"From my course, to our program（私の担当科目から私たちのプログラムへ）" というフレーズで表現している。本章でも、"From my course, to our program" を合言葉に、プログラムレベルの学習評価について考えていきたい。

2.　能力（コンピテンス）の性格と評価

(1)　プログラムレベルの目標としての能力（コンピテンス）

なぜ、授業科目にとどまらず、学位プログラムでの学習成果も把握する必要があるのだろうか。ここで、歴史的・国際的視点から、その理由を探ってみよう。

戦前、専門教育のみを行っていた3年制の日本の大学は、戦後、アメリカの大学をモデルに4年制に移行し、専門教育と一般教育の双方を担うこととなった。以来、専門教育主体の大学教育にいかに一般教育を根づかせ、専門教育との統合を図るかは、日本の大学教育の課題であり続けてきた（杉谷，2019）。

表 6-1　本質的学習成果と学士力

Essential Learning Outcomes（AAC&U, 2007）	学士力（文科省, 2008）
人類の文化や自然界についての知識	**知識・理解**
・科学、数学、社会科学、人文学、歴史、言語、芸術などの学習を通じて	・多文化・異文化に関する知識の理解 ・人類の文化、社会と自然に関する知識の理解
知的・実践的スキル	**汎用的技能**
・探究と分析 ・批判的思考・創造的思考 ・文章コミュニケーション・口頭コミュニケーション ・量的リテラシー ・情報リテラシー ・チームワークと問題解決	・コミュニケーション・スキル ・数量的スキル ・情報リテラシー ・論理的思考力 ・問題解決力
個人的・社会的責任	**態度・志向性**
・市民としての知識と関与（ローカル、グローバルに） ・異文化の知識と能力 ・倫理的な推論と行為 ・生涯学習のための基礎とスキル	・自己管理力 ・チームワーク ・リーダーシップ ・倫理観 ・市民としての社会的責任 ・生涯学習力
統合的学習	**統合的な学習経験と創造的思考力**
・一般教育・専門教育での統合とより高度な達成	

（出典）本質的学習成果は AAC&U（2007, p. 12）より訳出、学士力は中央教育審議会（2008, pp. 12f）より抜粋して作成。

　1980 年代後半からは、専門教育での知識の付与に対して、一般教育では能力の涵養を理念とする考え方がみられるようになるが、2008 年 12 月の中央教育審議会答申「学士課程教育の構築に向けて」（いわゆる「学士課程答申」）では、学士課程共通の学修成果の参考指針として「学士力」が示され、学士課程教育全体において汎用的能力の育成や学修成果の可視化が期待されるようになった。学士力は、その前年に公表された全米大学・カレッジ協会（AAC&U, 2007）の本質的学習成果（Essential Learning Outcomes: ELO）を下敷きにしたものであり、両者の構成や内容はよく似ている（表 6-1）。

　両者ともに、知識、スキル、態度という、従来から能力を構成する要素とされてきた KSA（Knowledge, Skills, Attitudes）に加え、第 4 の柱として「統合

的学習（integrative learning）」が挙げられている。統合的学習は、一般教育・専門教育の枠をこえて学習の統合を図ろうとするもので、キャップストーン・プロジェクト（日本でいえば、卒業論文や卒業研究にあたる）がその代表的な取組とされている。

　AAC&U はリベラルエデュケーションの開発や提言を行ってきた団体であり、ELO はリベラルエデュケーションにとって本質的で不可欠な学習成果として抽出されたものである。日本の大学のように職業教育や専門職教育も射程に入れたものではない。にもかかわらず、日本の学士課程教育全体を含む「学士力」に援用できたのはなぜか。それは、ELO 自体が、〈エリート的・非職業的で、リベラルアーツ大学・リベラルアーツ学部や大学の初期段階でしか行われてこなかった 20 世紀のリベラルエデュケーション〉を批判して、〈すべての学生、すべての大学・分野で 4 年間を通じて行われ、経済的機会への入口にもなる 21 世紀のリベラルエデュケーション〉（AAC&U, 2007）をめざしたものだったからだろう。

　さて、「学士力」では汎用性のある能力が提示されているが、これと平行して、各分野別の知識・能力も検討が進められてきた。「学者の国会」とも呼ばれる日本学術会議では、文部科学省からの依頼を受けて、「大学教育の分野別質保証のための教育課程編成上の参照基準」（いわゆる「分野別参照基準」）を議論してきており、2024 年 8 月現在、34 の学問分野で分野別参照基準が提案されている。その中では、各分野の「基本的な素養」として「基本的な知識と理解」と「基本的な能力」が挙げられ、基本的な能力はさらに「分野に固有の能力」と「ジェネリックスキル」に分けられている（日本学術会議, 2010）。ここでいう「分野に固有な能力」は「専門的な知識や理解を活用して、何かを行うことができる能力」を指し、一方、「ジェネリックスキル」は「分野に固有の知的訓練を通じて獲得することが可能であるが、分野に固有の知識や理解に依存せず、一般的・汎用的な有用性を持つ何かを行うことができる能力」を指す。ジェネリック（汎用的）な能力が個別の分野での知的訓練を通じてこそ獲得されるとしているところがユニークだ。こうして、さまざまな学問分野で、分野に固有の能力とその分野で形成されるジェネリックスキル（汎用的技能）が示されてきた。これは、学問分野（ディシプリン）からの能力の捉え直しと

いうことができる。

(2) 学位プログラム全体の評価─ VALUE ルーブリックの場合─

① VALUE プロジェクト

　このように能力（コンピテンス）を教育目標に据えると、その育成・評価の時間単位は一つの授業科目にとどまらず、学位プログラム全体に拡大する。では、学位プログラム全体を通しての学習成果をどう評価するのか。

　AAC&U は、学士課程 4 年間で育成される「本質的学習成果（ELO）」を評価するための評価基準を「VALUE ルーブリック」として提案している（Rhodes, 2010; Rhodes & McConnell, 2017; AAC&U, n.d.）[66]。

　VALUE ルーブリックは、AAC&U が 2007 年から 2010 年まで取り組んだ VALUE（Valid Assessment of Learning in Undergraduate Education：学士課程教育における妥当な学習評価）プロジェクトの中で開発されたものである。プロジェクト長であったテリー・ローズ（Terrel L. Rhodes）は、その目的を次のように述べている。

> 　VALUE ルーブリックは、大学や教員が、特定の学位レベル──準学士号と学士号──の達成に対して期待されるパフォーマンスの質を評価するために、共通のスタンダードを創り出す手段を提供している。つまり、そこにあるのは、標準化に陥らない、質についてのスタンダードの枠組みなのである。（Rhodes, 2011/2012, p. 4）

　スタンダードと標準化（standardization）が区別されていることに注意しよう。アメリカでは、2006 年の「スペリングス・レポート」[67]によって、高等教

---

66)　関西国際大学のウェブサイト（https://www.kuins.ac.jp/kuinsHP/renkei/approach3.html）（2024 年 9 月 30 日閲覧）に、16 の VALUE ルーブリックの邦訳が掲載されている。また、松下（2012）にもその時点で公表されていた 15 の VALUE ルーブリックの邦訳を掲載している。

67)　連邦教育省が 2006 年 9 月に発表した「高等教育将来構想委員会（Commission on the Future of Higher Education）」による答申 "A Test of Leadership" のこと。諮問を行った教育長官の名前をとって通常「スペリングス・レポート」と呼ばれている。この答申の特徴は、高等教育機関における学習成果・教育成果を重視している点にある。

育機関に対し、学生が応分の学習成果を獲得していることを、より客観的・統一的に示すことが求められるようになり、説明責任への要請がいっそう高まることになった。従来、大学の教育力は、リテンション率（学業継続率）、卒業率などで示されることが多かったが、それらは、学生の学習成果の間接指標にすぎず（表2-3参照）、説明責任の要請に十分応えることができない。そこで、直接指標としてよく用いられるようになったのが、第5章で取り上げたCLAのような標準テストの得点である。VALUE プロジェクトは、そうした状況のなかで、標準テストに対抗する学習評価の代替的アプローチとして構想されたものであった（森, 2015b）。

　ローズ（Rhodes, 2009）は、標準テストの問題点として、サンプルになった学生のみが対象であること、スナップショット的な学習成果の把握のしかたであること、評価結果が教授・学習の質の改善に役立たないことを挙げる。逆にいえば、VALUE プロジェクトにおける学習評価は、当該機関のすべての学生を対象とし、継続的な学習成果を把握し、評価結果が教授・学習の質の改善に役立つようなものでなければならない。そのような学習成果の評価方法として選択されたのが、e ポートフォリオに収められた学生のワーク（活動や作品）を VALUE ルーブリックで評価するという方法であった。

② VALUE ルーブリックの中身

　VALUE ルーブリックは、以下の16の学習成果について開発されている。

　　探究と分析、批判的思考、創造的思考、文章コミュニケーション、口頭コミュニケーション、読解、量的リテラシー、情報リテラシー、チームワーク、問題解決、市民参加、異文化知識・能力、倫理的推論、生涯学習の基礎とスキル、統合的学習、グローバルな学習

　本質的学習成果（表6-1）とつき合わせると、第2の柱の知的・実践的スキル、第3の柱の個人的・社会的責任、第4の柱の統合的学習に含まれる学習成果がカバーされていることがわかる。つまり、本質的学習成果の一つひとつについて、その4年間の変化を評価するためのルーブリックが開発されたわけで

ある。一方、第1の柱の「人類の文化や自然界についての知識」は、各分野で異なるので、VALUE ルーブリックには含まれていない。

たとえば、「問題解決」の VALUE ルーブリックは表 6-2 のようになっている。それぞれの学習成果は、キャップストーン（4）、マイルストーン（3, 2）、ベンチマーク（1）、1を満たさない（0）、の5つのパフォーマンス・レベルに尺度化されており、各数字は大まかには対応する学年を表している。また、各学習成果がだいたい5〜6個の次元（dimension）から構成されている。たとえば、問題解決の場合は、問題解決のプロセスにそって、「問題の定義」「方略の同定」「解決策／仮説の提案」「とりうる解決策の評価」「解決策の実行」「結果の評価」という6つの次元が抽出されている。

このように、VALUE ルーブリックは、複数の次元で学習成果を分析するという点で「分析的ルーブリック」であり、また、長期間にわたる学習成果の変化を把握するのに役立つ「長期的ルーブリック」でもある。これを使って、1年生と4年生の得点の分布を比較することで、4年間の成長を評価できるようデザインされている。

AAC & U には、コミュニティ・カレッジから名門私立大学まで、タイプや規模の異なる約 1,400 の大学・カレッジが加盟している。当然のことながら、学生の属性や知的水準もさまざまだ。したがって、すべての大学・カレッジがVALUE ルーブリックをそのまま使うのではなく、自分の大学・学科・科目の文脈にあわせてローカライズして使うことが想定されている。

VALUE ルーブリックは、2009 年の発表以来、米国での機関・プログラムレベルの評価に大きな影響を与えてきた。全米学習成果評価研究所（National Institute for Learning Outcomes Assessment: NILOA）の 2017 年の調査によれば、アメリカでの機関・プログラムレベルの評価方法のうち、よく利用され、信頼もされている方法の上位3つは、全米規模の学生調査、ルーブリック、教室ベースのパフォーマンス評価となっている（Jankowski et al., 2018）。とくにルーブリックと教室ベースのパフォーマンス評価は、2009 年から 2013 年にかけて大きく伸びており、これは VALUE ルーブリックの影響が大きいとされている（図 6-1）[68]。

表 6-2　問題解決 VALUE ルーブリック

定義

問題解決とは、オープンエンドな問題に答えるための方略、あるいは望ましい目標を達成するための方略を、デザインし、評価し、そして実行する過程である。

　＊ベンチマークレベルのパフォーマンス（1 のセル）を満たさない作品事例にはゼロを割り当てること。

	キャップストーン 4	マイルストーン 3	マイルストーン 2	ベンチマーク 1
問題の定義	関連性のあるあらゆる文脈要因の根拠をもって、明確で洞察に富んだ問題記述を構成する能力を示している。	関連性のある大半の文脈要因の根拠をもって問題記述を構成する能力を示しており、問題記述も適切である。	関連性のある（relevant）大半の文脈要因の根拠をもって問題記述を構成する能力を示し始めるが、問題記述は表面的である。	問題記述や関連する（related）文脈要因を同定する際、限定された能力を示している。
方略の同定	特定の文脈においてあてはまる、多種多様な問題解決アプローチを同定している。	特定の文脈においてあてはまる、いくつかの問題解決アプローチを同定している。	特定の文脈においてあてはまる一つの問題解決アプローチを同定している。	特定の文脈においてあてはまらない一つ以上の問題解決アプローチを同定している。
解決策／仮説の提案	問題についての深い理解力を示す一つ以上の解決策／仮説を提案している。解決策／仮説は、文脈要因だけでなく、問題の倫理的・論理的・文化的次元のすべてについても配慮している。	問題についての理解力を示す一つ以上の解決策／仮説を提案している。解決策／仮説は、文脈要因だけでなく問題の倫理的・論理的・文化的次元の一つについても配慮している。	問題の特定の文脈要因を扱うために個別にデザインされた解決策／仮説よりむしろ「画一的な」一つの解決策／仮説を提案している。	漠然としていたり、間接的に問題記述を扱っているのみにすぎないがために評価することが難しい解決策／仮説を提案している。
とりうる解決策の評価	解決策の評価は深く洗練されており（たとえば、徹底していて洞察に満ちた説明を含む）、以下の点（問題の変遷を考える、論理／推論を吟味する、解決策の実行可能性を検討する、解決策の影響力を比較考量する）を深く完全に含んでいる。	解決策の評価は適切であり（たとえば、徹底した説明を含む）、以下の点（問題の変遷を考える、論理／推論を吟味する、解決策の実行可能性を検討する、解決策の影響力を比較考量する）を含んでいる。	解決策の評価は簡素であり（たとえば、深さに欠けた説明）、以下の点（問題の変遷を考える、論理／推論を吟味する、解決策の実行可能性を検討する、解決策の影響力を比較考量する）を含んでいる。	解決策の評価は表面的で（たとえば、おおざっぱで浅い説明）、以下の点（問題の変遷を考える、論理／推論を吟味する、解決策の実行可能性を検討する、解決策の影響力を比較考量する）を含んでいる。
解決策の実行	問題の多種多様な文脈要因を、徹底的に深く扱うというやり方で、解決策を実行している。	問題の多種多様な文脈要因を、表面的に扱うというやり方で、解決策を実行している。	問題記述を扱ってはいるが、関連する文脈要因を無視するやり方で、解決策を実行している。	問題記述を直接扱わないやり方で解決策を実行している。
結果の評価	次の作業に必要なことについて、十分、具体的に考えて、定義された問題と関わる結果を吟味している。	次の作業に必要なことについて、多少考え、定義された問題と関わる結果を吟味している。	次の作業に必要なことについて、あるとしてもごくわずかだけ考え、定義された問題の観点から結果を再考している。	次の作業に必要なことについて、まったく考えずに、定義された問題の観点から、表面的に結果を再考している。

（出典）松下（2012, p. 109）を改変。

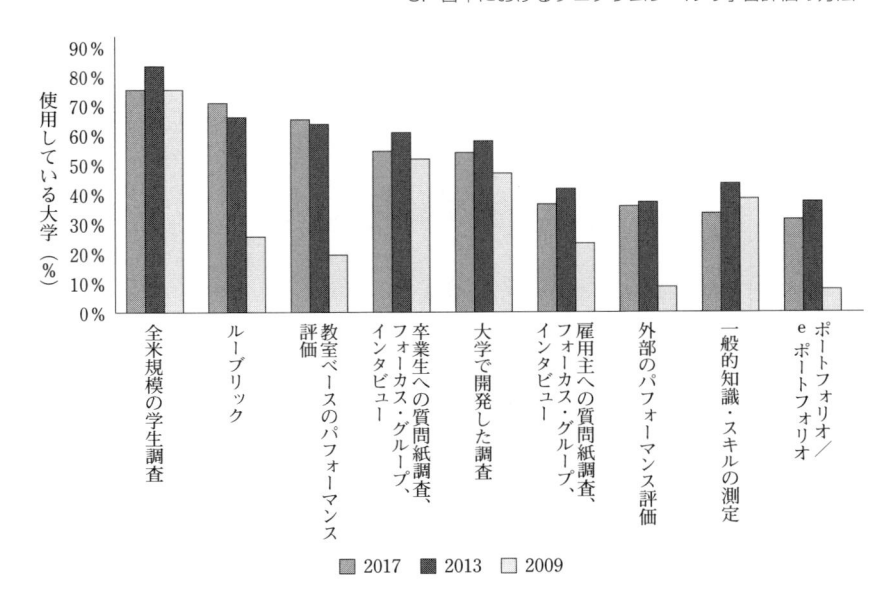

図 6-1　アメリカでの機関・プログラムレベルの評価方法

（出典）Jankowski et al.（2018, p. 12, Figure 5）より訳出。

3. 日本におけるプログラムレベルの学習評価の方法

　では、日本では、プログラムレベルの学習成果を把握し評価するのに、どんな方法が使われているのだろうか。これについては、毎年実施されている文部科学省の調査「大学における教育内容等の改革状況について」や、朝日新聞・河合塾の調査「ひらく 日本の大学」で、統計がとられている。たとえば、朝日新聞・河合塾調査（2019 年度）によれば、「学修成果を把握するための取り組み（全学で実施）」は多い順に、大学の成績管理・GPA、学生調査（学修行動調査など）、卒業論文・卒業研究、標準テスト、学修ポートフォリオ……と

68）　評価研究者のバンタら（Banta & Palomba, 2015）は、「VALUE ルーブリックの目的は、各科目で教員が行う評価と、それとは別に教員団や評価専門家がプログラム・機関レベルで行う評価とを結びつける手助けをすることであった」（p. 101）と評している。

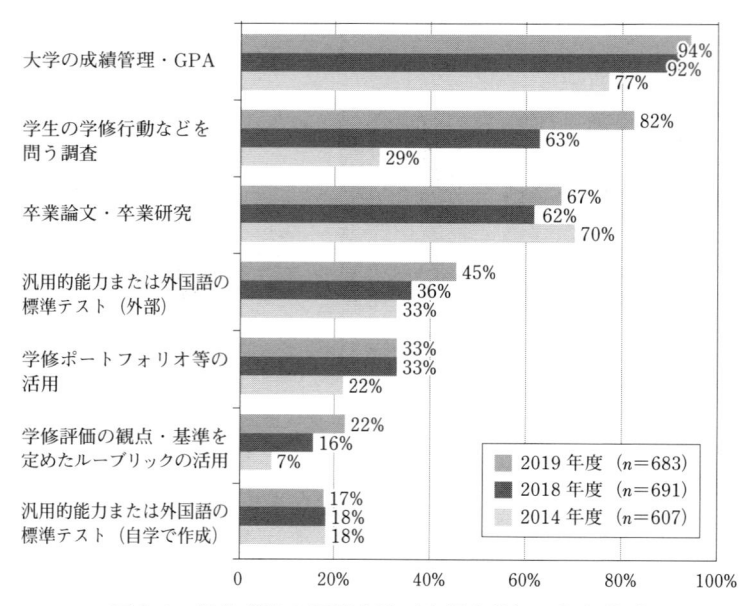

図 6-2　学修成果の把握方法（全学実施）の経年比較

（出典）河合塾『Guideline』2019 年 11 月号, p. 16 より抜粋。

なっている（図 6-2）[69]。

　ただ、それぞれの評価方法には、メリットの一方で、限界もある（表 6-3）。まず、学生調査（学修行動調査など）からみていこう。学生調査は、全学実施の割合が 2 番目に高く、この 5 年間で大きく伸びている。しかし、これ単独でプログラムレベルの学習成果の評価を行うのは適切とはいえない。第 5 章でみたように、間接評価は直接評価の代替にはならないので、学生調査のような間接評価だけでは、プログラムレベルの学習成果の評価は行えないからである。ただし、繰り返すようだが、私は、学生調査が無意味だと言っているわけではない。学生の学習観や学習行動のように学生本人に聞くしかないものは確かにあり、その場合には学生調査は有効なツールである。

　では、直接評価にはどんなものがあるだろうか。朝日新聞・河合塾の調査で全学実施の割合が最も高い「大学の成績管理・GPA」は直接評価の方法である。

---

69)　以下のウェブサイトを参照（https://www.keinet.ne.jp/teacher/media/guideline/backnumber/19/11/toku.pdf）（2024 年 8 月 2 日閲覧）。

表6-3　プログラムレベルの学習評価の方法の比較

評価方法	タイプ	評価時期	メリット	限界
大学の成績管理・GPA	・量的／質的な直接評価	・プログラム期間全体	・成績評価の結果が直接活用できる ・すべての科目がカバーできる	・各科目での学習成果の質の違いが捨象される ・総和では、学生の学びの軌跡や卒業時点での学習成果が把握できない
学生調査（学修行動調査など）	・量的な間接評価	・通常、プログラム期間に2回以上	・組織間比較や経年比較が行いやすい ・教員の評価負担が小さい ・調査できる範囲が広い	・自己報告のため、直接評価の代替はできない
卒業論文・卒業研究	・質的な直接評価	・4年次	・単なる評価課題ではなく学習課題としての意義をもつ ・卒業時点での統合的な能力が把握できる	・4年次まで把握できない ・評価が主観的になりやすい
標準テスト（ジェネリックスキル）	・量的な直接評価	・通常、プログラム期間に2回以上	・組織間比較や経年比較が行いやすい ・教員の評価負担が小さい（経費はかかる）	・プログラムの目標と合致しているとは限らない ・分野固有の知識や能力は測定できない ・ペーパーテストの測定できる範囲に限られる
学修ポートフォリオ	・質的な直接評価	・プログラム期間全体	・証拠資料とともに学生の学びの軌跡が把握できる ・学生自身の学びと成長のリフレクションになる	・カンファレンス（ポートフォリオ検討会）や目標との対応づけが伴わないと、証拠資料の保存のみで評価につながらない

（出典）松下（2020, p. 78, 表1）を一部改変。

しかし、各授業科目の成績評価を寄せ集めただけでは、プログラムレベルの評価にはならない。また、GPA（Grade Point Average）は、各科目の成績（S・A・B・C・Fや秀・優・良・可・不可など）を数値化し、その平均をとった値なので、一人の学生の成績評価の代表値として便利ではあるが、どんな能力（知識を含む）を身につけているのかはまったくわからない。そもそも、成績評価の基準が教員によって異なるのがふつうという状況下では、その平均値もあてにはならない（GPAを直接指標ではなく間接指標に入れることもある）。したがって、各授業科目の成績評価を単に寄せ集めるだけではなく、何らかの方法で集約（aggregate）することが必要になる。それはどんな方法だろうか。

4.　総和と軌跡

(1)　〈総和〉による方法

　ここで、〈総和（sum）〉と〈軌跡（trajectory）〉という対概念を導入しよう。〈総和〉とは、プログラムレベルの学習成果を個々の授業科目の学習成果の総和として（つまり時間軸を捨象して）把握するという考え方である。一方、〈軌跡〉とは、プログラムレベルの学習成果を学生の学習の進捗にそって（つまり時間軸を入れて）把握するという考え方のことである（松下, 2020, 2021b）。

　各授業科目の成績評価を集約してプログラムレベルの学習成果を示すために近年よく用いられているのが、カリキュラムマップやレーダーチャートなどの学修成果可視化ツールだ。カリキュラムマップは、プログラムレベルの学習成果が各科目によってどう達成されるかをマトリックス形式で示した表である（表6-4）。表6-4では、プログラムレベルの学習成果として「学士力」の各項目が挙げられ、それぞれの授業科目がどの項目と関連しているかが示されている。レーダーチャートは、学生（個人あるいは集団）について、その学習成果の評価結果を一つの図で表したものである（図6-3）。このような「学修成果の可視化」は、文科省のAP（大学教育再生加速プログラム）事業や認証評価などを通じて、日本の大学にかなり普及している[70]。

　カリキュラムマップやレーダーチャートの背後にあるのは、「個々の科目の学習成果の総和が、学習プログラム全体としての学習成果となる」（González & Wagenaar, 2008, 邦訳 p. 33）というアイデア、つまり〈総和〉の考え方である。確かに、カリキュラムマップには、"From my course, to our program"を具体化する上で、一定の効果があるかもしれない。教員は自分の担当科目が学位プログラムで掲げる全体の目標（学習成果）の達成にどう寄与するのかを意識することを求められるからである。

　しかし、〈総和〉による方法には次のような難点がある。

　①カリキュラムマップで描かれるプログラムレベルの学習成果は、DP（デ

---

70)　図6-3、表6-4は、AP合同フォーラムの発表資料（稲葉, 2016）を参考にして作成した。

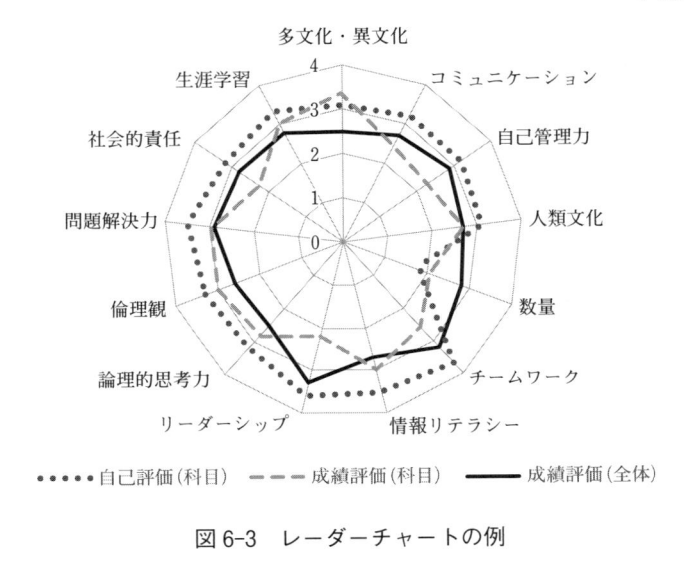

図 6-3　レーダーチャートの例

表 6-4　カリキュラムマップの例

授業科目名	単位数	知識・理解		汎用的技能					態度・志向性					
		多文化・異文化	文化・自然・社会	コミュニケーション・スキル	数量的スキル	情報リテラシー	論理的思考力	問題解決力	自己管理力	チームワーク	リーダーシップ	倫理観	社会的責任	生涯学習力
世界史	2		●					●						
情報科学入門	2					●								●
化学入門	2		●											
環境科学	2											●	●	
数学入門	2		●		●									
アカデミックスキルズ	1			●			●							
英語Ⅰ	2	●		●										
ケースメソッド								●		●	●			
サービスラーニング										●		●	●	
キャリアデザイン	2								●					●

ィプロマ・ポリシー）で記述されるようなかなり抽象度の高い資質・能力である。それらは多義的で曖昧であり、科目の内容によっても、また担当教員の解釈によっても異なる意味をもつことが少なくない。プログラムレベルの学習成果の意味が科目によって異なるのだとすれば、それを数値化して足し合わせることに妥当性があるとは思われない。

　②〈総和〉による方法は、時間軸を捨象している。一方、多くの学習成果は、プログラム期間内で大きく変化する。たとえば、「論理的に文章を書く力」のような学習成果は、1年次の初年次教育科目と4年次の卒業論文のどちらにも含まれるが、卒業時に学生が身につけている力は卒業論文の方でより直接的に示されるはずだ。だが、〈総和〉による方法では、こうした資質・能力の変化は考慮に入れられない。

　ただし、カリキュラムマップやレーダーチャートの中には、〈軌跡〉も表現できるように工夫されたものもある。たとえば表6-5のようなカリキュラムマップには、「発展的カリキュラムマップ（developmental curriculum map）」という名称がついている。通常のカリキュラムマップは、該当する学習成果にチェックを入れたり、各科目で達成される学習成果に重みづけをしたりするだけだが、発展的カリキュラムマップでは、各学習成果の進捗が、I（introduced：導入）・D（developed：展開）・M（mastered：習得）の記号で表されている。こうすることで、同じ名前の学習成果の、科目による質の違いを反映しようというわけだ。

　だが、発展的カリキュラムマップであっても、カリキュラムマップの基本的な性格は変わっていない。プログラムレベルの学習成果は、多義的で曖昧であ

表6-5　発展的カリキュラムマップ

	プログラムの 学習成果1	プログラムの 学習成果2	プログラムの 学習成果3
科目1	I		D
科目2	D	I	
科目3	M	D	M

（注）Iは introduced、Dは developed、Mは mastered の略。
（出典）Jankowski & Marshall（2017, Table 4.2）より訳出。

り、科目によって異なる意味をもつので、それを I-D-M のように直線的に並べることは容易ではない。

　一方、レーダーチャートでも、学年ごとに学習成果を集約してプロットすることで、4年間でどのように DP に掲げた資質・能力が変化しているかを可視化している大学もある。とはいえ、やはり①の難点は残ったままだ。

　サドラー（Sadler, 2010）は、累積的評価（cumulative assessment）の問題点を、同一の達成（たとえば、同じ能力についての到達の度合いなど）にいたる2つの学習経路（path）によって説明している（図6-4）。

　学生 A と B が、T4 の時点（学習終了時）で同一の能力について同一の達成を示したとしよう。この場合、もし累積的評価を行って、T1、T2、T3 の時点での評価も均等に足し合わせるとすれば、B の総和は A の 65％にしかならない。これは不適切だとサドラーはいう。ここで注意したいのは、サドラーが批判しているのは T1 ～ T3 をすべて最終的な評価に組み入れることに対してであって、その経路を知ること自体に対してではない、ということだ。つまり、〈総和〉による方法への批判であって〈軌跡〉による方法への批判ではない。学習経路を知ることはむしろ必要であり意味のあることだと考えられている。

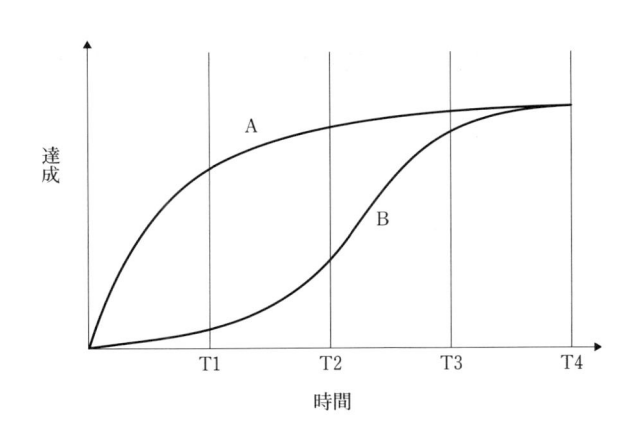

図 6-4　2人の学生の学習経路

（出典）Sadler（2010, p. 736, Figure 1）より訳出。

(2) 〈軌跡〉による方法

　では、〈軌跡〉による方法としては具体的にどのようなものが考えられるだろうか。全学実施の割合が 3 番目に高い「卒業論文・卒業研究」（図 6-2）は、その方法の一つである。卒業論文・卒業研究は一時点（4 年次）の評価なので、〈軌跡〉とは関係ないように思われるかもしれない。だが、実は、〈軌跡〉による方法の性格を内包している。卒業論文・卒業研究は、学びの軌跡を経た上で卒業時までに形成している資質・能力を総合的に反映していると捉えられるからだ（図 6-4 の T4 にあたる）。多くの大学・学部で、DP に掲げた目標の大半が卒業論文・卒業研究に直接紐づけられているのは、そのような理由によるのだろう。また、「学修ポートフォリオ」も、証拠資料とともに学生の学びの軌跡が把握できる点で、まさしく〈軌跡〉による方法だといえる。

　だが、やはり限界はある。「卒業論文・卒業研究」は学習成果が 4 年次まで把握できない。また、評価にルーブリックを使うなどの取組もなされているが、依然として評価が主観的になりやすいというきらいもある。一方、「学修ポートフォリオ」は、多様な根拠資料を含むため、カンファレンス（ポートフォリオを使ったリフレクションを教員、TA、ピアなどと行うポートフォリオ検討会）や目標とする学習成果との対応づけが適切になされないと、単に雑多な資料を保存しておくだけの "箱" になってしまうことも少なくない。

5. ミネルバ大学における〈総和〉と〈軌跡〉の統合

(1) 目標としての学習成果

　それでは、〈総和〉による方法の難点をふまえた上で、〈軌跡〉による方法とどう組み合わせていけばよいのだろうか。この課題を意識的に追求しているのが、ミネルバ大学（Minerva University）[71] の評価方法である（Kosslyn & Nelson, 2017; 松下編, 2024）。

　ミネルバ大学は、自前のキャンパスをもたず、世界の 7 都市を半年ごとに移動しながら、すべての授業においてオンラインのフル・アクティブラーニング

---

71)　2012 年に Minerva Schools at KGI として設立。2021 年に Minerva University に改称。詳しい検討は松下編（2024）を参照していただきたい。

（fully active learning）で学ぶことで知られている。が、それだけでなく、目標、カリキュラム、評価、準正課活動・課外活動、入学者選抜、教員採用・研修などさまざまな面において、大学教育や学習科学の理論・実践を基盤にした実験的で先進的な取組を行っている点でも注目される大学である。

　まず目標についてみてみよう。ミネルバは、「世界のために批判的な知恵（critical wisdom）を涵養すること」を理念として掲げ、「実践知（practical knowledge）」を最上位の目標に据える。そして、実践知の下に、4つのコア・コンピテンシー（批判的思考、創造的思考、効果的コミュニケーション、効果的インタラクション）が置かれている。このうち批判的思考と創造的思考は個人的能力に、効果的コミュニケーションと効果的インタラクションは対人的能力に関係している。

　これらのコア・コンピテンシーは、〈新しい能力〉によくみられるいわゆる「4Cs」（critical thinking, creativity, communication, collaboration）とほぼ同じであり、これだけなら何ら目新しさはない。ミネルバの特徴は、それらをさらに HCs と呼ばれる目標に具体化している点である。上のようなコンピテンシーは「全く異なるさまざまなスキルや能力の緩やかな集合体に割り当てられた名称」（Kosslyn & Nelson, 2017, p. 29）にすぎず、これだけでは実効性をもたないと考えられたためだ。HCs というのは、「知の習慣（habits of mind）」と「基本的概念（foundational concepts）」をまとめた呼び名である。この HCs は実践を通して、教員・学生の声を聞きながらたえず見直しがなされており、2022 年時点では 78 個がリストにあげられている[72]。このうち、批判的思考には、#sourcequality（＝出典の質を決定するためにカテゴリーと情報のタイプを区別する）など 29 個、創造的思考には、#analogies（＝適切に問題を解決する上でアナロジーを用いる）など 17 個、効果的コミュニケーションには、#audience（＝文脈やオーディエンス（相手）にあわせて口頭や文書での表現の仕方を変える）など 10 個、効果的インタラクションには、#differences（＝人々のさまざまなスキル・能力・特性・態度・信念を認識し用いる）など 22 個が含まれている。

72）　当初は 114 個だったのが（Kosslyn & Nelson, 2017; 松下, 2019）、その後、削除・統合・追加の作業を経て、2022 年時点では 78 個になっている（松下編, 2024）。

　ミネルバでは、1年次には一般教育を受け、2年次から5つの専攻（人文学、コンピュータ科学、自然科学、社会科学、ビジネス）に分かれて専門教育を受ける（図6-5）。1年次の一般教育では4つのコーナーストーン科目[73]（「形式的分析」「実証的分析」「多モードコミュニケーション」「複雑系」）を全員必修で履修し、その中で、すべてのHCsを習得することになっている。ただし、それを文脈から切り離して学ぶわけではない。たとえば、「実証的分析」の最初の2週間は「問題解決」という単元で、#selflearning（特定のタイプの題材について自分自身に教えるための効果的な方略を適用する）、#rightproblem（問題の性格を特徴づける）、#breakitdown（問題を扱いやすい要素に編成し、解決をデザインする）と #gapanalysis（創造的な解決がどこで必要とされるのかを明らかにしてくれるギャップを特定する）、#constraints（問題を解決するための制約充足を確認して適用する）という5つのHCsを学ぶが、それ

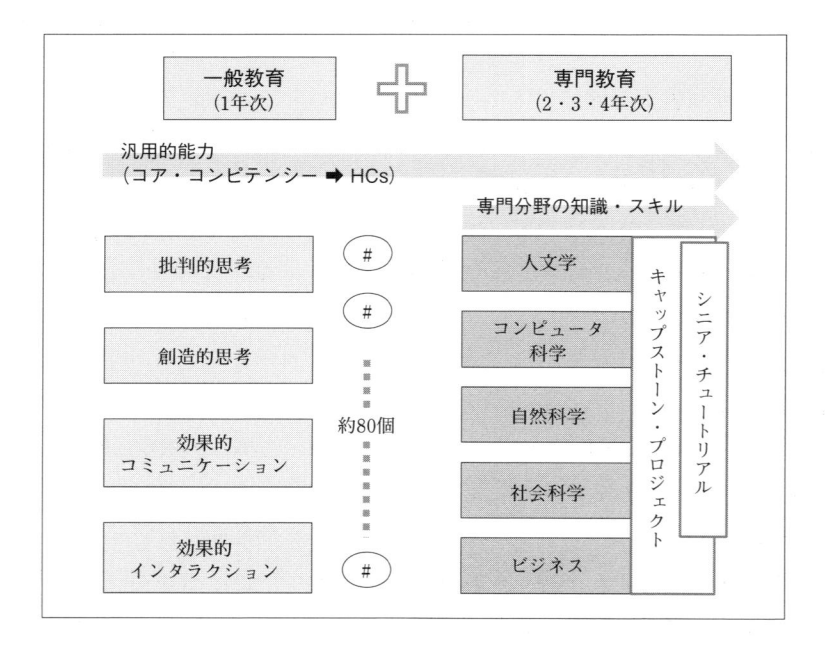

図6-5　ミネルバ大学のカリキュラムとHCs

---

73)　cornerstone とは「礎石」「基礎」のこと。キャップストーンとの対比がわかりやすいように「コーナーストーン」と訳している。

は「どうすれば世界の人々に食料を供給することができるか？」という「ビッグ・クエスチョン」について考えるという文脈で導入され、5つのHCsを統合することでこの問いに答えていくことになっている。

また、この4つのコーナーストーン科目は、「形式的分析」はコンピュータ科学、「実証的分析」は自然科学、「多モードコミュニケーション」は人文学、「複雑系」は社会科学と関連が深く、それぞれの専攻への導入科目的な意味合いももっている。

2年次以降の専門教育では、5つの専攻に分かれて、各学問分野に固有の知識やスキルを学んでいく。専門分野の知識・スキルも、たとえば自然科学の#platetectonics（プレートテクトニクスに関する複数の証拠を評価し、プレートテクトニクスが他のすべての地球サイクルにとって基本的に重要であることを認識する）のように、HCsと同じくハッシュタグつきで表現されている（こちらはHCsと区別して、LOs（Learning Outcomes）と呼ばれている）。

ここで興味深いのは、HCsは、1年次の一般教育で習得して終わりなのではなく、その後の専門科目（2〜4年次）や、卒業研究にあたる「キャップストーン・プロジェクト」（3・4年次）、類似の興味・関心をもつ学生たちがグループになって自ら授業をデザインし教える「シニア・チュートリアル」（4年次）、さらにはさまざまな準正課活動（たとえば、滞在都市での企業、行政組織、市民団体などと行うシビック・プロジェクト）など、多様な文脈でそれらのHCsを意識的に活用しながら、適用範囲を広げ、習熟度を深めていくことになっている点である。コア・コンピテンシーは汎用性をもつと想定されているが、最初から汎用性を有しているわけではなく、HCsを数多くの異なる文脈の中で適用し続けることで、徐々に汎用性を獲得していくのである。

(2) 学習成果の評価—ルーブリックとタイムトラベル・グレード—
①ルーブリック・テンプレート

では、このようにして学士課程を通して学ばれ続けるHCsはどう評価されているのだろうか。ミネルバでは、すべてのHCsで共通のルーブリック・テンプレートが使われている（表6-6）。見ての通り、このルーブリックは、1（知識の欠如）・2（浅い知識）・3（知識）・4（深い知識）・5（深遠な（profound）

表 6-6　すべての HCs に共通のルーブリック・テンプレート

ルーブリック得点	記述語
1. 知識の欠如	促されても、学習成果を再生・使用しない。あるいは、再生・使用したとしても、ほとんど・まったく不正確である。
2. 浅い知識	部分的に引用・言い換え・要約・概説・適用することによって、ある程度正確に学習成果を再生・使用している。あるいは、スキルや概念を再生・使用しているものの、関連する問題や目標に取り組むことはできていない。
3. 知識	学習成果を正確に再生・使用・言い換え・要約・概説し、あるいはその標準的・直接的な例示を行い、関連する問題や目標に取り組んでいる。
4. 深い知識	学習成果を説明する、使用して洗練された標準以上の例示を行う、構成要素を識別する、重要な区別を応用する、構成要素間の関係を分析する、といったことによって、学習成果をより深く理解していることを示している。
5. 深遠な知識	学習成果を、斬新な（つまり授業の教材の中にはない、あるいは関連文献にも簡単に見つからないような）視点に依拠して創造的・効果的な方法で使用している。それによって、既存の問題解決技法を改善したり、より効果的な手法を発案したりしている、あるいは、標準よりもエレガントで美しい解決策を考案している、あるいは、きわめて巧妙で効果的な応用を生み出している。

（出典）Kosslyn & Nelson（2017, p. 242, Table 17.1）より訳出。

知識）の 5 段階からなる、1 次元のみのルーブリックである。知識の深さによって尺度が作られており、ウェッブの「知識の深さ（Depth of Knowledge：DoK）」の影響がうかがわれる。DoK のねらいは、学習の深さと範囲を表現する文脈（シナリオ、場面、状況など）を確立することにあった（第 3 章第 3 節参照）。ミネルバでも、スキルや概念（HCs）の理解の深さとその活用の有効性・斬新さ・美しさが問われている。

　前述のように HCs は学士課程 4 年間を通じて習得・活用され続けるので、このルーブリックは、4 年間使われる長期的ルーブリックでもある。そのため、あらゆる成果物に適用できるような「柔軟性」と成長の度合いが把握できる「幅」をもつようデザインされている。各 HC のルーブリックはこのテンプレートをカスタマイズして作成される。

　先に VALUE ルーブリックについて紹介したが、両者を見比べると、ミネ

ルバのルーブリックは、一つの VALUE ルーブリックの中の一つの次元にほ
ぼ対応する。たとえば、文章コミュニケーションの VALUE ルーブリックには、
「文章作成の文脈と目的」「内容の展開」「ジャンルと学問分野の約束事」「資料
と根拠」「構文と技法の駆使」の 5 つの次元が含まれるが、「文章作成の文脈と
目的」(相手・目的や文章作成課題をとりまく状況の考慮を含む) は、ミネル
バの HCs の #audience、「資料と根拠」は #sourcequality とほぼ重なる。つま
り、AAC&U では、包括的な汎用的能力を目標とし、その分、分析的なルー
ブリックを用いるのに対し、ミネルバでは、目標とする汎用的能力を HCs に
まで細かく具体化した上で、1 次元のみのルーブリックを用いるわけである。

 ただし、両者とも、長期的ルーブリックによって、学生の学習の進捗の把握
を行おうとしている点、つまり〈軌跡〉による方法をとっている点で共通して
いる。なぜ、このような長期的ルーブリックが必要になるのかといえば、それ
は、本質的学習成果(ELO)や HCs にあげられている能力が、長期間をかけ
て形成され発達していくものだからである。多くの教員は、単位の認定のため
に、学期末などの「一定の学習期間終了時」に評価を行うが、能力の形成・発
達は学士課程の 4(6)年間、さらには生涯にわたって続く。大学が責任をも
って育成すべき、この学士課程の期間の能力の変容を追跡するために長期的ル
ーブリックが必要とされるのである。

②タイムトラベル・グレード

 さて、ミネルバの 1 年次のコーナーストーン科目では、授業中の観察、大小
さまざまな課題、学期末の最終プロジェクトなどで、このルーブリックを使い
ながら、HCs の評価とフィードバックがなされ、1 年次の終わりにひとまず各
科目の合否判定が行われる。2 年次以降、専門教育に入ってからも、科目やプ
ロジェクトの中で HCs が活用されるたびに HCs の評価は更新され続ける。そ
して卒業時にようやく、すべての HCs の得点をもとに、各コーナーストーン
科目の評語が決定され、それが学士課程全体を通じて育成された学生の汎用的
能力の習熟度を示すものとなる。

 HCs は 1 年次のコーナーストーン科目で学んだだけでは、自分のものになら
ない。だから専門科目でも正課や準正課のプロジェクトでもさまざまな場面

で使う。学んだ文脈とは性格の異なる多様な文脈で使うことで「遠い転移」[74]が実現できると考えられている。実際、ミネルバの学生たちへのインタビューでも、学生たちが、"#audience" とか "#breakitdown" とか "#rightproblem" といった HCs を日常会話の中でも合言葉のように使って、自分の思考のツールにしていることがうかがえた（田中・松下, 2021）。

　このような HCs の成績評価の方法を、ミネルバでは「タイムトラベル・グレード（"time-traveling" grades）」と呼んでいる。学生は、1年生から4年生までの学びの履歴の中で、HCs を学び使いながら旅を続ける。その旅につきそうように評価が行われるのである。

(3) ミネルバにおける〈総和〉と〈軌跡〉の組み合わせ方

　ミネルバの学習成果とその評価においてまず興味をひかれるのは、これまでみてきたように、〈軌跡〉による方法が実装されている点だ。HCs はいったん1年次にすべて習得されるが、その後もさまざまな文脈の中で適用され、そのつど評価される。評価課題では、教員が指定する HCs に加えて、学生自身が評価してもらう対象として申告する HCs もある。こうして卒業時までの学士課程全体を通じて、HCs がどのように広さと深さを増していくかというその進捗が可視化され共有されるのである。進捗状況は、HCs の評価ダッシュボード上で教員も学生もいつでも見られるようになっている。

　ただし、〈軌跡〉による方法だけで学習成果が評価されているわけではない。まず、専門科目では、HCs 以外の分野固有の知識やスキル（先述の LOs）は、一般の大学と同じように科目ごとに評価される。また、各 HC の得点も、課題によって異なる重みづけを与えられて足し合わされる（＝〈総和〉による方法）。課題が総合的・包括的になるほど、また学期が後ろにいくほど、この重みづけは増すよう設定されている。

　このように、ミネルバでは、何を〈軌跡〉によって、また何を〈総和〉によって把握すべきかが明確に意識され、両者を組み合わせることで、プログラム

---

74)　「転移（transfer）」というのは、学習したことがらを学習した文脈（課題や場面など）とは別の文脈で使うことである。学習した文脈と適用する文脈が近い場合を「近い転移（near transfer）」、遠い場合を「遠い転移（far transfer）」という。

レベルの（つまり学士課程4年間の）学習成果の評価が行われている。

（4）ミネルバは「測りすぎ」か
①評価のデザイン原則

本書のタイトルは「測りすぎの時代の学習評価論」である。ここまでのミネルバの評価のやり方を読んで、これは「測りすぎ」ではないのか、と思われた方もいるかもしれない。

確かにミネルバの評価方法は、厳格で徹底しており、教員にかなりの評価負担を求めるものになっている。ミネルバでは、評価のデザイン原則として以下の6つを挙げる（Kosslyn & Nelson, 2017, p. 240）。

1) ［意図された］学習成果を実施する：学生の評価は十分に定義された学習成果に基づいて行われるべきである。

2) 一貫性をもって成績評価を行う：学生は正確かつ最小限のバイアスで評価されるべきである。

3) 文脈の中でフィードバックを提供する：教員が学生にフィードバックを行う際は、評価の対象となった具体的な内容と結びつけた上で、改善に向けた形成的なフィードバックを提供すべきである。

4) 意味のあるやり方で集約する：各科目の成績は学生の習熟度を正確に測定する方法で集約されるべきである。

5) 進捗状況を表示（および共有）する：学生と教員は、学生の成果得点の意味を理解し、長期的に進捗状況を把握し、学生へのアドバイスを促進するために、評価データにアクセスし、細かく調べられるようにすべきである。

6) 外部の測定手段で補完する：カリキュラムの有効性を評価する際には、外部で開発されたツールを用いて学生の学習を測定すべきである。

これらのうちいくつかについては、すでに論じてきた。1）はHCsやLOsを中心に、2）はルーブリック・テンプレートを通して評価するということ、また、4）はどう〈総和〉を行うか、5）はその〈軌跡〉を学生と教員がどう共有しているか、ということである。ここでは残る2つの原則についてみていこう。

まず6）について。ミネルバでは、CLA+（Collegiate Learning Assessment plus）、CCTST（California Critical Thinking Skills Test）、CCTDI（California Critical Thinking Disposition Inventory）といった外部の測定手段を用いたアセスメントも行っている。CLA+は、第5章でふれたCLAの後継であり、批判的思考、問題解決、文章作成などのジェネリックスキルを測定する標準テストである。CCTSTとCCTDIは名称からわかる通り、批判的思考のスキルのテスト、および批判的思考の性向についての質問紙である。アラムら（Arum & Roksa, 2011）は、CLA+の結果から、一般的なアメリカの大学ではほとんど学びが生じていないと結論づけた。これに対し、ミネルバでは、入学直後の1年生は他大学の4年生と比べて上位5〜6％の成績だったのが、1年後には上位1％にまで上昇した、という。また、他の2つのアセスメントでも好成績と高い伸びを示している（Kosslyn & Nelson, 2017, pp. 248-250）。これらの結果、とりわけCLA+の結果は、ミネルバへの注目を高めるきっかけとなった。しかしながら、これらのアセスメントはあくまでも他大学との比較を可能にし、入学志願者や保護者、将来の雇用主などに対してミネルバの教育成果を説明するための補完的な手段にすぎない。ミネルバの評価の中核は、あくまでも評価のデザイン原則にもとづく独自の評価方法にある（Goldberg & Chandler, 2021）。そのことが最もよく表れているのが3）の原則である。

②文脈の中でのフィードバック

3）の原則「文脈の中でフィードバックを提供する」には、文脈の中で評価することと、その結果を学生にフィードバックすることが含まれている。どちらも評価論では以前からいわれてきたことだが、ミネルバの場合はそのやり方が徹底している。

「文脈の中で」というとき、この「文脈」はどんな場面やメディアを使っているのかを指している。

（a）授業中の参加：クラスディスカッションと投票

たとえば、授業中であればクラスディスカッションや授業の中で行われる投票[75]である。ミネルバの授業はオンライン形式なので、各授業セッションは録画され、トランスクリプト（文字起こし）が自動生成される。教員は、その

授業で目標とする HCs や LOs についての評価を学生にフィードバックするが、それは、クラスディスカッションの発言やチャットと紐づけられる。いいかえれば、発言やチャットなどのパフォーマンスが、評価を行う際のエビデンスとして用いられるのである。「投票」は授業の始めと終わりに実施され、始めの方では授業の予習内容の理解度が、終わりの方では授業内容をどれだけ理解し統合できたかが評価される。

(b) 授業後の課題

授業後の課題には、レポートだけでなく、ビデオ制作やコンピュータ・プログラムの作成などがある。いずれの場合も特定の箇所が評価のエビデンスとして示される。フィードバックは授業終了後や課題提出後に、あまり間を置かずにすべての学生に対して個別に返される。フィードバックの内容は、ルーブリックにもとづく得点と、改善のためのアドバイスである。ある学生は私たちのインタビューに対してこんなふうに語った（石田, 2024, p. 90）。

> フィードバックがあることで、個人的にはどうでもいいような単なる数字ではなく、なぜこの成績なのか、この種のツールの一般的な優れた使い方は何なのかを考えることができます。［中略］数字は誤解を招きやすく、その分野の専門家が何かを教えてくれるよりも役に立ちません。

③ 「測りすぎ」かどうかの判断

ここまで読んで、「測りすぎ」ではないのかという印象がさらに強まったという方もおられるかもしれない。

ミュラーの『測りすぎ』の原題は *The Tyranny of Metrics* であり、そこでは「測りすぎ」と「測りまちがい」が批判の対象になっていた。

ミネルバの学習評価では、評価を正確に行うこと、評価を学習の改善に活かすことが第一義的に追求され、説明責任の遂行はあくまでもそれを補完する形で行われている。説明責任を前面に押し出して 4 年間の学習成果の評価を標準テストで実施したり質問紙調査で代替したりする、ということは行われていな

---

75) 選択肢の中から自分の意見を選ぶ形式（vote）と自由記述式（poll）とがある。いずれも誰がどう回答したかがわかるようになっている。

い。標準テストや質問紙調査のスコアの上昇は「目的」ではなく、「結果」にすぎない。

　したがって、第 5 章でみたような「測りまちがい」はないといってよいだろう。では、「測りすぎ」についてはどうか。教員、学生双方の視点から考えてみよう。

　一般に、大学教員には研究・教育・社会貢献・管理運営という 4 つの仕事がある。このうち、ミネルバの教員に求められるのは教育のみである（岡田・大野, 2024）。ミネルバではすべての教員が、自分の専門分野の科目だけでなく、一般教育科目（コーナーストーン科目）も担当し、HCs の育成・評価に関与している。つまり、自分の専門分野の枠をこえて、4 年間のプログラム単位で学生の能力の育成・評価に関わり続ける。ミネルバの教員は全員博士号をもち、研究的力量を有するが、ミネルバの職務としては教育活動に専念することが求められ、在職中に研究業績を上げることは期待されていない（もちろん、勤務時間外に研究活動を行うことは妨げられない）。また、任期はふつう最長 6 年で、基本的にテニュア制度が適用されない。ミネルバでこれだけ評価負担が大きくてもやっていけるのは、このように教員の役割が限定されているからだろう。研究志向の強い日本の大学教員には、教育に専念することを望まない人が多いだろうが、ミネルバのようなリベラルアーツ大学の教員にとっては、教育に専念するのは一般的であり（Newton, 2000）、加えて、オンライン授業のため居住地に制限がないということは魅力的でもあろう（実際、学生は世界の 7 都市を移動するが、教員はアメリカ在住者が多い）。

　一方、学生は、授業中の言動やさまざまな課題を通じて評価され続けることをどう感じているのだろうか。私たちの研究グループでは、国籍の異なる 20 名のミネルバ生に、ミネルバの評価方法についてどう感じているかを尋ねたが、彼らの回答は一様に「評価の理由が明確で、よい評価システムだと思う」というものだった（松下編, 2024）。

　とはいえ、このようなやり方がどんな学生にもうまくいくとは限らない。「深い学習」について長年研究してきたノエル・エントウィスル（Noel Entwistle）によれば、学習へのアプローチは、「深いアプローチ」vs.「浅いアプローチ」という対と、「戦略的なアプローチ」vs.「無気力なアプローチ」と

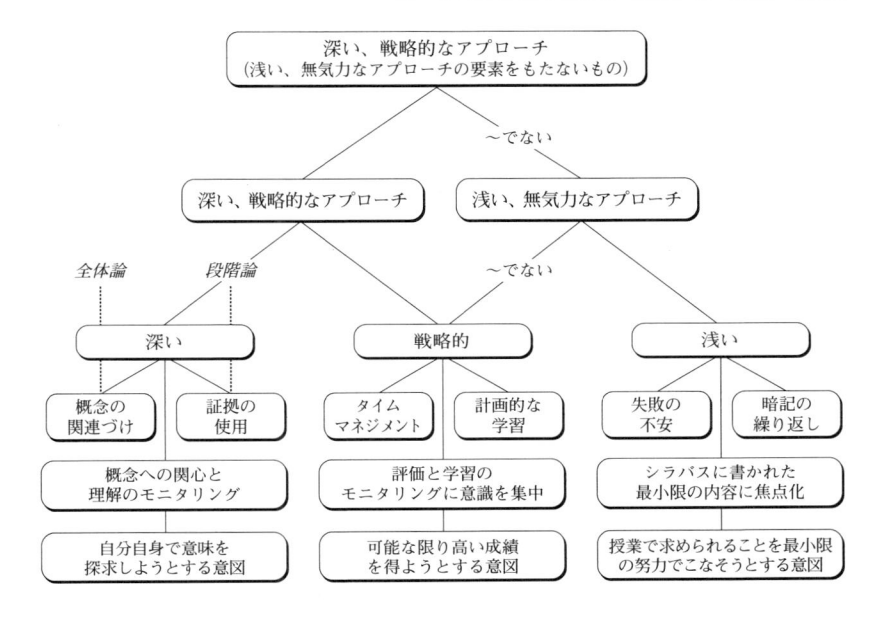

図6-6　学習アプローチのタイプ

（出典）Entwistle（2000, p. 4）より訳出。

いう対の交差で捉えられるという（図6-6 参照）。

　「深いアプローチ」をとる学生は、自分自身で意味を探求しようとする意図をもち、概念（ideas）への関心とその理解のモニタリングを行う。具体的には概念を関連づけながら全体のパターンや原理を探ろうとしたり、証拠を検討しながら議論のロジックを組み立てようとしたりする。対して、「浅いアプローチ」では、授業で求められることを最小限の努力でこなそうとする意図をもち、シラバスに書かれた最小限の内容に焦点化する。失敗の不安を抱えていて、暗記の繰り返しという学習行動をとる。

　一方、「戦略的アプローチ」では、可能な限り高い成績を得ようとする意図があり、評価と学習のモニタリングに意識を向けている。具体的には、タイムマネジメントを行いながら計画的な学習を進めていく。「無気力なアプローチ」はその反対である。

　エントウィスルが高い学業成績に結びつくとしているのは、「深い、戦略的

なアプローチ」である。そして、ミネルバの学生にも、単なる「深いアプローチ」ではなく、「深い、戦略的なアプローチ」をとる学生が多い。彼らは、評価ダッシュボードで自分の HCs がこれまでどのように評価されてきたかを把握していて、さらに高いレベルをとろうと努力する。そのためにタイムマネジメントや計画的な学習を欠かさない。

　ミネルバの評価方法は、学習の進捗状況をモニタリングしながら、計画的な学習を進めるという「戦略的なアプローチ」に適した方法だろう。だが、「戦略的なアプローチ」は浅いアプローチとも結びつく可能性がある。たとえば、意味の探求や深い理解には向かわずに、評価にだけ敏感で、なるべく高い評価を得ようとする場合がそうだ。この場合、評価はむしろ、深い学習に向かうことを妨げるものになってしまう。

　ミネルバの評価方法が「測りすぎ」になるかどうかは、学生たちが「戦略的なアプローチ」と「深いアプローチ」をいかに両立しうるかにかかっているといえる。大学側も、評価の「集約」の仕方（計算式）を一部非公開にすることによって、学生たちが必要以上に戦略的になりすぎないように配慮している[76]。

　このように、「測りまちがい」に比べて、「測りすぎ」かどうかの判断は難しい。日本の教員や学生からすれば、すべての授業で授業中の言動が評価され、それがすぐにフィードバックされる、また、目標・評価の項目が細かく設定され、それがさまざまな科目やプロジェクトで評価され続けるというのは、教員の評価負担が大きく、評価によって学生の学習がコントロールされているように感じられるかもしれない。しかし、教員の他の仕事が軽減され、評価のフィードバックを自分の学習のサイクルに組み込める学生であれば、「測りすぎ」にはならないだろう。「測りすぎ」かどうかの判断は、高度に文脈依存的なのである。

---

76)　教学部門のトップにあたる Provost & Chief Academic Officer をつとめる Vicki Chandler 氏へのインタビュー（2021 年 12 月 14 日実施）による。

6. PEPAの提案

(1) PEPAのアイデア

　ミネルバの評価方法はよく考えられているが、アメリカの大学教育制度において特定の教育理念の下に進められたラディカルな改革であり、日本の多くの大学にそのまま適用することはできない。日本の大学で〈総和〉と〈軌跡〉を組み合わせながら、プログラムレベルの学習成果を評価する方法として私たちが提案してきたのが、「重要科目に埋め込まれたパフォーマンス評価（Pivotal Embedded Performance Assessment: PEPA）」（Matsushita, Ono, & Saito, 2018；松下・小野・斎藤, 2020）である。

　ここでいう「重要科目」とは、その授業科目の目標がプログラム全体の目標に直結する科目（それまでに学んだ知識やスキルを統合し、高次の能力を育成・発揮することを求める科目）のことである。4（ないし6）年間の学位プログラムにはそのような重要科目がいくつか含まれているはずである。そういう科目は必修になっていて、複数の教員がチームとして取り組み、学生にも筆記テスト以外の何らかのパフォーマンスを求めることが多い。PEPAは、そのような重要科目での評価をつなぎ合わせることで、プログラム全体での学習成果を学習の進捗状況と併せて把握していこうというアイデアである。

　「埋め込まれた」評価とは、「授業科目の評価でありながら、その科目で学んだことだけでなく、プログラムや機関の目標の達成の進捗状況についての情報も提供してくれるという二重の機能をもった評価」（Suskie, 2009, L975）のことである。いいかえれば、授業科目の評価がプログラムレベルの評価の機能も併せもつこと、プログラムレベルの評価を授業科目の評価の中に埋め込んだ形で行うことを意味する（Suskie, 2009）。この「埋め込み型（embedded）」アプローチは、標準テストや学生調査のように、プログラムとは別にそれに追加する形で行われる「追加型（add-on）」アプローチと対比される。

　最後に「パフォーマンス評価」は、第4章でみたように、学習者のパフォーマンス（作品や実演など）をもとに知識・スキルなどを統合的に活用する能力を評価する方法のことである。ミネルバ大学でも、授業中の観察、大小さまざ

まな課題、学期末の最終プロジェクト、そして卒業前のキャップストーン・プロジェクトなど、ほぼすべての評価がパフォーマンス評価で行われている。パフォーマンス評価でないのは、外部の測定手段として補完的に用いられる標準テストや質問紙調査くらいである。

　ミネルバに限らず、米国において、機関・プログラムレベルの評価に教室単位のパフォーマンス評価やルーブリックの利用が高まっていることは前に述べたが（図6-1）、PEPA もそれと同じ方向性を志向している。ただし、それは米国のトレンドに従うためではなく、このような方法が、学生の学びをリアルに把握・評価し、また育成する上で有効だと考えるからである。

（2）新潟大学歯学部での取組
①学位プログラムの教育目標

　PEPA は新潟大学歯学部での実践から生まれてきた考え方である。私は、2011 年から、小野和宏教授らとともに新潟大学歯学部の教育改革に関わってきた。

　新潟大学歯学部は歯学科と口腔生命福祉学科からなり、それぞれに対応する学位プログラムがある。

　たとえば歯学科の学位プログラムである「歯学教育プログラム」では、ディプロマ・ポリシーに、「卒業生が身に付けるべき資質・能力」として「変化の激しい現代社会のなかで、患者の多様な価値観を受け入れ、質の高い医療を提供するために、新たな諸課題に関係者と適切に連携しながら問題解決を図っていく能力を備え、全人的医療を実践できる高い歯科臨床能力」が挙げられ、その下で、プログラムの到達目標として、以下の学習成果が設定されている（表6-7)[77]。

　「知識・理解」「当該分野固有の能力)」「汎用的能力」「態度・姿勢」は新潟大学の学位プログラムすべてに共通のカテゴリーである。「学士力」（表6-1)と照らし合わせてみると、日本学術会議の分野別参照基準と同様に「分野固有の能力」が加えられ、一方、「統合的な学習経験と創造的思考力」は削除され

---

[77]　新潟大学歯学部の３つのポリシー（歯学教育プログラム）参照（https://www.niigata-u.ac.jp/information/2020/68104/)（2024 年 8 月 3 日閲覧)。

表 6-7　新潟大学歯学教育プログラムの教育目標

知識・理解

1　グローバル世界における経済、社会、生物学的な相互依存関係を理解し、自然ならびに人間社会・文化に対する理解を深めている。
2　人間の成長、発達、老化および健康に関する基礎科学を理解している。
3　口腔の健康や疾病の基礎をなす口腔生物学を理解している。
4　歯科医療に影響を与える医学、歯学、基礎科学の最新の成果を理解している。
5　口腔疾患の病因と予防・疫学、ならびに病態、診断と治療の原理・原則を理解している。
6　歯科医療の実践が基盤としている法医学、倫理的原則を理解している。
7　医療提供体制と医療保険制度を理解している。

当該分野固有の能力

8　歯科医療において適切な感染予防対策を行うことができる。
9　歯科医療において安全の確保を行うことができる。
10　患者に対して有効な健康教育を行うことができる。
11　インフォームドコンセントの原則を遵守し、患者の権利を尊重することができる。
12　科学的根拠に基づいた歯科医療を実践し、その成績を評価することができる。
13　正確な患者の記録を作成し、適切に保管することができる。

汎用的能力

14　自ら問題を見つけ、解決策を立案し、問題を解決することができる。
15　明確かつ批判的に考え、経験や学習の成果を統合して思考を進めることができる。
16　自己を省みて、行動やその結果を客観的に把握することができる。
17　統計スキルを用いてデータを処理し、数量から意味を見出すことができる。
18　日本語や英語により口頭で、また文書を用いて有効なコミュニケーションを行うことができる。
19　自主学習のために ICT を活用することができる。
20　チームのメンバーと協調して活動するとともに、リーダーシップを発揮することができる。
21　時間管理と優先順位づけを行い、定められた期限内で活動することができる。

態度・姿勢

22　倫理的、道徳的、科学的な意思決定を行い、結果に対して責任を負う姿勢を備えている。
23　さまざまな文化や価値を受容し、個性を尊重する態度を備えている。
24　自分の利益のまえに患者ならびに公共の利益を優先する態度を備えている。

ている。だが、知識、スキル、態度の育成・評価をそれぞれ別々に行うような授業だけでなく、それらを何らかの要求・課題に対して結集・統合するような機会をカリキュラムや評価の中に設けることも、コンピテンスの育成・評価にとって重要である。それはどのように具体化されているのだろうか。

②カリキュラムと評価のデザイン[78]

歯学教育プログラム（6年制）は大きく4期に区分されており、授業科目は基本的にすべて必修である。カリキュラムと評価は以下のようにデザインされている（図6-7）。

第1期は「主体的な学習への転換と教養の涵養」をめざしている。「大学学習法」により学習態度の転換を図り、本プログラムを履修していくうえで必須な問題解決能力、論理的思考力、表現力を育成し、パフォーマンス評価により学習成果を評価する。また、一般教育科目を通じて、多様なものの見方にふれさせ、さまざまな文化や価値を受容し、個性を尊重する態度を涵養する。

第2期は「基礎歯学の学習と歯科医師としての自覚」が中心で、基礎歯学の授業科目を講義・実習形式で提供するとともに、患者とのふれあいを通して医療人としての自覚と態度を涵養する。また、講義で得た知識を統合し、問題解決能力を育成するために、講義と並行して「PBL（Problem-Based Learning）」を実施し、パフォーマンス評価により学習成果を評価する。

第3期は「臨床歯学の学習と知識・技能の統合」が中心となり、臨床歯学の授業科目を講義・実習形式で提供する。それに並行して、第2期に引き続きPBLを、また新たに「模型・シミュレーション実習」を実施し、基礎歯学を含め知識と技能を統合させ、より専門性を高めた形で問題解決能力を育成する。そして、その学習成果をパフォーマンス評価により評価する。

第4期は「歯科医療の実践と自己省察」の期間である。医療系大学間共用試験実施評価機構（CATO）が行う全国共用試験により、知識はCBT（Computer-Based Testing：コンピュータ利用テスト）を用いて、また技能・態度はOSCE（Objective Structured Clinical Examination：客観的臨床能力試験）を

78）　この部分は、PEPAの考え方が盛り込まれた新潟大学歯学教育プログラムの「カリキュラム・ポリシー」に、加筆修正を行ったものである。

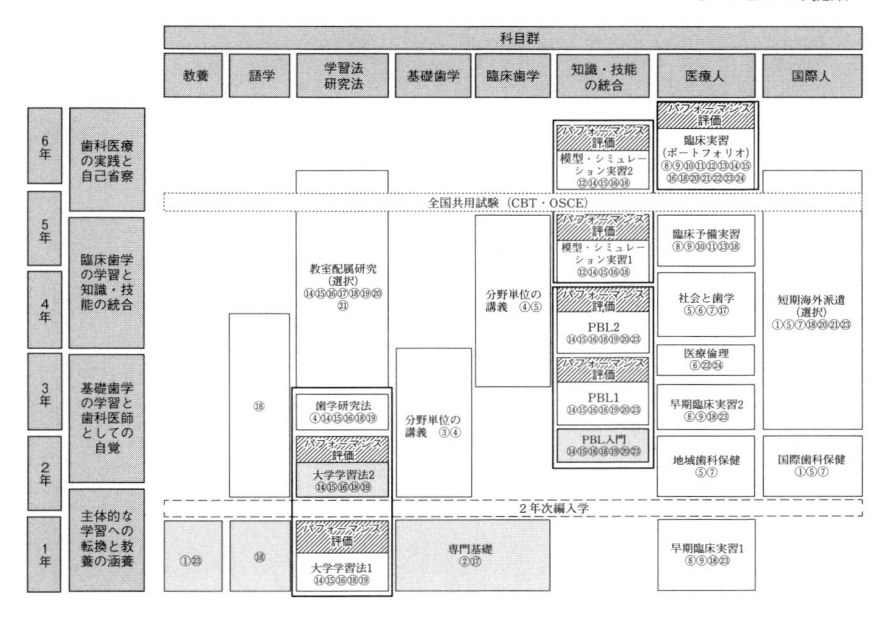

図 6-7　カリキュラムと評価のアウトライン（新潟大学歯学教育プログラム）

(注) 太枠で囲まれた科目が「重要科目」にあたる。丸数字は、プログラムの教育目標の番号を示している。
(出典) 松下他 (2020, p. 56) より抜粋。

用いて、臨床実習を行えるだけの資質・能力を身につけているかを評価する。これらの試験に合格すると、学生は、「診療参加型臨床実習」への参加を認められ、患者診療の経験により、歯科臨床能力を向上させる。歯科臨床能力の評価は、継続的にポートフォリオを用いて形成的に行い、臨床実習終了時に患者診療を直接評価するパフォーマンス評価を実施する。

　このプログラムで最も重視されている学習成果は「歯科臨床能力」であり、それは、歯科医療という文脈における問題解決能力と定義されている。6年間のプログラムにおいて、一般的な「問題解決能力」から歯学分野に固有の「歯科臨床能力」へと専門性・総合性・真正性を高めながら育成していく。この〈軌跡〉における中間的な学習成果は、表6-7で挙げたプログラムの教育目標に直結する「重要科目」で直接評価される。この「重要科目」での評価と各授業科目での単位修得によって、卒業生の質を担保することになっている。

③重要科目でのパフォーマンス評価

　このカリキュラムの中軸をなすのが、4つの時期のそれぞれに配置されている「重要科目」である。第1期は「大学学習法」、第2期は「PBL」、第3期は「模型・シミュレーション実習」、そして第4期は「診療参加型臨床実習」が重要科目となっている（図6-8）。これらの重要科目では、教員団で、それぞれの科目にふさわしいパフォーマンス評価（パフォーマンス課題とルーブリック）が開発され、実施されている。

　たとえば「PBL」のパフォーマンス評価では、学生はPBLの授業と同じように、シナリオを与えられ、1週間かけてそれに対する解決策を考える。そして、その解決策を、教員を模擬患者としてロールプレイで実行する。終了後はその場ですぐに教員からフィードバックが提供される。ここでは、「問題発見〜解決策の提案」のプロセスと「解決策の実行」のプロセスのそれぞれについて、2種類のルーブリックを使った評価が行われる。すべての観点で4段階（レベル0〜3）のうちのレベル1以上となることで合格とされる。他の重要科目でも同様のやり方である（「PBL」については第4章第2節、「大学学習法」については第4章第1節参照）。

　ただし、すべての学生が、すべての観点で合格基準を満たすことは容易なことではない。そこで、このプログラムでは、重要科目を、たとえば「PBL1」と「PBL2」）のようにシリーズ化し、1では合格基準を達成できなくても2では達成できるようにしている。つまり、シリーズの1番目の科目の評価に形成的評価の機能をもたせるのである。「診療参加型臨床実習」ではこのようなシリーズ化はなされていないが、各診療科をローテーションしながらそのプロセ

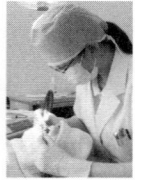

図6-8　重要科目での学習の様子

（注）左から、大学学習法、PBL、模型・シミュレーション実習、診療参加型臨床実習。

スをポートフォリオに記録することが、その代わりの役目を果たしている。

　このような重要科目では、教員がチームを組んでしっかりとしたパフォーマンス評価を行うが、一方、重要科目以外の個々の科目の評価は担当教員の専門的判断（エキスパート・ジャッジメント）に委ねられる。「エキスパート・ジャッジメント」とは、深堀他（2020）によれば、「大学教育一般や特定の学問分野において共有されている参照基準を参考にして設定されたプログラム・レベルの学修成果を、授業科目の中で扱う学問分野の知識・能力に具体化するとともに、その達成度を適切に評価することのできる、大学教員の判断力」（p. 63）を指す。本書では、とくに後半部の「その達成度を適切に評価することのできる、大学教員の判断力」に重きを置いている。これは、サドラーのいう「評価熟達知（evaluative expertise）」とほぼ同じ意味である。教員団の一員として重要科目のパフォーマンス評価に参加することが、こうしたエキスパート・ジャッジメントを涵養するのにも寄与している。いいかえれば、重要科目は、教員研修の機会ともなるのである。

　ミネルバの場合は、すべての科目で、授業中の言動および授業後の課題においてパフォーマンス評価が行われていた。だが、それでは一般的な日本の大学の教員には評価負担が大きすぎる。そこでPEPAでは、パフォーマンス評価を重要科目だけに限定すること、重要科目の担当が教員間で偏らないようにすることで、評価負担の軽減（実行可能性の維持）と平準化を図っている。

④重要科目の系列化とプログラムの修了認定

　さらに、このプログラムでは、重要科目を系列化することで、一般的な「問題解決能力」から歯学分野に固有の「歯科臨床能力」へと、専門性・総合性・真正性を高めていくようカリキュラムが構造化されている。前にふれた「問題解決VALUEルーブリック」（表6-2）の次元（観点）にそって、重要科目を並べてみよう。

　最初の「大学学習法」では、レポート課題において与えられた医療のテーマについて問題を設定し結論（解決案）を出す。ここでは、読み手はいても、問題解決の相手はいない。また、解決案の提案だけで、その実行や結果の評価はない。次の「PBL」では、歯科臨床に関わる問題になり、解決策の提案だけで

表 6-8　重要科目の系列化

問題解決能力 （一般的）	歯科臨床能力 （分野固有）	大学学習法 （相手なし）	PBL（ペーパ ー・ペイシェン ト／模擬患者）	模型・シミュレ ーション実習 （模型）	診療参加型 臨床実習 （本物の患者）
問題の定義	情報収集・分析	✓	✓	✓	✓
問題の定義	診断	✓	✓	✓	✓
方略の同定	治療方針の決定	✓	✓	✓	✓
解決策／仮説の提案	治療計画の立案	✓	✓	✓	✓
とりうる解決策の評価	治療計画の立案	✓	✓	✓	✓
解決策の実行	治療の実践		(✓)	✓	✓
結果の評価	治療結果の評価と 治療計画の見直し		教員からのコメ ント・フィード バック	教員からのコメ ント・フィード バック	✓

専門性・総合性・真正性 →

なく、模擬患者役の教員相手にロールプレイを行う。それが「模型・シミュレーション実習」になると、虫歯や歯周病などが組み込まれた模型を使って、情報収集・分析から治療計画の立案、治療の実践までを行う。ただし、本物の患者を相手にしているわけではないので、治療結果の評価は教員からのコメント・フィードバックでしか得られない。最後の「診療参加型臨床実習」で初めて、本物の患者を相手にすることで、情報収集・分析から治療結果の評価と治療計画の見直しまで、歯科臨床における問題解決の全プロセスを経験することになる（表6-8）。

　このようにして重要科目を系列化することで、問題解決能力がより専門的になり、問題解決能力の観点をより多く包含するよう総合性が高まり、紙の上での問題解決から本物の患者に向き合う臨床場面へとより真正性を増していくことが見てとれよう。重要科目は、その授業科目の目標がプログラム全体の目標に直結する科目であり、それまでに学んだ知識やスキルを統合し、高次の能力を育成・発揮することを求める科目でもあるから、このような重要科目の系列化は、カリキュラムの編成原理を表してもいる。

　こうして、学生たちは、所定の授業科目の履修と単位修得に加え、すべての重要科目の合格基準を達成することによって、学位プログラムの修了を認定されることになるのである。

⑤ PEPA の手続き

以上述べてきた PEPA の手続きをまとめると、Box 6-1 のようになる。

Box 6-1 PEPA（重要科目に埋め込まれたパフォーマンス評価）の手続き

【1】 カリキュラムの体系化・分節化と重要科目の抽出
・学位プログラムを体系化・分節化し、プログラムの目標と各科目の
　関係を明らかにする。
・各期の授業科目から重要科目を抽出する。

【2】 重要科目でのパフォーマンス評価の開発・実施
・重要科目では教員団でパフォーマンス評価を開発し、実施する。
・それ以外の個々の科目の評価は、担当教員の専門的判断（エキスパ
　ート・ジャッジメント）に委ねる。

【3】 パフォーマンス評価における合格基準の設定と、形成的評価とし
　　　ての機能の付与
・ルーブリックの各観点で一定レベル以上を合格とする（＊現在は
　「レベル 1 以上」に設定）。
・合格基準が達成できるよう科目をシリーズで配置する（例：「大学
　学習法 1」と「大学学習法 2」）。

【4】 重要科目の系列化
・重要科目を系列化し、最終的な学習成果につなげる。

【5】 プログラムの修了認定（＝卒業認定・学位授与）
・重要科目での合格基準の達成と所定の単位の修得によって、修了認
　定する。

　PEPA の方法はかなり複雑に見えるかもしれない。だが、中核的なアイデア
はシンプルである。学位プログラムの節目に配置された重要科目において、学
生の中間的な学習成果を直接評価し、それを系列化することで、学生の学びの
〈軌跡〉を把握するということである。

　もちろん、それは、教員にとっても学生にとっても、重要科目以外の科目を
おざなりにしてよいということではない。なによりも、プログラムの修了は、
重要科目での合格基準の達成と、所定の単位の修得の両方がそろってはじめて

認定されるのであるから、おざなりにしてよいわけがない。

　さらに、重要科目は、それまでに獲得・育成された知識・スキルや態度を統合することが求められる科目であり、重要科目以外の科目での学びを前提にしている。逆に、重要科目でのパフォーマンス評価や教員からのフィードバックを通じて、学生は自分に不足している知識・スキルなどに気づくことにもなる。実際、PEPA を軸にしたカリキュラムと評価について、卒業生たちは次のように語っている（小野他, 2024）。

> 「重要科目以外の科目でインプットして、こっち［重要科目］でアウトプットっていうイメージです。［中略］アウトプットしてみると意外と無い知識が多くて、それを自分で調べて、講義を聴いて、さらにわかるみたいな。」
> 「講義や基礎の実習が重要科目につながる関係があるんですが、［重要科目で］わからない時に戻るのも基礎なので、矢印が行き来するような相互関係がかなり深くあったと思います。」
> 「最初、［PBL］1 の時は初めて流れを学んで、問題抽出してっていう流れを学んで、上手くできなかったことがあって、フィードバックをもらうじゃないですか、その授業はそこで終わってしまうので、そこで終わってしまったら、なんか、フィードバックを活かせる場面がなくって不完全燃焼になってしまいそうなので、それを一つ上の学年でもう一回同じことをやって、そのフィードバックを活かして、自分でも成長、前回よりもスムーズにできたし、「深く考えられてるなあ」っていう。」

　このように、PEPA は、重要科目の系列化による学びの〈軌跡〉の把握を通じて、科目全体の単位認定による学びの〈総和〉の把握を補完する。それは、ミネルバとはまた別の形で、〈軌跡〉と〈総和〉を統合する評価方法だということができる。

（3）他分野・他大学への拡張

①医療系分野の能力と評価の構造
ここまでみてきたとおり、PEPA は新潟大学歯学部での取組を通じて開発さ

れてきた評価の理論・実践である。新潟大学歯学部の2つの学位プログラムは、どちらも PEPA の考え方でカリキュラムと評価がデザインされている。したがって、PEPA の考え方は、歯学教育だけでなく、医療系分野全般に適用できると考えてよいだろう。実際、2024年度から、別の国立大学医学部でも、PEPA の導入が試みられている。

　それでは、医療系以外の分野についてはどうだろうか。この問いについて考えるために、まず医療系分野の能力と評価の構造の特徴についておさえておこう。

　このテーマで最もよく使われてきたモデルは、医学教育学者のジョージ・ミラー（George E. Miller）による「臨床評価の枠組み」（Miller, 1990）、いわゆる「ミラーのピラミッド（Miller's Pyramid）」である。図6-9は、真ん中にミラーのピラミッドを据え、左側に新潟大学歯学教育プログラムの科目、右側にそこで評価される能力の要素、能力を用いて対応する相手を、事例として記したものである。

　ピラミッドの一番下にあるのは、Knows（知識）である。従来、この段階は客観テストで評価されてきた。次は、Knows How（コンピテンス）であり、

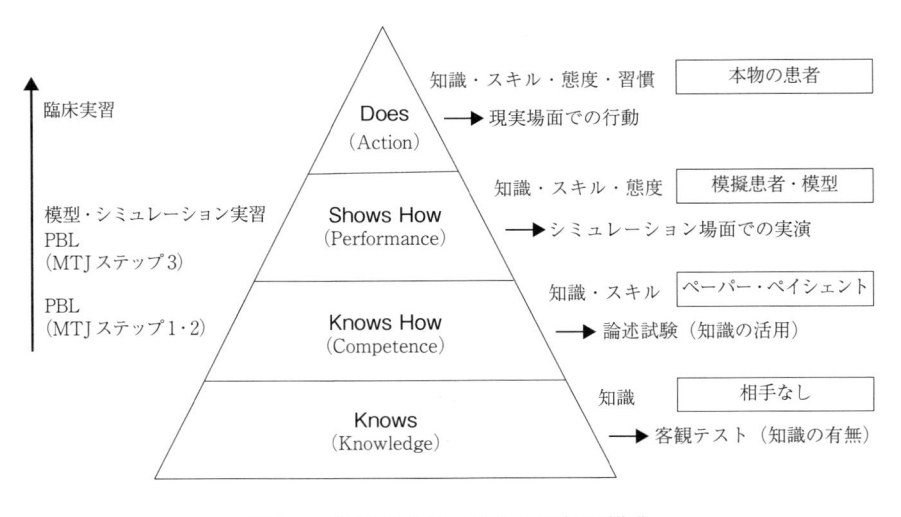

図6-9　医療系分野の能力と評価の構造

（出典）松下他（2020, p. 58）より抜粋。

これは、獲得した知識の適用の仕方を知っている段階である。ここでは、論述試験や、PBLでのペーパー・ペイシェント（紙上に描かれた患者）に対する問題解決案の提案などの評価方法が使われる。3番目は、Shows How（パフォーマンス）であり、その知識の適用の仕方を相手に見せる段階である。この段階では、模擬患者や模型を使って、シミュレーション場面で実演することが求められる。最後は、Does（行為）であり、実践においてその知識を実際に適用する、知識を適用しながら相手に働きかける段階である。臨床実習での臨床パフォーマンス評価はそのための評価である。行動（behavior）が、無意識の行いや、動物やコンピュータのふるまいも含むのに対して、行為（action）は、その主体が人間に限られ、一定の目的や効果をめざして意図的になされる行いを指す。テストや他の評価課題のように尋ねられたから答えるのではなく、自ら問題を同定し、解決を実行する。しかもそれが習慣化していて必要なときにはいつでもできるようになっていることが求められる[79]。

　医療従事者や教師、法曹のような人間を相手とする専門職を養成する教育には、このピラミッドは比較的よくあてはまる。とりわけ高度の知識やスキルを要求され、失敗が法的・経済的・倫理的なリスクを伴うような仕事の場合には、人間を相手にする前に、紙上やシミュレーション場面で十分な練習を行うことが必要になるため、「専門性・総合性・真正性」を高めながら、KnowsからDoesまで系列化されたカリキュラムが有効だろう。

　そして、そうしたカリキュラムでは、重要科目でのパフォーマンス評価を系列的につないでいくことで卒業にいたるまでの学びと成長を評価するというPEPAも適用しやすい。だが、他の分野、これとは別の構造をもったカリキュラムではどうだろうか。

②理工系総合大学での全学的な取組

　私は、理工系総合大学である東京都市大学をフィールドとして、都市大の伊藤通子教授とともに、PEPAの拡張可能性について検討してきた（伊藤他, 2021；松下, 2022）[80]。都市大の前身は武蔵工業大学であり、学生数が7,500名

---

79)　ミラーのピラミッドでのcompetenceとperformanceの語法は、本書とはやや異なる。本書の語法については第1章参照。

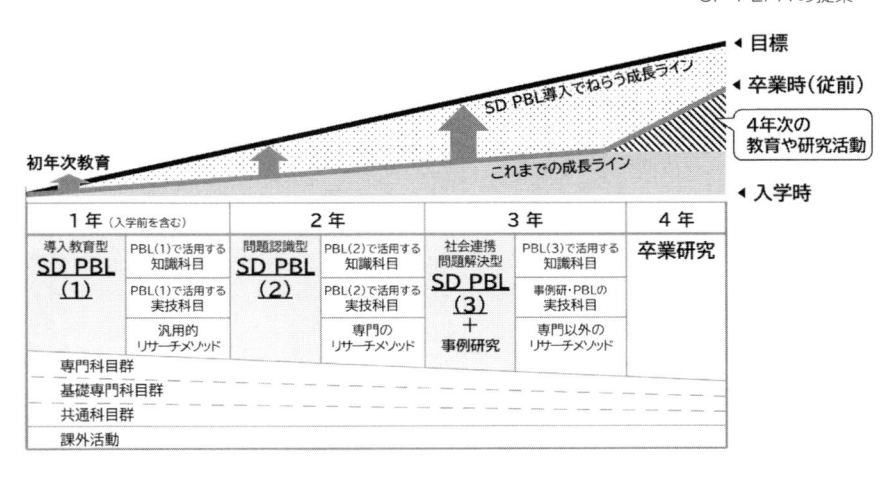

図 6-10　各学年に配置して卒業研究につなぐ SD PBL

（出典）京相雅樹（2019）「本学の教育改革の現状と課題について」東京都市大学 FD・SD フォーラム資料.

を超える理工系総合大学である。共通教育部の他に 7 学部 17 学科を有し、うち情報・理工学系が 12 学科を占める。都市大では、大学の理念「持続可能な社会発展をもたらすための人材育成と学術研究」の実現に向け、全学部 17 学科に「SD PBL」という必修科目を新設し、2020 年度より実施している。

「SD PBL」における「SD」は、1987 年に国連が定義した「Sustainable Development（持続可能な開発）」から来ており、都市大の理念も反映している。

一方、「PBL」は、2 つの PBL、Problem-Based Learning と Project-Based Learning を組み合わせたものであり、PBL の先進校であるデンマークのオールボー大学（Aalborg University）の PBL モデル（Graaff & Kolmos, 2007）に依拠している。オールボーの PBL カリキュラムは、プロジェクト・モジュール（半年に一つのテーマのもと社会問題の解決にチームで取り組むプロジェクト）と、それを支えるコース・モジュール（プロジェクトに不可欠な知識や

---

80)　大学教育学会の課題研究「学修成果アセスメント・ツール活用支援を通したエキスパート・ジャッジメントの涵養と大学組織の変容」（研究代表者：深堀聡子、2019 〜 2021 年度）のサブグループとして、松下、伊藤通子、中島英博（立命館大学）、斎藤有吾（新潟大学）で共同研究を行った。なお、都市大は 2023 年度より、8 学部 18 学科となった。

スキルを習得する科目群）から構成される。コースに配置される各科目はレポートや筆記試験などで随時評価し、プロジェクトは、セメスターや学年の最後に設けられた「評価週間」に、学外教授を交えた口頭試問と成果物やポートフォリオなどの学習成果で評価することになっている（伊藤他, 2013）。

都市大では、このような PBL と SD を組み合わせた「SD PBL」を 1 年次から 3 年次まで配置することで、以前から定評のあった卒業研究だけでなく、4 年間の学位プログラム全体で学生を成長させる仕組みをつくることがめざされている（図 6-11）。

1 年次の SD PBL(1)では、初年次教育として大学での学びへの転換を図るとともに汎用的リサーチメソッドを学び、2 年次の SD PBL(2)では、各分野の専門的リサーチメソッドによって社会的課題の解決を試み、3 年次の SD PBL(3)では、学部・学科をまたいだチームで、専門外の思考法やリサーチメソッドも体験しながら社会的課題に取り組む。そして 4 年次の専門分野での卒業研究へとつなぐ。このように、SD PBL(1)、(2)、(3)と進むにつれて、関わる人の多様性が増し、取り組む問題の学際性や複雑性、混沌の度合いが実社会のそれに近づいていく。こうして、さまざまな学問分野を俯瞰した上で、4 年次であらためて自分の専門分野の卒業研究にのぞむのである。

都市大の場合は、各学年に配置された SD PBL と卒業研究という「統合的科目」が、PEPA でいう「重要科目」にあたり、これらの科目では、プレゼンテーション、ポスター発表、レポート・論文、製作物などの形式でパフォーマンス評価が実施されている。たとえば、コロナ下で実施された都市工学科の SD PBL(1)では、パスタで橋の模型を制作し、その載荷試験を動画におさめてオンライン発表会を開く、という形で評価が行われた。このように、「統合的科目」において PEPA と似た形でパフォーマンス評価を行うことによって、プログラムレベルの目標に対する中間的評価を行うことが可能になる。

もっとも、都市大の実践に、新潟大学歯学部の取組から生まれた PEPA がそのままあてはまるわけではない。そこにはいくつかの点で違いがある。まず両者ではともに PBL がカリキュラムの軸をなしているが、新潟大の場合は PbBL（Problem-Based Learning）に限定されているのに対し、都市大の場合は PbBL と PjBL（Project-Based Learning）の融合をはかろうとしている。

　また、実践単位も、新潟大では 1 学部 2 学科の学科単位だが、都市大では全学の 7 学部 17 学科であり、3 年次では学部・学科横断で SD PBL が実施されている。学問分野も医療系のみから、理工系中心ではあるものの人社系も含む多分野に広がった。つまり 1 年次から 4 年次までの学年縦断という縦串だけでなく、学部・学科横断、分野横断という横串もさすことが必要になる。

　重要科目は、新潟大では専門性・総合性・真正性が徐々に高まるように直線的に系列化されていたが、都市大では、総合性・真正性を高めつつ、専門性の深まりだけではなく学際的な広がりを経由するように系列化されている。ある学生は、「SD PBL（3）で得たこと」について、「自分の専門領域を他領域で活用する思考方法を獲得した」だけでなく、「個人の領域横断的知識よりも、集団の専門知を集わせる総合知が勝ることを体験的に学んだ」と語った[81]。

　このように、都市大では新たなチャレンジを含みながら、PEPA を拡張するような取組がなされている。ただし、表 6-9 で示した PEPA の手続きの【1】～【5】のすべてが行われているわけではない。【1】カリキュラムの体系化・分節化と重要科目の抽出、【2】重要科目でのパフォーマンス評価の開発・実施、【4】重要科目の系列化は具体化されているが、【3】パフォーマンス評価における合格基準の設定と、形成的評価としての機能の付与や、【5】（重要科目での合格基準の達成にもとづく）プログラムの修了認定は、現在行われていないし、今後もおそらく行われることはないだろう。

　新潟大学歯学部ではかなり厳格に PEPA の手続きが実施されているが、それはどの大学組織にも求められるものではない。PEPA の中核はあくまでも、複数の重要科目で学習成果を直接評価し、それをつなぐことで学生の学びの〈軌跡〉の把握と卒業時の学習成果の質の向上をめざす考え方であり、その手続きは多様であってよい。適用分野や組織の拡大は、手続きのうちの何が不可欠であり、何が分野・組織によって多様でありうるかを明確にする。こうして理論構成と実践が並行的・循環的に展開していくのである。

　現在新たに、ある芸術系大学でも PEPA を導入しようという試みが始まっている。今後、複数の分野・大学に PEPA の取組が広がるなかで、学位プロ

81）　伊藤通子・平綿素望（2024）「1 年生から卒業研究までをつなぐ必修科目「SD PBL」」内閣府総合知ワークショップ＠東京都市大学, 2024 年 6 月 6 日発表資料。

グラムレベルの学習成果の評価方法としての PEPA がどう拡張・変容していくのか、私も伴走しながら見守っていきたい。

　以上述べてきた PEPA を表 6-3 に付け加えると次のようになる（表 6-3b）。

表 6-3b　プログラムレベルの学習評価の方法の比較（追加）

評価方法	タイプ	評価時期	メリット	限界
大学の成績管理・GPA	・量的／質的な直接評価	・プログラム期間全体	・成績評価の結果が直接活用できる ・すべての科目がカバーできる	・各科目での学習成果の質の違いが捨象される ・総和では、学生の学びの軌跡や卒業時点での学習成果が把握できない
学生調査（学修行動調査など）	・量的な間接評価	・通常、プログラム期間に 2 回以上	・組織間比較や経年比較が行いやすい ・教員の評価負担が小さい ・調査できる範囲が広い	・自己報告のため、直接評価の代替はできない
卒業論文・卒業研究	・質的な直接評価	・4 年次	・単なる評価課題ではなく学習課題としての意義をもつ ・卒業時点での統合的な能力が把握できる	・4 年次まで把握できない ・評価が主観的になりやすい
標準テスト（ジェネリックスキル）	・量的な直接評価	・通常、プログラム期間に 2 回以上	・組織間比較や経年比較が行いやすい ・教員の評価負担が小さい（経費はかかる）	・プログラムの目標と合致しているとは限らない ・分野固有の知識や能力は測定できない ・ペーパーテストの測定できる範囲に限られる
学修ポートフォリオ	・質的な直接評価	・プログラム期間全体	・証拠資料とともに学生の学びの軌跡が把握できる ・学生自身の学びと成長のリフレクションになる	・カンファレンス（ポートフォリオ検討会）や目標との対応づけが伴わないと、証拠資料の保存のみで評価につながらない
PEPA（重要科目に埋め込まれたパフォーマンス評価）	・質的な直接評価	・プログラム期間の節目	・知識の統合や高次の能力の評価がとくに「重要科目」で行える ・科目レベルの評価が直接、プログラムレベルの評価に活用できる ・他の科目と関連づけながら、中間地点での統合的な能力が把握でき、その次の学習に活かせる	・教員の評価負担がやや大きい ・カリキュラムとの連動が必要（何を重要科目とするかの合意） ・現段階では、使える分野が限られている

（出典）松下（2020, p. 78, 表 1）を一部改変。

終　章

測りすぎの時代の学習評価論の射程

　本書では、「どうすれば測りすぎに陥らず、教育や学習のために評価を活かすことができるか？」という問いをめぐる旅を続けてきた。

　まず序章で、「メトリクスへの執着」という問題を概観し、第1章では、学習評価の構造を提示し、学習評価が「学習としての評価」になるとはどういうことかを示した。第2章では、学習成果とはなにか、その評価がどのような多様性をもつのかを整理した。この整理は、類似の機能をもつ評価を重複して行うことで測りすぎに陥ることを防ぐ意味をもっている。第3章・第4章では、測りすぎの時代に、それに対抗しうる学習評価のかたちとして、パフォーマンス評価を提案し検討した。第3章は理論編、第4章は実践編であり、そこでは私がこれまで共同研究で進めてきたパフォーマンス評価の3つの例を紹介した。第5章では、直接評価と間接評価、教員の評価と学生の自己評価、分野固有性と汎用性の違いに着目しながら、測りすぎ・測りまちがいと思われる事例を分析した。そして第6章では、カリキュラムと評価を連動させて、科目レベルの評価をプログラムレベルの評価につなげ、長期的な学びと成長を評価するためのPEPAという仕組みを提起した。

　私としては、この論考を通じて、測りすぎの時代の学習評価論のあり方を提示してきたつもりである。しかし、ミュラーの本の邦題に「なぜパフォーマンス評価は失敗するのか？」という副題が誤ってつけられていたように、パフォーマンス評価やそこで用いられるルーブリックは、「メトリクスへの執着」の象徴ともみなされている。そうした認識について直接議論することが求められ

るだろう。この終章をそのような場にすることにしたい。

1.　学習成果の評価への批判と抵抗

　まず、序章でもふれたグリーン（Greene, G.）の自己の経験にもとづく叙述から始めよう。米国西海岸の名門リベラルアーツ・カレッジであるスクリプス・カレッジ（Scripps College）で長らく英文学を教えてきたグリーンは、*Immeasurable Outcomes: Teaching Shakespeare in the Age of the Algorithm*（『計測不可能な成果—アルゴリズムの時代にシェイクスピアを教えるということ—』）という本の中で、自分のスクリプスでのアクレディテーションの経験をふまえつつ、学習成果の評価に対して痛烈な批判と皮肉を放っている。

> 　今世紀初頭、「成果評価」体制がスクリプス・カレッジを襲い、私たちの「説明責任」を証明するために、教職員に定量的な「学生の学習成果」を出すよう要求した。自分たちが役立たずだという非難から身を守るために、知恵と神経と心を尽くす必要があるときに、私たちは「メトリクス」を考案し、「担当者」を雇い、スプレッドシートや「ワークシート」に記入し、学生や科目を数値化した「学習成果」に還元し、自分たちが存在する権利があることを示すように仕向けられたのである。（Greene, 2023, p. 11）

　グリーンは、「NCLB 法（落ちこぼれ防止法）」や「トップへの競争」、「コモンコア・ステートスタンダード」といった初等・中等教育の流れが、高等教育まで押し寄せ、ミュラーのいう「メトリクスの暴政」が最もエリート的な教育機関まで飲み込むようになったという。とりわけ彼女が批判するのは、2006年のスペリングス・レポート以来、学習成果の評価を厳しく求めるようになったアクレディテーションのプロセスである。

　学習成果を保証するために、測定可能で誤解を招かない動詞を使って成果を表現し、カリキュラムマップで学生の学習成果（Student Learning Outcomes: SLO）と各科目の学習成果（Course Learning Outcomes: CLO）と学位の学習成果（Degree Learning Outcomes: DLO）を紐づけ、表を満載した文書を山

のように作るものの、提出後はほとんど誰からも顧みられることがない。「エビデンス」の重視と言うが、そのエビデンスとは学生が何を学んだかというエビデンスよりはむしろ、「法令遵守のエビデンス」にすぎず、その結果、キャンパスには、「シニシズムと無責任の文化」が漂うことになる。

グリーンは、アクレディテーション機関から求められる説明責任の遂行のための作業を「BS」（ブルシット）とさえ呼ぶ。人類学者デヴィッド・グレーバー（David Graeber）は、「被雇用者本人でさえ、その存在を正当化しがたいほど、完璧に無意味で、不必要で、有害でもある有償の雇用の形態」であり、とはいえ、「その雇用条件の一環として、本人は、そうではないと取り繕わなければならないように感じている」、そんな仕事のことを「ブルシット・ジョブ」と呼んだ（グレーバー, 2020, pp. 27-28）。グレーバーは、ブルシット・ジョブを「取り巻き」「脅し屋」「尻ぬぐい」「書類穴埋め人」「タスクマスター（タスクを割り当てるだけの仕事をする人）」に分けているが、評価作業はさしずめ「書類穴埋め人」の仕事だということになるのだろう。

2. 説明責任と応答責任

グリーンが「シニシズムと無責任の文化」を嘆くとき、その背後にあるのは、説明責任（accountability）と対比される応答責任（responsibility）への希求である。

> いや、私たちがほしい言葉は responsibility である。辞書では accountability と responsibility は同義語で、どちらも「〜に答えることができる（answerable to）」という意味だと定義されている。しかし、この2つの言葉は全く違う。accountability は、集計や採点のときのように、計算できるもの、測定できるものを意味する。それに対して、responsibility は、responder、response、responsiveness に根ざしている。それは、心と他の心の関わり、学生と私の関わり、学生同士の関わり、そしてシェイクスピア劇との関わりを指している。（Greene, 2023, p. 30）

　形式的で抽象的な説明責任と異なり、応答責任はこのように手触りのある相互的な二者関係の間で生じるものと捉えられている。

　説明責任と応答責任の概念について明析に論じたのが、教育学者ガート・ビースタ（Gert Biesta）である。彼の著作『よい教育とはなにか』の原題は *Good Education in an Age of Measurement*（『測定の時代におけるよい教育』）であり、成果の測定や説明責任の問題が論究されている（Biesta, 2012）。

　ビースタによれば、説明責任には、技術的−経営的な意味と、よりゆるやかな一般的な意味とがある。後者はグリーンのいう辞書的な意味であり、応答責任ともつながりもつのに対し、前者は、「監査可能な説明をする義務」の意味に限定されている。そして今や、説明責任の文化は、見かけの上では、公衆に対して説明可能であることをめざしながら、実際には、監査者、政府の部門、資金提供者、法律基準に対して説明可能であることを行っており、それによって真のステイクホルダー（生徒・学生や保護者など）を「説明責任の環」の外へ追い出している。こうして、技術的−経営的な意味での説明責任は、応答責任のある行為の機会を侵食してきた。ビースタは、「説明責任への技術的−経営的なアプローチは、応答責任が中心となるようなアプローチとは決して和解しえない」（ビースタ, 2016, p. 106 一部改訳）という。

　本書では、学習成果の評価を扱いながら、ここまで、このような説明責任の問題や説明責任と応答責任の両立困難性を正面から扱ってこなかった。本書で提案した学習評価論は、この問題にどう応答できるだろうか。

3.　パフォーマティビティとパフォーマンス評価

　この問題を論じる前に、もう一つ、パフォーマティビティというテーマについて再検討しておこう。

　小玉重夫によれば、1990 年代以降の教育改革において「説明責任」とならんで重要な概念として浮上してきたのが「遂行性（performativity）」[82]だとい

82）　performativity に対し、小玉（2009）では「遂行性」、ビースタ（2016）では「行為遂行性」という訳語が当てられているが、本書では、パフォーマンス評価との関係がわかりやすくなるよう、「パフォーマティビティ」という訳語を用いる。

う（小玉, 2009, p. 14）。両者は、近年の教育改革の中で次のように結びついている。すなわち、公的セクターは、プロセスの規制を緩和し自由化する代わりに、教育の遂行（performance）を評価・管理し、他方、学校や教師は、自身が行った教育の遂行性に関する説明責任を公的セクターに対して負う。

　本書では、第4章で、アクティブラーニング批判としてマクファーレンの「学生のパフォーマティビティ」という概念を取り上げた。学生のパフォーマティビティとは、学生がどのように学んでいると見られているかによって評価されることであった。もっといえば、どんな知識を学んでいるかより、スキルや態度を使ってどう遂行しているか（リアリティ・テレビのようにそれが見られていることを意識しつつ）によって評価されることを指していた。

　マクファーレンは、学生を主語としてパフォーマティビティを論じていたが、ビースタは、教育する側も含むより一般的な意味をもたせた上で、測定の妥当性と関連づけながら次のように述べている。

　　教育における行為遂行性（performativity）の文化——手段が目的それ自体になり、そのため、質の達成目標と指標が質それ自体と取り違えられる文化——の高まりは、規範的妥当性が技術的妥当性によって置き換えられる測定へのアプローチの主な誘因の一つとなってきた（ビースタ, 2016, p. 27 一部改訳）

　この中でいわれている「技術的妥当性」とは、我々が測ることを意図しているものを実際に測っているかという、通常の測定論における妥当性であり、一方、「規範的妥当性」とは、我々が価値あるとしているものを実際に測っているかということを意味するビースタの造語である。両者を対比することによって、ビースタは、我々が価値あるものを測定しているのではなく、容易に測定できるものを測定し、それに価値を与えてしまっているのではないかという疑念を浮かび上がらせている（これは、本書第2章で「数値化可能な学習成果への切り詰め」「評価から目標への浸食」として指摘した問題でもある）。そして、それを促しているのが、パフォーマティビティの文化だという。つまり、質という価値を、質の達成目標や指標という測定しやすいものに置き換えようとす

る文化である。イギリスの社会学者スティーブン・ボール（Stephen Ball）の言葉を借りれば、パフォーマティビティとは、「ある種の見せ物、ゲームの上演、規則のシニカルな遵守」であり、「ただ単に見られ、判断されるもの、偽装（fabrication）にすぎないもの」（Ball, 2003, p. 222）となる。

　パフォーマンス評価は、下手をすればこうしたパフォーマティビティのシニシズムに陥りかねない。では、どうすればそれとは別様の可能性を開くことができるのだろうか。

4. パフォーマンス評価における質の把握と数値化

（1）見せ場―第0次の可視化―

　本書で論じてきた学習評価論を振り返りながら、以上の2つの問い――説明責任と応答責任の両立困難性、パフォーマティビティの陥穽――への応答を試みよう。

　まず、確認したいのは、学習成果の質の評価を応答的な関係性の下で行うことは否定されていないということである。たとえば、説明責任の遂行のための学習成果の評価を批判しているグリーンは、「キャップストーン・デー」（卒業研究発表会）で、学生が、仲間や親、教授たちの前で自分の作品を発表することは、彼らにとっても素晴らしい経験だという。これはまさに自分の学習成果を他者に対して示す場、私たちのいうパフォーマンス評価の場である。石井英真は、これに「見せ場（exhibition）」という名称を与え、「試合、コンペ、発表会など、現実世界の真正の活動には、その分野の実力を試すテスト以外の舞台（「見せ場（exhibition）」）が準備されており、［中略］それがパフォーマンス評価の一つの源流」（石井, 2024, p. 6）であったと述べている。

　問題は、この「パフォーマンスの文脈性」（第3章）を離れて、パフォーマンス評価の結果が数値化され、縮約化されることで、形式化・抽象化していくこと、説明責任の遂行の名の下で、そうした作業（「書類穴埋め」仕事）のために多大な労力と時間が奪われることである。これは今日、「学修成果の可視化」という名称で行われていることでもある。

　第1章で「評価の二層モデル」（図1-4）を提示した際に、私は、それ自体

は観察不可能なコンピテンスを、評価課題を通じて観察可能なパフォーマンスへと表出することを「可視化」と呼んだ。「パフォーマンス評価」における「パフォーマンス」とは、たとえば卒業研究の成果物（作品）やその発表（実演）をさす。そうした作品や実演を、評価基準をもとに解釈し、どんなコンピテンスが身についているかの評価を行う。評価基準には、ルーブリックのように言語で記述され評価者間で共有される明示的な評価基準もあれば、鑑識眼のように個々の評価者の内にある暗黙の評価基準もある。また、評価の結果は、言語で質的に表現される場合もあれば、数値で量的に表現される場合もある。

　第2章で私は、通常の学習成果の可視化を「第一次の可視化」と呼び、そうした学習成果の可視化の上になされる可視化（たとえば、学習成果の付加価値分析や効果的な教育法についてのメタ分析など）を「第二次の可視化」と表した。ただ、現在の大学教育における「学修成果の可視化」で多く見られるのは、学習成果の数値化である[83]。こうしてみると、上に述べた〈観察不可能なコンピテンスを、評価課題を通じて観察可能なパフォーマンスへと表出する〉という意味での可視化と〈学習成果の数値化〉としての可視化とは区別する必要がありそうだ。そこで、この〈パフォーマンスとして表出されてはいるがまだ数値化はされていない可視化の状態〉を「第0次の可視化」と呼ぼう。

　説明責任の遂行において求められているのは、第0次の可視化ではなく、第一次、第二次の可視化である。グリーンは先ほどの「キャップストーン・デー」についてこう述べる。「現在我々は、この［作品の発表という］定性的な課題を定量化のシステムに合わせるよう命じられている。この課題では、ルーブリックの評定を集計し、各ルーブリックで何人の学生がそれぞれの評定を獲得したかをカウントすることが求められている。そして、この量的な知見を要約し、生の数字ではなくパーセンテージを示し、各評定を得た学生の割合を示し、……とメモが続く」（Greene, 2023, pp. 217f）。こうして数値の操作が重ねられ、学生の「顔」は見えなくなる。もちろん、数値の操作が意味のある結果を生み出すことも少なくない（たとえば第5章）。ただ、説明責任の遂行のための上の作業は、元の成績評価の適切さを確認しただけの、専門職としての教

---

[83]　たとえば、文科省の「大学教育再生加速プログラム（AP）アーカイブ」を参照（https://www.ap-archive.jp/）（2024年9月17日閲覧）。

員には何とも瑣末に思われる作業だった。

　一方、応答責任において中心になるのは、第0次の可視化である。たとえ、ルーブリックを使ってパフォーマンス（作品・実演）が数値化されたとしても、その数値とパフォーマンスが紐づいていることが重要である。

　第6章で述べたように、ミネルバ大学では、評価のデザイン原則の一つに「文脈の中でフィードバックを提供する」が挙げられ、常に、個々の具体的な文脈（場面やメディア）で、評価の対象となった具体的な内容と結びつけて形成的なフィードバックを返すことになっていた。カリキュラムの有効性の評価、それによる説明責任の遂行のためには外部の測定手段も用いられるが、それはあくまでも補完的な役割を果たすにとどまっていた。こうして、学習評価の中に説明責任のロジックが侵入することに歯止めがかけられていたといえる。

(2) ルーブリックの両面性

　しかしその一方で、私は、ルーブリックの使用や、ルーブリックによる数値化には教育的意義があると考えている。第2章で述べたように、パフォーマンス評価は「質的な直接評価」であるが、その評価基準として使われるルーブリックは、質を量に変換するツールでもあり、「量的な直接評価」にもなりうる。

　ルーブリックによって得られた数値データは、もちろん個々の学生の成績評価にも使われるが、本書では、標準化された評価方法（学生調査や標準テスト）を相対化し、「測りまちがい」に警鐘を鳴らすためにも用いた。現在の、量的な「測定・数値化」によるパフォーマティビティや説明責任の遂行に対しては、質的な「記述・ナラティブ化」によって対抗するという方略もあるだろう[84]。しかし、現状の説明責任における数値化への要請を考慮すれば、何をどう数値化するか、数値化したものをどう扱うかというところに、対抗軸を設定することもできる。多面的・連続的なコンピテンスやパフォーマンスの「質」を分析するとともに、それを言語記述だけでなく、「量」で表現するという両面性をもつルーブリックは、その際の有効なツールとなるのである。

---

84)　「量的数値化と質的ナラティブの対立構造」については石井（2024）を参照。

5. 科目レベルからプログラムレベルへ

　パフォーマンス評価はこれまで主に、大学教育では授業科目（コース）レベルで使われてきた。初等・中等教育でいえば単元レベルにあたる。だが、説明責任が求められるのは一般に、学位プログラムレベル――初等・中等教育でいえば6年間ないし3年間の学校教育全体――である。このギャップをどう架橋するのか、つまり、パフォーマンス評価を科目レベルだけでなくプログラムレベルの学習成果の評価にも使えるものとし、それによって説明責任も遂行できるようにするのか。この課題に応えるために創り出したのが、PEPA（重要科目に埋め込まれたパフォーマンス評価）であった。PEPA は、評価負担の大きいパフォーマンス評価の対象を、複数科目で修得した知識・スキルの統合や高次の能力を要求される重要科目に限定し、それをカリキュラムの中間段階に配置することによって、評価の妥当性を確保しつつ、評価の実行可能性や単位制度との親和性も維持しようとするものである。評価の信頼性（とくに評価者間信頼性）は、パフォーマンス評価において教員団が協働でルーブリックを開発し、複数の担当教員でキャリブレーションとモデレーションを含む評価を行うことによって担保される。プログラムレベルの目標に直結する重要科目をカリキュラム上に系列的に配置した上で、そこでの教員団によるパフォーマンス評価とその他の科目での個々の教員による評価とを組み合わせるというプログラムレベルの評価の方法である。

　卒業研究発表会のように、学位プログラムの最後になってようやく「見せ場」を創るのではなく、中間段階にも創ることで、それまでに学んだ知識・スキルを統合し、次の段階に進む足がかりともする。また、これによって、修得単位数や GPA などによる学習成果の〈総和〉だけでなく、学習成果の〈軌跡〉によっても、説明責任を果たすことが可能になる。

　オランダの医学教育学者ファン・デル・ヴルーテンら（van der Vleuten et al., 2012）は、PEPA と同じく中間的な評価（intermediate evaluation）を組み込んだプログラム評価（programmatic assessment）[85]のモデルを提案しており、その中で次のように述べている。

評価結果の解釈には常に人間の判断が必要となる。採点用ルーブリック、トレーニング、パフォーマンス基準などのサポートを提供することで、判断の主観性を減らすことはできるが、完全に客観化しようとすれば、評価プロセスを矮小化するだけである。我々は、評価プロセスのさまざまな場面で、知識豊富な個人の専門的判断（エキスパート・ジャッジメント）に依拠せざるをえない。また、個々のデータポイントの情報を組み合わせるにも、専門的判断が必要である。多くの場合、情報源を集約するために定量的な方略（得点の平均や合格数のカウント）を用いるが、個々のデータポイントが情報豊富である場合、とくに定性的な情報を含んでいる場合、単純な定量的集約は論外であり、専門的判断に頼らなければならない。(p. 207)

　新潟大学歯学部の PEPA では、全科目の評価の単純な定量的集約は行わず、重要科目のパフォーマンス評価は別立てで卒業認定に使われていた。一方、ミネルバ大学では、専門的判断によって、重要な課題ほど、また卒業時点に近いほど、重みづけを大きくして集約が行われていた。そうした方法と比べると、DP ごとの評定値の総和というやり方は再検討の余地が大きい。

6.　評価主体は誰か

　本書では、成績評価・判定・説明責任のための「学習の評価」であるだけでなく、「学習としての評価」としての機能ももつような学習評価のあり方を模索してきた。本書でいう「学習としての評価」とは、自己調整学習の中に評価を組み込んで学習と評価をつなぐという従来の意味に加えて、評価それ自体が学習経験としての価値ももつということを指していた。実際、第 4 章・第 6 章で紹介した学習評価は、そのような「学習としての評価」となっている。

85）「プログラム評価」という場合、プログラムの評価（program assessment, program evaluation）とプログラムレベルの学習評価（programmatic assessment）を混同しないようにする必要がある。ここは後者の意味である。

　パフォーマンスには、単なる行為ではなく、〈他者に見せること、他者に見られることを想定した行為〉という意味あいが含まれている。パフォーマンス評価は、与えられた要求・課題（パフォーマンス課題）に対し、それまでに身につけてきた知識やスキルなどを結集・統合し、他者（オーディエンス）に向けて示す、見せ場、提示（demonstration）の機会を提供する。

　部活動や学校行事などでは、年に1、2回そのような機会があるはずだ。学生・生徒たちは、それに向けて準備し、当日を迎え、これまでの成果をオーディエンスに披露する。他の学生・生徒たちのパフォーマンスを見て、自分たちと比べるということもするだろう。パフォーマンスは記録・順位といった形で数値化もされうるが、パフォーマンスそれ自体がオーディエンスに共有され数値化されない形で評価される（味わわれる）。期待したような結果が得られても得られなくても、学生・生徒たちはこの経験を通じて学び、成長していく。

　パフォーマンス評価はそれと同じことを、授業科目やプログラムにおいて具現化しようとするものである。授業科目やプログラムの最後や節目に、学習成果を他者（担当教員や他の学生、プロジェクト科目ならばそのフィールドの関係者など）に見せ、そうした他者から評価を受ける。ときには人によって評価が異なることもあるだろう。また、同じ機会に自分と同じ立場の学生・生徒のパフォーマンスを目にすることもあるだろう。そうした多様な人々からの評価、また自分が他の学生・生徒に対して行った評価もふまえつつ、自分の学習成果を評価し、次の学習につなげていくのである。

　このような機会は、単に評価の機会であるだけでなく、それ自体が意味のある学習経験の機会となる。

7. 本書の限界

　本書を終えるにあたり、本書の限界も記しておきたい。

　一つは分野の偏りである。本書で挙げた授業科目やプログラムの事例の多くは医療系の分野であった。専門職の養成をめざす構造化されたプログラムは、PEPAと相性がよい。現在、PEPAは工学系や芸術系の分野でも試みられつつあるが、大学の多種多様な分野からすれば、まだほんの一部である。ミネル

バ大学はリベラルアーツ大学であるが、すべての科目において授業への参加や成果物でパフォーマンス評価を行うことによって、学びの軌跡を把握するという方法をとっていた。ただし、そのような評価負担の大きな方法は、教員が教育に専念するミネルバのような大学でなければ、実現困難だろう。

　分野の拡張をはかること、それを通じて PEPA という仕組みを改訂していくことは、めざしてはきたものの、依然として不十分である。

　もう一つは、評価における価値判断への論究の少なさである。評価研究者マイケル・スクリヴァン（Michael Scriven）は、評価という行為を事実特定と価値判断の2つの連続的なプロセスからなるとした上で、「評価とはものごとの価値を明らかにすることである」と定義した（Scriven, 1998; 佐々木, 2010）。事実特定の部分は評価以外の行為（たとえば調査など）でも行われるが、価値判断こそ、評価という行為に固有の特徴だというわけである。石井（2024）は、教育評価という営みを、「学びや経験の可視化を介した価値探究の過程」とみなし、「目的意識的な価値実現」と「相互行為的な価値共有」の2つの側面で捉えた。そして、そのそれぞれに「改善」の機能と「判定・説明責任」の機能を対応させている。一方、本書でも、冒頭で述べたように、評価を「評価データの収集・分析と価値判断」からなると捉えたが、相対的にみて、価値判断についての論究にはそれほどウェイトが置かれていない（もっとも、評価データの収集・分析の中にすでに価値判断が内包されており、それも考慮に入れれば、価値判断の問題をないがしろにしてきたわけではない。そもそも、ある測定・評価が、「測りすぎ」「測りまちがい」かどうかを判断するところには、必ず価値判断が入り込んでくるからである）。

　なお、価値判断への論究の少なさは、スクリヴァンや石井が教育評価（educational evaluation）をテーマにしているのに対し、本書では、学習評価（learning assessment）をテーマとした、という点にも起因している。私は、ビースタの「教育の学習化」批判には与しないが、評価を evaluation と assessment のどちらで捉えるかによる評価論の射程の違いには意識的であるべきだと考える。その意味で、本書はあくまでも学習評価（assessment）論なのである。

あとがき

　本書では、測りすぎの時代に、学習評価を、教える側、学ぶ側の双方にとって意味あるものにすることは可能かという問題を設定して、理論的、実証的、実践的な検討を行ってきた。

　その際にひそかに試みたことが2つある。一つは、初等・中等教育と高等教育の境界を越えることである。教育研究では、初等・中等教育と高等教育の間に断絶がある。これは教育制度自体が、小・中・高と大学との間で性格を異にするということに起因している。教育研究者のかなりの割合が教員養成学部・学科・課程に身を置いており、もっぱら初等・中等教育を対象に研究を行っている。一方、大学教育研究の担い手は、さまざまな学部・部署で大学教育を実践している大学教員・職員である。それぞれの研究は切り離されていて、お互いに参照されることはあまりない。私はキャリアの中で両方を経験してきた。本書で扱った事例はどれも大学教育に関するものだが、理論的な部分は初等・中等教育でもあてはまるのではないかと思う。そう願っている。

　もう一つの試みは、教育評価論と教育測定論、あるいは質的評価と量的評価の境界を越えることである。この2つの断絶も大きい。教育評価論は主に教育学分野、教育測定論は主に心理学分野で構築されてきた。教育評価論者は主に教室での評価を対象にし、質的にアプローチしようとする。教育測定論者は主に大規模調査（テストや質問紙）や入試などを対象にし、統計を駆使した量的なアプローチをとる。私の出自は教育評価論の方だが、大学教育も研究対象にするようになってからは、量的アプローチに目を背けたままでいることはできなくなった。パフォーマンス評価はもとは質的評価に属するが、質を量に変換する働きをもつルーブリックというツールを通して、量的アプローチによる研究も可能になる。本書の第5章はそうして行った共同研究の成果である。

あとがき

　本書のいくつかの章は、すでに発表してきた論考を参照した。ただし、いずれも大幅な加筆修正を行っており、ほとんど書き下ろしに近い。

第1章　学習評価とは何か
　書き下ろし
第2章　学習成果とその評価の多様性
　松下佳代（2017）「学習成果とその可視化」『高等教育研究のニューフロンティア（高等教育研究 第20集）』玉川大学出版部, pp. 93-112.
第3章　パフォーマンス評価の理論—ルーブリックを再考する—
　書き下ろし
第4章　パフォーマンス評価の事例
　第1節　レポート評価
　　丹原惇・斎藤有吾・松下佳代・小野和宏・秋葉陽介・西山秀昌（2020）「論証モデルを用いたアカデミック・ライティングの授業デザインの有効性」『大学教育学会誌』第41巻第2号, 125-134.
　第2節　PBL の評価
　　小野和宏・松下佳代（2015）「教室と現場をつなぐ PBL —学習としての評価を中心に—」松下佳代・京都大学高等教育研究開発推進センター編『ディープ・アクティブラーニング—大学授業を深化させるために—』勁草書房, pp. 215-240.
　第3節　学生のリフレクションを組み込んだ評価
　　平山朋子・松下佳代・西村敦（2012）「理学療法学を主体的に学ぶ—「OSCE リフレクション法」の試み—」小田隆治・杉原真晃編『学生主体型授業の冒険2 —予測困難な時代に挑む大学教育—』ナカニシヤ出版, pp. 202-221.
　第4節　アクティブラーニングの評価
　　書き下ろし
第5章　測りすぎ・測りまちがい
　第1節　直接評価と間接評価、教員の評価と学生の自己評価
　　斎藤有吾・小野和宏・松下佳代（2017）「パフォーマンス評価における教員の評価と学生の自己評価・学生調査との関連」『日本教育工学会論文誌』第40巻増刊号, 157-160.
　第2節　分野固有性と汎用性
　　平山朋子・斎藤有吾・松下佳代（2020）「医療分野における汎用的能力の評価方法の検討」『大学教育学会誌』第42巻第1号, 105-114.
　第3節　メトリクスの使い方

書き下ろし

第 6 章　長期的な学びと成長の評価―プログラムレベルの学習評価の方法―

第 1 節～第 5 節

　書き下ろし

第 6 節

　松下佳代・小野和宏・斎藤有吾（2020）「重要科目での埋め込み型パフォーマン
　ス評価を通して科目レベルとプログラムレベルの評価をつなぐ―歯学教育プロ
　グラムの経験にもとづく提案―」『京都大学高等教育研究』第 26 号, 51-64.

　本書のもとになった論考の多くは、共同研究の成果である。とりわけ 10 年
以上にわたってともに研究を進めてきた新潟大学歯学部の小野和宏さん、丹原
惇さん、新潟大学教育基盤機構の斎藤有吾さん、藍野大学医療保健学部理学療
法学科の平山朋子さんに心から感謝したい。

　本書は、本来ずっと早く刊行する予定だった。前の単著『対話型論証による
学びのデザイン』を上梓した後、いくつかの編著本、翻訳などの仕事が入り、
2 年以上遅れてしまった。この間、辛抱強く見守ってくださった勁草書房編集
部の藤尾やしおさんにもお礼を申し上げたい。

　2024 年 12 月

松下　佳代

文献

安彦忠彦（1987）『自己評価—「自己教育論」を超えて—』日本図書文化協会.

安彦忠彦（2021）『自己評価のすすめ—「自立」に向けた「自信」を育てる—』図書文化社.

Alverno College Faculty. (1994). *Student assessment-as-learning at Alverno College*. Alverno College Institute.

Anaya, G. (1999). College impact on student learning: Comparing the use of self-reported gains, standardized test scores, and college grades. *Research in Higher Education, 40*(5), 499–526.

Anderson, L. W., & Krathwohl, D. R. (Eds.). (2001). *A taxonomy for learning, teaching, and assessing: A revision of Bloom's taxonomy of educational objectives*. Longman.

安藤輝次（2006）「アルバーノ大学の一般教育カリキュラムの改革」『奈良教育大学紀要』第 55 巻第 1 号（人文・社会），65–78.

Argyris, C., & Schön, D. A. (1978). *Organizational learning: A theory of action perspective*. Addison-Wesley.

朝日新聞・河合塾（2018）「学修成果の把握・可視化—ひらく 日本の大学調査より—」『Guideline』2018 年 11 月号，71–79.

Association of American Colleges & Universities. (2007). *College learning for the new global century: A report from the National Leadership Council for Liberal Education & America's Promise*. AAC&U.

Association of American Colleges & Universities. (n.d.). VALUE. (https://www.aacu.org/value)（2024 年 9 月 29 日閲覧）

Astin, A.W. (1993). *What matters in college? Four critical years revisited*. Jossey-Bass.

Ball, S. J. (2003). The teacher's soul and the terrors of performativity. *Journal of Education Policy, 18*(2), 215–228.

Banta, T., & Palomba, C. (2015). *Assessment essentials: Planning, implementing, and improving assessment in higher education* (2nd ed.). Jossey-Bass.

Barnett, R. (1994). *The limits of competence: Knowledge, higher education and society*. The Society for Research into Higher Education & Open University.

Barrows, H. S. (1998). The essentials of problem-based learning. *Journal of Dental Education, 62*, 630–633.

Bennett, D. C. (2001). Assessing quality in higher education. *Liberal Education, 87*(2). (http://www.aacu.org/publications-research/periodicals/assessing-quality-higher-education)（2017 年 1 月 28 日閲覧）

Berdie, R. F. (1971). Self-claimed and tested knowledge. *Educational and Psy-*

chological Measurement, 31, 629–636.

Biesta, G. J. J. (2010). *Good education in an age of measurement: Ethics, politics, democracy.* Paradigm Publishers. ビースタ, G. (2016)『よい教育とはなにか―倫理・政治・民主主義―』(藤井啓之・玉木博章訳) 白澤社.

Biggs, J. B., & Collis, K. F. (1982). *Evaluating the quality of learning: The SOLO Taxonomy.* Academic Press.

Biggs, J., & Tang, C. (2011). *Teaching for quality learning at university* (4th ed.). The Society for Research into Higher Education & Open University Press.

Blake, J. M., Norman, G. R., & Smith, E. K. (1995). Report card from McMaster: Student evaluation at a problem-based medical school. *The Lancet, 345*, 899–902.

Bloom, B. S., Hastings, J. T., & Madaus, G. F. (1971). *Handbook on the formative and summative evaluation of student learning.* McGraw-Hill. ブルーム, B. S.・ヘスティングス, J. T.,・マドゥス, G. F. (1973)『教育評価法ハンドブック―教科学習の形成的評価と総括的評価―』(梶田叡一・渋谷憲一・藤田恵璽訳) 第一法規.

Campbell, D. T. (1979). Assessing the impact of planned social change. *Evaluation and Program Planning, 2*(1), 67–90.

中央教育審議会 (2008)「学士課程教育の構築に向けて (答申)」.

中央教育審議会 (2012)「新たな未来を築くための大学教育の質的転換に向けて―生涯学び続け、主体的に考える力を育成する大学へ―(答申)」.

中央教育審議会大学分科会 (2020)「教学マネジメント指針」.

Conway, R., Kember, D., Sivan, A., & Wu, M. (1993). Peer assessment of an individual's contribution to a group project. *Assessment & Evaluation in Higher Education, 18*(1), 45–56.

Council of Europe. (2018a). *Reference framework of competences for democratic culture, Vol.1: Context, concepts and model.* (https://rm.coe.int/prems-008318-gbr-2508-reference-framework-of-competences-vol-1-8573-co/16807bc66c) (2021 年 3 月 2 日閲覧)

Council of Europe. (2018b). *Reference framework of competences for democratic culture, Vol.2: Descriptors of competences for democratic culture.* (https://rm.coe.int/prems-008418-gbr-2508-reference-framework-of-competences-vol-2-8573-co/16807bc66d) (2021 年 3 月 2 日閲覧)

Council of Europe. (2018c). *Reference framework of competences for democratic culture, Vol.3: Guidance for implementation.* (https://rm.coe.int/prems-008518-gbr-2508-reference-framework-of-competences-vol-3-8575-co/16807bc66e) (2021 年 3 月 2 日閲覧)

Cumming, J. J., & Maxwell, G. S. (1999). Contextualising authentic assessment. *Assessment in Education: Principles, Policy & Practice, 6*(2), 177-194.

大学改革支援・学位授与機構（2021）『高等教育に関する質保証関係用語集（第5版）』．(https://www.nicjp.niad.ac.jp/news/niadqe_glossary_online.html)（2024年8月18日閲覧）

Danielewicz, J., & Elbow, P. (2009). Good enough evaluation. *College Composition and Communication, 61*(2), 244-268.

Devlin, M., & Gray, K. (2007). In their own words: A qualitative study of the reasons Australian university students plagiarize. *Higher Education Research and Development, 26*(2), 181-198.

DiRamio, D., & Shannon, D. (2011, April). Is NSSE messy? An analysis of predictive validity. Paper presented for the Annual Meeting of the American Educational Research Association, New Orleans, LA.

Dreyfus, H. L., & Dreyfus, S. E. (1986). *Mind over machine: The power of human intuition and expertise in the era of the computer.* Free Press. ドレイファス, H. L.・ドレイファス, S. E.（2022）『純粋人工知能批判—コンピュータは思考を獲得できるか—』（椋田直子訳）アスキー.

Earl, L. M. (2003). *Assessment as learning: Using classroom assessment to maximize student learning.* Corwin.

Earl, L. M. (2013). *Assessment as learning: Using classroom assessment to maximize student learning* (2nd ed.). Corwin.

江口悦弘（2022）「「教育データ利活用ロードマップ」はなぜ炎上したのか」『教育とICT Online』.（https://project.nikkeibp.co.jp/pc/atcl/19/06/21/00003/052700362/）（2022年12月12日閲覧）

Elbow, P. (1979). Trying to teach while thinking about the end: Teaching in a competence-based curriculum. In G. Grant, P. Elbow, T. Ewens, Z. Gamson, W. Kohli, W. Neumann, V. Olesen, & D. Riesman, *On competence: A critical analysis of competence-based reforms in higher education.* Jossey-Bass.

Entwistle, N. (2000). Promoting deep learning through teaching and assessment: Conceptual frameworks and educational contexts. Paper to be presented at TLRP Conference, Leicester, November 2000. (http://www.tlrp.org/acadpub/Entwistle2000.pdf)（2014年5月31日閲覧）

Fadel, C., Bialik, M., & Trilling, B. (2015). *Four-dimensional education: The competencies learners need to succeed.* The Center for Curriculum Redesign. ファデル, C.・ビアリック, M.・トリリング, B.（2016）『21世紀の学習者と教育の4つの次元—知識、スキル、人間性、そしてメタ学習—』（関口貴裕・細川太輔編訳, 東京学芸大学次世代教育研究推進機構訳）北大路書房.

Freeman, S. et al. (2014). Active learning increases student performance in science, engineering, and mathematics. *Proceedings of the National Academy of Sciences, 111*(23), 8410-8415.

深堀聰子 (2015)「アウトカム重視の大学教育改革—その背景と概念の整理—」深堀聰子編『アウトカムに基づく大学教育の質保証—チューニングとアセスメントにみる世界の動向—』東信堂, pp. 3-32.

深堀聰子・松下佳代・中島英博・佐藤万知・田中一孝・畑野快・斎藤有吾 (2020)「学修成果アセスメント・ツール活用支援を通したエキスパート・ジャッジメントの涵養と大学組織の変容—先駆的事例の分析—」『大学教育学会誌』第 41 巻第 2 号, 62-66.

福留東土 (2009)「米国高等教育におけるラーニングアウトカムに関する動向」『比較教育学研究』第 38 号, 145-158.

福島真人 (2010)『学習の生態学—リスク・実験・高信頼性—』東京大学出版会.

Fulcher, K. H., Good, M. R., Coleman, C. M., & Smith, K. L. (2014, December). *A simple model for learning improvement: Weigh pig, feed pig, weigh pig.* (Occasional Paper No. 23). National Institute for Learning Outcomes Assessment.

フラン, M.・クイン, J.・マッキーチェン, J. (2020)『教育のディープラーニング—世界に関わり世界を変える—』(松下佳代監訳・濱田久美子訳) 明石書店.

古川雄嗣 (2017)「PDCA は「合理的」であるか」藤本夕衣・古川雄嗣・渡邉浩一編 (2017)『反「大学改革」論』ナカニシヤ出版, pp. 3-22.

Geertz, C. (1973) *The interpretation of cultures: Selected essays.* Basic Books. ギアツ, C. (1987)『文化の解釈学 I』(吉田禎吾他訳) 岩波書店.

Gipps, C. V. (1994). *Beyond testing: Toward a theory of educational assessment.* Falmer Press. ギップス, C. V. (2001)『新しい評価を求めて—テスト教育の終焉—』(鈴木秀幸訳) 論創社.

Goldberg, R., & Chandler, V. (2021). Measurement of student learning outcomes - Minerva Schools at Keck Graduate Institute: A case study. In C. Hughes & M. Tight (Eds.), *Learning gain in higher education* (pp. 153-167). Emerald Publishing.

González, J., & Wagenaar, R. (Eds.). (2008). *Tuning Educational Structures in Europe, Universities' contribution to the Bologna Process: An introduction* (2nd ed.). Publicaciones de la Universidad de Deusto. ゴンザレス, J.・ワーヘナール, R. (2012)『欧州教育制度のチューニング—ボローニャ・プロセスへの大学の貢献—』(深堀聰子・竹中亨訳) 明石書店.

グレーバー, D. (2020)『ブルシット・ジョブ—クソどうでもいい仕事の理論—』(酒井隆史・芳賀達彦・森田和樹訳) 岩波書店.

Greene, G. (2023). *Immensurable outcomes: Teaching Shakespeare in the age of the algorithm.* Johns Hopkins University Press.

原田信之・マイヤー, H.（2015）『ドイツ教授学へのメタ分析研究の受容―ジョン・ハッティ「可視化された学習」のインパクト―』デザインエッグ.

Harden, R. M., Stevenson, M., Downie, W. W., & Wilson, G. M.（1975）. Assessment of clinical competence using objective structured examination. *British Medical Journal, 1,* 447-451.

Hart, D.（1994）. *Authentic assessment: A handbook for educators.* Addison-Wesley. ハート, D.（2012）『パフォーマンス評価入門―「真正の評価」論からの提案―』（田中耕治監訳）ミネルヴァ書房.

橋本重治（1983）「教育評価基本用語解説」『指導と評価』第 29 巻第 8 号（1983年 7 月臨時増刊号）, 1-64.

Hattie, J.（2009）. *Visible learning: A synthesis of over 800 meta-analyses relating to achievement.* Routledge. ハッティ, J.（2018）『教育の効果―メタ分析による学力に影響を与える要因の効果の可視化―』（山森光陽監訳）図書文化社.

平山朋子・松下佳代・西村敦（2012）「理学療法学を主体的に学ぶ―「OSCE リフレクション法」の試み―」小田隆治・杉原真晃編『学生主体型授業の冒険 2 予測困難な時代に挑む大学教育』ナカニシヤ出版, pp. 202-221.

平山朋子・松下佳代・西村敦・堀寛史（2013）「OSCE リフレクション法の有効性―2 年次 OSCE（医療面接）での学生の学びの分析を通して―」『医学教育』第 44 巻第 6 号, 387-396.

平山朋子・斎藤有吾・松下佳代（2020）「医療分野における汎用的能力の評価方法の検討」『大学教育学会誌』第 42 巻第 1 号, 105-114.

本田由紀（2005）『多元化する「能力」と日本社会―ハイパー・メリトクラシー化のなかで―』NTT 出版.

本田由紀（2020）『教育は何を評価してきたのか』岩波書店.

堀哲夫（2013）『一枚ポートフォリオ評価 OPPA ―一枚の用紙の可能性―』. 東洋館出版社.

稲葉興己（2016）「学修成果の可視化と FD 活動」AP 合同フォーラム発表資料.（https://www.tamagawa.jp/university/news/pdf/detail_10356-pdf-05.pdf）（2024 年 8 月 2 日閲覧）

石田智敬（2021a）「ロイス・サドラーによる形成的アセスメント論の検討―学習者の鑑識眼を錬磨する―」『教育方法学研究』第 46 巻, 1-12.

石田智敬（2021b）「D. ウィリアムによる形成的アセスメントの理論と実践」『京都大学大学院教育学研究科紀要』第 67 号, 179-192.

石田智敬（2021c）「スタンダード準拠評価論の成立と新たな展開―ロイス・サドラーの所論に焦点を合わせて―」『カリキュラム研究』第 30 号, 15-28.

石田智敬（2022a）「ロイス・サドラーによる鑑識眼アプローチの認識論―熟達した質的判断による学習評価のメカニズム―」『京都大学大学院教育学研究科

紀要』第 68 号, 301-314.

石田智敬（2022b）「発散的課題の学習評価における教師の力量形成―ルーブリックは助けか足枷か―」『教育方法の探究』第 25 号, 61-68.

石田智敬（2024）「学習評価」松下佳代編『ミネルバ大学を解剖する』東信堂, pp. 73-108.

石田智敬・森本和寿（2021）「ジョン・ハッティの研究成果と教育実践との関係を問う―「わかりやすいエビデンス」の陥穽―」『教育方法の探究』第 24 号, 39-56.

石井英真（2011）『現代アメリカにおける学力形成論の展開―スタンダードに基づくカリキュラムの設計―』東信堂.

石井英真（2022）「オーセンティックな評価」東洋館出版社インタビュー「オーセンティックな学びへの招待（vol. 4）」. (https://www.toyokan.co.jp/a/blog/authentic04)（2023 年 9 月 26 日閲覧）

石井英真（2023）『中学校・高等学校 授業が変わる学習評価深化論―観点別評価で学力を伸ばす「学びの舞台づくり」―』図書文化社.

石井英真（2024）「教育「評価」概念再考―系譜の整理から関係論的拡張へ―」『教育方法の探究』第 27 号, 1-10.

伊藤通子・磯田節子・下田貞幸（2013）「デンマーク Aalborg PBL Model の特徴と高専教育との比較」『日本高専学会誌』第 18 巻第 4 号, 9-14.

伊藤通子・松下佳代・斎藤有吾・中島英博（2021）「学習システム・パラダイムへの転換における PEPA の有効性―東京都市大学のケーススタディから―」『大学教育学会誌』第 43 巻第 1 号, 79-83.

岩田貴帆（2020）「協議ワークを取り入れたピアレビューによる学生の自己評価力向上の効果検証」『大学教育学会誌』第 42 巻第 1 号, 115-124.

Jankowski, N. A., & Marshall, D. W. (2017). *Degrees that matter: Moving higher education to a learning systems paradigm*. Stylus. (Kindle 版)

Jankowski, N. A., Timmer, J. D., Kinzie, J., & Kuh, G. D. (2018, January). *Assessment that matters: Trending toward practices that document authentic student learning*. National Institute for Learning Outcomes Assessment.

亀野淳（2016）「大学入学時のジェネリック・スキルを規定する要因分析―北海道大学 1 年生に対する調査結果をもとに―」『高等教育ジャーナル：高等教育と生涯学習』第 23 巻, 71-78.

川嶋太津夫（2008）「ラーニング・アウトカムズを重視した大学教育改革の国際的動向と我が国への示唆」『名古屋高等教育研究』第 8 号, 173-191.

Kerr, H. L. (1983). Motivation losses in small groups: A social dilemma analysis. *Journal of Personality and Social Psychology, 45*(4), 819-828.

Kim, H., & Lalancette, D. (2013). *Literature review on the value-added measurement in higher education*. OECD.

木下是雄（1981）『理科系の作文技術』中央公論新社.

Ko, S.（2014）. Peer assessment in group projects accounting for assessor reliability by an iterative method. *Teaching in Higher Education, 19*(3), 301-314.

小林雅之編（2014）「「大学における IR（インスティテューショナル・リサーチ）の現状と在り方に関する調査研究」報告書」.（http://www.mext.go.jp/a_menu/koutou/itaku/__icsFiles/afieldfile/2014/06/10/1347631_01.pdf）（2017年1月28日閲覧）

小玉重夫（2009）「教育改革における遂行性と遂行中断性—新しい教育政治学の条件—」『教育学研究』第76巻第4号, 14-25.

Kolmos, A, Fink, F., & Krogh, L.（Eds.）.（2004）. *The Aalborg PBL model: Progress, diversity and challenges.* Aalborg University Press.

Kosslyn, S. M., & Nelson, B.（Eds.）.（2017）. *Building the intentional university: Minerva and the future of higher education.* The MIT Press. コスリン, S. M.・ネルソン, B.（2024）『ミネルバ大学の設計書』（松下佳代監訳）東信堂.

Kruger, J., & Dunning, D.（1999）. Unskilled and unaware of it: How difficulties in recognizing one's own incompetence lead to inflated self-assessments. *Journal of Personality and Social Psychology, 77*(6), 1121-1134.

Kuh, G. D., Jankowski, N., Ikenberry, S. O., & Kinzie, J.（2014）. *Knowing what students know and can do: The current state of student learning outcomes assessment in U.S. colleges and universities.* National Institute for Learning Outcomes Assessment.

Macfarlane, B.（2017）. *Freedom to learn: The threat to student academic freedom and why it needs to be reclaimed.* Routledge.

牧野由香里（2008）『「議論」のデザイン—メッセージとメディアをつなぐカリキュラム—』ひつじ書房.

牧野由香里（2013）「「十字モデル」で協同的に論文を組み立てる」関西地区 FD 連絡協議会・京都大学高等教育研究開発推進センター編『思考し表現する学生を育てるライティング指導のヒント』ミネルヴァ書房, pp. 32-53.

Martin, W. T.（2009）. Groupwork as a form of assessment: Common problems and recommended solutions. *Higher Education: The International Journal of Higher Education and Educational Planning, 58*(4), 563-584.

松下佳代（2005）「学生による授業評価—改善と説明責任—」『日本物理学会誌』第60巻第4号, 297-300.

松下佳代（2007）『パフォーマンス評価』日本標準.

松下佳代（2010）「学びの評価」佐伯胖監修・渡部信一編『「学び」の認知科学事典』大修館書店, pp. 442-458.

松下佳代（2012）「パフォーマンス評価による学習の質の評価—学習評価の構図

の分析にもとづいて—」『京都大学高等教育研究』第 18 号, 75-114.

松下佳代（2014a）「PISA リテラシーを飼いならす—グローバルな機能的リテラシーとナショナルな教育内容—」『教育学研究』第 81 巻第 2 号, 14-27.

松下佳代（2014b）「大学における学習成果としての能力とその評価—標準化をめぐって—」『教育目標・評価学会紀要』第 24 号, 1-8.

松下佳代（2016a）「アクティブラーニングをどう評価するか」松下佳代・石井英真編『アクティブラーニングの評価』東信堂, pp. 3-25.

松下佳代（2016b）「資質・能力の新たな枠組み—3・3・1 モデルの提案—」『京都大学高等教育研究』第 22 号, 139-149.

松下佳代（2017）「学習成果とその可視化」『高等教育研究のニューフロンティア（高等教育研究 第 20 集）』玉川大学出版部, pp. 93-112.

松下佳代（2019）「汎用的能力を再考する—汎用性の 4 つのタイプとミネルヴァ・モデル—」『京都大学高等教育研究』第 25 号, 67-90.

松下佳代（2020）「プログラムレベルと科目レベルの評価をつなぐ— PEPA の理論と課題—」『大学教育学会誌』第 42 巻第 1 号, 77-81.

松下佳代（2021a）『対話型論証による学びのデザイン—学校で身につけてほしいたった一つのこと—』勁草書房.

松下佳代（2021b）「プログラムレベルの学習成果の評価—総和と軌跡—」『大学評価研究』第 20 号, 23-31.

松下佳代（2021c）「教育におけるコンピテンシーとは何か—その本質的特徴と三重モデル—」『京都大学高等教育研究』第 27 号, 84-108.

松下佳代（2022）「実践的研究から導かれる暫定的な結論 I —理工系総合大学での実践的研究（PEPA と PBL を中心に）—」『大学教育学会誌』第 44 巻第 1 号, 44-48.

松下佳代（2024）「〈新しい能力〉を育成する教育実践—コンピテンシーに焦点化して—」『工学教育』第 72 巻第 4 号, 4-7.

松下佳代編（2024）『ミネルバ大学を解剖する』東信堂.

松下佳代・小野和宏・高橋雄介（2013）「レポート評価におけるルーブリックの開発とその信頼性の検討」『大学教育学会誌』第 35 巻第 1 号, 107-115.

松下佳代・小野和宏・斎藤有吾・白川優治（2014）「学士課程教育における共通教育の質保証—直接評価と間接評価の開発と統合について—」『大学教育学会誌』第 36 巻第 2 号, 17-21.

松下佳代・小野和宏・斎藤有吾（2020）「重要科目での埋め込み型パフォーマンス評価を通して—科目レベルとプログラムレベルの評価をつなぐ—」『京都大学高等教育研究』第 26 号, 51-64.

松下佳代・前田秀樹・田中孝平（2022）『対話型論証ですすめる探究ワーク』勁草書房.

Matsushita, K., Ono, K., & Saito, Y. (2018). Combining course- and program-level outcomes assessments through embedded performance assessments at key courses: A proposal based on the experience from a Japanese dental education program. *Tuning Journal for Higher Education, 6*(1), 111-142. (http://dx.doi.org/10.18543/tjhe-6(1)-2018pp111-142)

Messick, S. (1989). Validity. In R. L. Linn (Ed.), *Educational measurement* (3rd ed.) (pp. 13-103). Macmillan.

Messick, S. (1994). The interplay of evidence and consequences in the validation of performance assessments. *Educational Researcher, 23*(2), 13-23.

Middle States Commission on Higher Education. (2007). *Student learning assessment: Options and resources* (2nd ed.). (https://www.msche.org/publications/SLA_Book_0808080728085320.pdf) (2017 年 1 月 28 日閲覧)

Miller, G. E. (1990). The assessment of clinical skills/competence/performance. *Academic Medicine, 65*(9, Suppl.), S63-S67.

溝上慎一 (2014)『アクティブラーニングと教授学習パラダイムの転換』東信堂.

溝上慎一責任編集・河合塾編 (2023)『高校・大学・社会　学びと成長のリアル―「学校と社会をつなぐ調査」10 年の軌跡―』学事出版.

溝上慎一・成田秀夫 (2016)『アクティブラーニングとしての PBL と探究的な学習』東信堂.

文部科学省 (2023)「大学における教育内容等の改革状況について（令和 3 年度）」. (https://www.mext.go.jp/a_menu/koutou/daigaku/04052801/1417336_00010.htm) (2024 年 1 月 6 日閲覧)

森利枝 (2015a).「米国の高等教育における Competency-Based Education の展開に関する考察」『大学研究』第 41 号, 29-40.

森利枝 (2015b).「アメリカにおける学習成果重視政策議論のインパクト―ひきつづく議論のなかで―」深堀聰子編『アウトカムに基づく大学教育の質保証―チューニングとアセスメントにみる世界の動向―』東信堂, pp. 235-250.

森本和寿 (2022)「表現を起点とするライティングとその評価― Good Enough な評価のために―」日本カリキュラム学会第 33 回名古屋大学 web 大会・自主企画セッション「ライティング（書くこと）の評価はどうあるべきか」2022 年 7 月 10 日.

森本康彦 (2015)「e ポートフォリオとしての教育ビッグデータとラーニングアナリティクス」『コンピュータ＆エデュケーション』第 38 巻, 18-27.

森本康彦 (2023)「教育 DX による学修者本位の教育の実現と学びの質向上の取組― e ポートフォリオとラーニングアナリティクスによる学びの支援―」『情報の科学と技術』第 73 巻第 2 号, 38-44.

Morris, R., & Hayes, C. (1997). In R. Pospisil & L. Willcoxson (Eds.), *Learning through teaching* (pp. 229-233). Murdoch University.

Mtshali, N. G., & Middleton, L. (2011). The triple jump assessment: Aligning learning and assessment. In T. Barrett & S. Moore (Eds.). *New approaches to problem-based learning: Revitalising your practice in higher education* (pp. 187-200). Routledge.

Muller, J. Z. (2018). *The tyranny of metrics*. Princeton University Press. ミュラー, J. Z.（2019）『測りすぎ―なぜパフォーマンス評価は失敗するのか？―』（松本裕訳）みすず書房.

村上祐介・橋野晶寛（2020）『教育政策・行政の考え方』有斐閣.

中西新太郎・谷口聡・世取山洋介（2023）『教育 DX は何をもたらすか―「個別最適化」社会のゆくえ―』大月書店.

成瀬尚志（2019）「ライティング教育における論題の役割」『大学教育学会誌』第41 巻第 1 号, 57-60.

成瀬尚志・児島功和・崎山直樹（2020）「論題分析のためのフレームワーク―構文論的分析と状況設定的分析―」『大学教育学会誌』第 42 巻第 1 号, 36-38.

National Research Council. (2000). *How people learn: Brain, mind, experience, and school* (Expanded ed.). The National Academies Press. 米国学術研究推進会議編（2002）『授業を変える―認知心理学のさらなる挑戦―』（森敏昭・秋田喜代美監訳）北大路書房.

National Research Council. (2001). *Knowing what students know: The science and design of educational assessment.* The National Academies Press. (https://doi.org/10.17226/10019)

Newman, M. J. (2005). Problem based learning: An introduction and overview of the key features of the approach. *Journal of Veterinary Medical Education, 32,* 12-20.

Newton, R. R. (2000). Tensions and models in general education planning. *Journal of General Education, 49*(3), 165-181.

Nicol, D., Thomson, A., & Breslin, C. (2014). Rethinking feedback practices in higher education: A peer review perspective. *Assessment & Evaluation in Higher Education, 39,* 102-122.

丹原惇・斎藤有吾・松下佳代・小野和宏・秋葉陽介・西山秀昌（2020）「論証モデルを用いたアカデミック・ライティングの授業デザインの有効性」『大学教育学会誌』第 41 巻第 2 号, 125-134.

日本学術会議（2010）「大学教育の分野別質保証の在り方について」.（http://www.scj.go.jp/ja/info/kohyo/pdf/kohyo-21-k100-1.pdf）（2017 年 1 月 28 日閲覧）

西岡加名恵（2003）『教科と総合に活かすポートフォリオ評価法―新たな評価基準の創出に向けて―』図書文化社.

西岡加名恵（2016）『教科と総合学習のカリキュラム設計』図書文化社.

西岡加名恵・田中耕治編（2009）『「活用する力」を育てる授業と評価 中学校―パ

　　フォーマンス課題とルーブリックの提案―』学事出版.

西岡加名恵・大貫守編（2023）『高等学校「探究的な学習」の評価―ポートフォ
　　リオ、検討会、ルーブリックの活用―』学事出版.

OECD. (2008). *Measuring improvements in learning outcomes: Best practices to
　　assess the value-added of schools.* OECD.

OECD. (2009). *A Tuning-AHELO conceptual framework of expected/desired
　　learning outcomes in engineering.* Tuning Association.

OECD. (Eds.) (2023). *Innovating assessments to measure and support complex
　　skills.* OECD Publishing.　経済協力開発機構（OECD）編（2024）『21世紀
　　型コンピテンシーの次世代評価―教育評価・測定の革新に向けて―』（西村
　　美由起訳）明石書店.

小熊英二（2022）『基礎からわかる論文の書き方』講談社.

岡田航平・大野真理子（2024）「教職員」松下佳代編『ミネルバ大学を解剖する』
　　東信堂, pp. 177-198.

岡田涼（2022）「日本における自己調整学習とその関連領域における研究の動向
　　と展望―学校教育に関する研究を中心に―」『教育心理学年報』第61巻,
　　151-171.

小野和宏（2015）「大学学習法の学習評価実践―レポート評価に焦点をあてて―」
　　御手洗明佳・谷村英洋編『大学教育開発研究シリーズNo. 22「学習成果」の
　　設定と評価―アカデミック・スキルの育成を手がかりに―』立教大学大学教
　　育開発・支援センター, pp. 61-80.

小野和宏・松下佳代・斎藤有吾（2014）「PBLにおける問題解決能力の直接評価―
　　改良版トリプルジャンプの試み―」『大学教育学会誌』第36巻第1号, 123-
　　132.

小野和宏・松下佳代（2015）「教室と現場をつなぐPBL―学習としての評価を中
　　心に―」松下佳代・京都大学高等教育研究開発推進センター編『ディープ・
　　アクティブラーニング―大学授業を深化させるために―』勁草書房, pp.
　　215-240.

小野和宏・松下佳代（2016）「初年次教育におけるレポート評価」松下佳代・石
　　井英真編『アクティブラーニングの評価』東信堂, pp. 26-43.

小野和宏・斎藤有吾・上畠洋佑・丹原惇・秋葉陽介・秋葉奈美・松下佳代（2024）
　　「コンピテンシーを育成する効果的なカリキュラムのデザイン― PEPAを軸
　　とする歯学教育プログラムを履修した卒業生の語りにもとづいて―」第46
　　回大学教育学会自由研究発表, 2024年6月9日, 関西国際大学.

小塩真司・阿部晋吾・カトローニ, P.（2012）「日本語版 Ten Item Personality In-
　　ventory（TIPI-J）作成の試み」『パーソナリティ研究』第21巻第1号, 40-
　　52.

Pace, C. R., & Friedlander, J. (1982). The meaning of response categories: How often is "occasionally," "often," and "very often"? *Research in Higher Education, 17*(3), 267-281.

Pike, G. R. (1996). Limitations of using students' self-reports of academic development as proxies for traditional achievement measures. *Research in Higher Education, 37*(1), 89-114.

Palomba, C., & Banta, T. (1999). *Assessment essentials: Planning, implementing, and improving assessment in higher education.* Jossey-Bass.

Pellegrino, J. W. (2020). The Assessment Triangle: A conceptual guide for development and implementation of technology-supported assessment systems. 国立教育政策研究所令和2年度教育研究公開シンポジウム「高度情報技術の進展に応じた教育革新—高度情報技術を活用した「学習評価」の充実による教育システムの再構築：みんなで創る「評価の三角形」—」.

ポランニー, M. (2003)『暗黙知の次元』（高橋勇夫訳）筑摩書房.

PROG白書プロジェクト編 (2015)『PROG白書2015 大学生10万人のジェネリックスキルを初公開』学事出版.

PROG白書プロジェクト編 (2018)『PROG白書2018 企業が採用した学生の基礎力とPROG研究論文集』学事出版.

ラビッチ, D. (2013)『偉大なるアメリカ公立学校の死と生—テストと学校選択がいかに教育をだめにしてきたのか—』（本図愛実訳）協同出版.

Resnick, L. B. (1989). Introduction. In L. B. Resnick (Ed.), *Knowing, learning and instruction: Essays in honor of R. Glaser* (pp. 1-24). Lawrence Erlbaum Associates.

Resnick, D. P., & Resnick, L. B. (1996). Performance assessment and the multiple functions of educational measurement. In M. B. Kane & R. Mitchell (Eds.), *Implementing performance assessment: Promises, problems, and challenges* (pp. 23-38). Lawrence Erlbaum Associates.

Rhodes, T. (2009). From the director. *Peer Review, 11*(1), 3.

Rhodes, T. L. (Ed.). (2010). *Assessing outcomes and improving achievement: Tips and tools for using rubrics.* AAC&U.

Rhodes T. L. (2011/2012). Emerging evidence on using rubrics. *Peer Review, 13*(4)/*14*(1), 4-5.

Rhodes, T. L., & Finley, A. (2013). *Using the VALUE rubrics for improvement of learning and authentic assessment.* AAC&U.

Rhodes, T. L., & McConnell, K. D. (2017). *On solid ground.* AAC&U.

Rohlin M., Peterson K., & Svensäter, G. (1998). The Malmö model: A problem-based learning curriculum in undergraduate dental education. *European Journal of Dental Education, 2*, 103-114.

Sadler, D. R. (1987). Specifying and promulgating achievement standards. *Ox-

ford Review of Education, 13, 191-209.

Sadler, D. R. (1989). Formative assessment and the design of instructional systems. *Instructional Science, 18*, 119-144.

Sadler, D. R. (1996). Criteria and standards in student assessment. *Different approaches: Theory and practice in higher education.* Proceedings HERDSA Conference 1996. Perth, Western Australia, 8-12 July.（http://www.herdsa. org.au/confs/1996/sadler.html）（2009 年 9 月 29 日閲覧）

Sadler, D. R. (2010). Fidelity as a precondition for integrity in grading academic achievement. *Assessment & Evaluation in Higher Education, 35*(6), 727-743.

Sadler, D. R. (2014). The futility of attempting to codify academic achievement standards. *Higher Education, 67*(3), 273-288.

斎藤有吾・小野和宏・松下佳代（2017a）「パフォーマンス評価における教員の評価と学生の自己評価・学生調査との関連」『日本教育工学会論文誌』第 40 巻増刊号, 157-160.

斎藤有吾・小野和宏・松下佳代（2017b）「ルーブリックを活用した学生と教員の評価のズレに関する学生の振り返りの分析—PBL のパフォーマンス評価における学生の自己評価の変容に焦点を当てて—」『大学教育学会誌』第 39 巻第 2 号, 48-57.

笹川篤史（2015）「PROG テストを利用した学生の能力伸長分析について」『長崎大学経済学部研究年報』第 31 巻, 1-23.

佐々木亮（2010）『評価論理—評価学の基礎—』多賀出版.

佐伯胖（1982）『学力と思考』第一法規出版.

Scriven, M. (1998). The nature of evaluation Part I: Relation to psychology. *Practical Assessment, Research, and Evaluation, 6*(1).（https://doi. org/10.7275/egax-6010）

Shavelson, R. J. (2010). *Measuring college learning responsibly: Accountability in a new era.* Stanford University Press.

重本直利（2011）「目標管理の誤読—ドラッカーはボトムアップのために目標管理を提唱した—」シリーズ「大学評価を考える」第 4 巻編集委員会編『PDCA サイクル、3 つの誤読—サイクル過程でないコミュニケーション過程による評価活動の提案に向けて—』晃洋書房, pp. 81-94.

Stevens, D. D., & Levi, A. J. (2012). *Introduction to rubrics: An assessment tool to save grading time, convey effective feedback, and promote student learning* (2nd ed.). Routledge.　スティーブンス, D.・レビ, A.（2014）『大学教員のためのルーブリック評価入門』（佐藤浩章監訳）玉川大学出版部.

Strong, J. T., & Anderson, R. E. (1990). Free riding in group projects: Control mechanisms and preliminary data. *Journal of Marketing Education, 12*(2),

61-67.

杉田浩崇・熊井将太編（2019）『「エビデンスに基づく教育」の閾を探る―教育学における規範と事実をめぐって―』春秋社.

杉山芳生（2021）「2 つの PBL の歴史的展開と学習プロセスのモデル」『京都大学高等教育研究』第 27 号, 68-79.

杉山芳生・松下佳代（2018）「PBL（Problem Based Learning）の多分野展開における変容―三重大学を事例として―」『大学教育学会誌』第 40 巻第 1 号, 73-82.

Suskie, L. (2009). *Assessing student learning: A common sense guide* (2nd ed.). Jossey-Bass. サスキー, L.（2015）『学生の学びを測る―アセスメント・ガイドブック―』（齋藤聖子訳）玉川大学出版部.

鈴木宏昭（2017）「教育ごっこを超える可能性はあるのか？―身体化された知の可能性を求めて―」『大学教育学会誌』第 39 巻第 1 号, 12-16.

鈴木宏昭（2022）『私たちはどう学んでいるのか―創発から見る認知の変化―』筑摩書房.

鈴木宏昭・舘野泰一・杉谷祐美子・長田尚子・小田光宏（2007）「Toulmin モデルに準拠したレポートライティングのための協調学習環境」『京都大学高等教育研究』第 13 号, 13-24.

舘昭（2016）「高等教育における質のアセスメント―動向と課題―」山田礼子編『高等教育の質とその評価―日本と世界―』東信堂, pp. 19-30.

田中孝平・松下佳代（2021）「ミネルヴァ大学の正課教育における汎用的能力の育成―ミネルヴァ大学生へのインタビュー調査を通して―」『京都大学高等教育研究』第 27 号, 1-11.

田中耕治（2008）『教育評価』岩波書店.

田中耕治編（2011）『パフォーマンス評価―思考力・判断力・表現力を育む授業づくり―』ぎょうせい.

谷美奈（2021）『「書く」ことによる学生の自己形成―文章表現「パーソナル・ライティング」の実践を通して―』東信堂.

戸田山和久（2002）『論文の教室―レポートから卒論まで―』NHK 出版.

Toulmin, S. E. (2003). *The uses of argument* (updated ed.). Cambridge University Press. トゥールミン, S.（2011）『議論の技法―トゥールミンモデルの原点―』（戸田山和久・福澤一吉訳）東京図書.

植野真臣・荘島宏二郎（2010）『学習評価の新潮流』朝倉書店.

van der Vleuten, C. P., Schuwirth, L. W., Driessen, E. W., Dijkstra, J., Tigelaar, D., Baartman, L. K., & van Tartwijk, J. (2012). A model for programmatic assessment fit for purpose. *Medical Teacher, 34*(3), 205-214.

Vroeijenstijn, A. I. (1995). *Improvement and accountability: Navigating between Scylla and Charybdis* (Guide for external quality assessment in higher education). Taylor & Francis. フローインスティン, A. I. (2002)『大学評価ハンドブック』(米澤彰純・福留東土訳) 玉川大学出版部.

亘理陽一 (2020)「エビデンスに基づく教育は何をもたらすのか」『人間と教育』第 106 号, 20-27.

Webb, N. (2002). *Depth-of-Knowledge levels for four content areas*. Wisconsin Center for Educational Research.

White, R. W. (1959). Motivation reconsidered: The concept of competence. *Psychological Review 66*(5), 297-333.

Wiggins, G. (1989). A true test: Toward more authentic and equitable assessment. *Phi Delta Kappan, 79*, 703-713.

Wiggins, G., & McTighe, J. (2005). *Understanding by design* (Expanded 2nd ed.). Association for Supervision and Curriculum Development. ウィギンズ, G.・マクタイ, J. (2012)『理解をもたらすカリキュラム設計―「逆向き設計」の理論と方法―』(西岡加名恵訳) 日本標準.

ウィニコット, D. W. (2015)『遊ぶことと現実 (改訳)』(橋本雅雄・大矢泰士訳) 岩崎学術出版社.

WSCUC. (2015). *Using evidence in the WSCUC accreditation process: A guide for institutions* (2nd ed.). (https://wascsenior.box.com/shared/static/5fum7qzstgwx0h74kae2b9zbss22gyaj.pdf) (2019 年 11 月 12 日閲覧)

山田邦雅 (2017)「グループにおける主体性と学習効果」『大学教育学会誌』第 39 巻第 1 号, 42-46.

山田邦雅 (2018)「グループ学習におけるフリーライダーの弁別と他者への影響」『大学教育学会誌』第 40 巻第 1 号, 38-41.

山田礼子 (2012)『学士課程教育の質保証へむけて―学生調査と初年次教育からみえてきたもの―』東信堂.

山田礼子 (2016)「共通教育における直接評価と間接評価における相関関係―成果と課題―」『大学教育学会誌』第 38 巻第 1 号, 42-48.

山田剛史・井上俊哉編 (2012)『メタ分析入門―心理・教育研究の系統的レビューのために―』東京大学出版会.

吉田文 (2009)「大学生の学習成果の測定をめぐるアメリカの動向」山田礼子編『大学教育を科学する―学生の教育評価の国際比較―』東信堂, pp. 242-263.

ヤング, S. E.・ウィルソン, R. J. (2013)『「主体的学び」につなげる評価と学習方法―カナダで実践される ICE モデル―』(土持ゲーリー法一監訳, 小野恵子訳) 東信堂.

湯浅且敏・大島純・大島律子 (2011)「PBL デザインの特徴とその効果の検討」『静岡大学情報学研究』第 16 巻, 15-22.

Zimmerman, B. J. (1989). A social cognitive view of self-regulated academic learning. *Journal of Educational Psychology, 81*(3), 329-339.

索　引

著者略歴

京都大学大学院教育学研究科教授。京都大学博士（教育学）。1960 年生まれ。
京都大学大学院教育学研究科博士後期課程学修認定退学。京都大学教育学部助手、群馬
大学教育学部助教授、京都大学高等教育教授システム開発センター助教授、高等教育研
究開発推進センター教授を経て、2022 年 10 月より現職。現在、日本カリキュラム学会
代表理事、大学教育学会会長、日本学術会議連携会員等を務める。専門は、教育方法学、
大学教育学。とくに能力、学習、評価をテーマに研究と実践支援を行っている。
主な著作に、『パフォーマンス評価』（日本標準、2007 年）、『〈新しい能力〉は教育を変
えるか—学力・リテラシー・コンピテンシー—』（編著、ミネルヴァ書房、2010 年）、
『高校・大学から仕事へのトランジション—変容する能力・アイデンティティと教育—』
（共編著、ナカニシヤ出版、2014 年）、『ディープ・アクティブラーニング—大学授業を
深化させるために—』（編著、勁草書房、2015 年）、『アクティブラーニングの評価』（共
編著、東信堂、2016 年）、*Deep Active Learning: Toward Greater Depth in University
Education*（ed., Springer, 2017）、『対話型論証による学びのデザイン—学校で身につけ
てほしいたった一つのこと—』（勁草書房、2021 年）、『対話型論証による探究ワーク』
（共著、勁草書房、2022 年）、『ミネルバ大学の設計書』（監訳、東信堂、2024 年）、『ミ
ネルバ大学を解剖する』（編著、東信堂、2024 年）など。

測りすぎの時代の学習評価論

2025 年 1 月 20 日　第 1 版第 1 刷発行

著　者　松
_{まつ}
下
_{した}
佳
_か
代
_よ

発行者　井　村　寿　人

発行所　株式会社　勁
_{けい}
草
_{そう}
書　房

112-0005 東京都文京区水道2-1-1　振替　00150-2-175253
（編集）電話 03-3815-5277／FAX 03-3814-6968
（営業）電話 03-3814-6861／FAX 03-3814-6854
本文組版 プログレス・三秀舎・松岳社

©MATSUSHITA Kayo　2025

＊表示価格は 2025 年 1 月現在。消費税 10％が含まれております。